# jornal da tarde

# FERDINANDO CASAGRANDE

# jornal da tarde
### UMA OUSADIA QUE REINVENTOU A IMPRENSA BRASILEIRA

1ª edição

EDITORA RECORD
RIO DE JANEIRO • SÃO PAULO

2019

CIP-BRASIL. CATALOGAÇÃO NA PUBLICAÇÃO
SINDICATO NACIONAL DOS EDITORES DE LIVROS, RJ

C33j

Casagrande, Ferdinando
Jornal da Tarde: uma ousadia que reinventou a imprensa brasileira / Ferdinando Casagrande. – 1ª ed. – Rio de Janeiro: Record, 2019.

Inclui bibliografia
ISBN 978-85-01-11707-6

1. Jornal da tarde – História. 2. Imprensa – São Paulo – História. I. Título.

19-56225

CDD: 079.8161
CDU: 070(815.6)

Meri Gleice Rodrigues de Souza – Bibliotecária CRB-7/6439

Copyright © Ferdinando Casagrande, 2019

Todos os direitos reservados. Proibida a reprodução, armazenamento ou transmissão de partes deste livro, através de quaisquer meios, sem prévia autorização por escrito.

Texto revisado segundo o novo Acordo Ortográfico da Língua Portuguesa.

Direitos exclusivos desta edição reservados pela
EDITORA RECORD LTDA.
Rua Argentina, 171 – Rio de Janeiro, RJ – 20921-380 – Tel.: (21) 2585-2000.

Impresso no Brasil

ISBN 978-85-01-11707-6

EDITORA AFILIADA

Seja um leitor preferencial Record.
Cadastre-se em www.record.com.br
e receba informações sobre nossos
lançamentos e nossas promoções.

Atendimento e venda direta ao leitor:
sac@record.com.br

Ao meu pai, leitor fiel do *Jornal da Tarde*
do primeiro ao último número

# Sumário

| | |
|---|---|
| AGRADECIMENTOS | 11 |
| PREFÁCIO | 13 |
| NOTA DO AUTOR | 19 |
| ÁRVORE GENEALÓGICA DA FAMÍLIA MESQUITA | 21 |
| | |
| 1. Os filhos do doutor Julinho | 23 |
| 2. Mino Carta | 27 |
| 3. A *Edição de Esportes* | 32 |
| 4. A escolha do nome | 38 |
| 5. Os melhores salários do Brasil | 42 |
| 6. Murilo Felisberto | 45 |
| 7. Os mineiros | 49 |
| 8. A pirâmide invertida | 54 |
| 9. Os primeiros repórteres | 58 |
| 10. Às 3 da tarde | 63 |
| 11. A primeira manchete | 66 |
| 12. O primeiro erro | 72 |
| 13. Edição artesanal | 77 |
| 14. O Túnel do Tempo | 80 |
| 15. Nos embalos do iê-iê-iê | 85 |
| 16. Mino ou Murilo? | 89 |

17. A tragédia de Caraguatatuba 93
18. Sob nova direção 97
19. Os reforços da Rainha 100
20. A escalada da ditadura 111
21. Censura na redação 122
22. O assassinato de Marighella 129
23. A terceira geração de Mesquitas 133
24. Liberdade de imprensa 137
25. Receitas culinárias 143
26. Os trotes da rapaziada 147
27. Furo internacional 160
28. A nova sede 168
29. Grandes reportagens 172
30. Telmo Martino 177
31. A saída de Murilo 182
32. Fernando Mitre 187
33. A equipe de Mitre 190
34. A greve de 1979 193
35. Flávio Márcio 197
36. O repórter na Nicarágua 199
37. A Guerra das Malvinas 205
38. A capa mais famosa 214
39. "Jornal do Carro" 219
40. Capas inovadoras 224
41. Diretas Já 229
42. A saída de Mitre 236
43. Rodrigo Mesquita 239
44. A reestruturação do Grupo Estado 249
46. Fernão Mesquita 254
46. O crime da rua Cuba 257
47. Celso Kinjô 262
48. O primeiro lucro 267
49. Ruídos na direção 272

| | |
|---|---|
| 50. O novo foca | 275 |
| 51. Um jacaré no rio Tietê | 279 |
| 52. Redação conflagrada | 283 |
| 53. A volta de Mitre | 289 |
| 54. O impeachment de Collor | 293 |
| 55. Sinergia das redações | 297 |
| 56. Resumo do *Estadão* | 301 |
| 57. Leão Serva | 304 |
| 58. Choque de cultura | 307 |
| 59. Edição de domingo | 311 |
| 60. A volta de Murilo | 319 |
| 61. A saída da família Mesquita | 330 |
| 62. Lucro a qualquer custo | 336 |
| 63. Rede de intrigas | 342 |
| 64. O fim do *JT* | 350 |
| 65. Última edição | 354 |
| | |
| NOTAS FINAIS | 357 |
| JORNALISTAS CONSULTADOS | 361 |
| BIBLIOGRAFIA | 363 |
| ÍNDICE ONOMÁSTICO | 365 |

# AGRADECIMENTOS

À equipe do Arquivo d'*O Estado de S. Paulo* e aos 47 jornalistas que aceitaram dividir comigo suas lembranças, cujos nomes estão listados no final deste livro. Em especial, ao repórter José Maria Mayrink, por me confiar uma relíquia: um exemplar do número 23 da revista *Bondinho*, que circulou na primeira quinzena de setembro de 1971 com uma reportagem sobre o *Jornal da Tarde* na capa. É obra rara, catalogada e protegida pela Biblioteca Mário de Andrade, em São Paulo.

Aos jornalistas Mário Marinho e Lenita Outsuka, que, além de dividirem suas memórias, me ajudaram a localizar em São Paulo os contatos de alguns dos entrevistados depois que eu me mudei para os Estados Unidos, em agosto de 2013.

A Carlos Henrique Ramalho, Cláudia Ribeiro e José Eduardo Lima, primeiros leitores da primeira versão que considerei aceitável, pelas sugestões valiosas para tornar o livro mais acessível aos leitores que jamais pisaram numa redação de jornal.

Aos editores Eduardo Belo, Gabriela Aguerre e Gabriela Erbetta, pela paciência e incentivo durante os dois anos que passei brigando com cada palavra deste texto. Sem o grande interesse demonstrado por eles desde a primeira vez em que mencionei o projeto, talvez o livro tivesse ficado guardado na minha imensa gaveta das ideias jamais concretizadas.

Finalmente, à minha mulher, Priscila Ramalho, por me ensinar a não desistir dos meus sonhos e pelo apoio incondicional em todos os momentos, especialmente no verão americano de 2014, quando passou as férias praticamente sozinha com nossos filhos para que eu pudesse me dedicar integralmente à construção do texto.

# PREFÁCIO

por Valdir Sanches

Não terá passado pela cabeça de ninguém que um dia um jornal chegasse às bancas com a primeira página toda preta. Ou que o nariz do governador de Estado fosse crescendo a cada edição, como o de Pinóquio. No entanto, isso aconteceu. Os leitores aplaudiram, mas não se surpreenderam. O *Jornal da Tarde* era um jorro de ousadia e criatividade.

O editor-chefe, Fernando Mitre, concebeu a capa negra na noite de abril de 1984 em que a campanha das Diretas Já, pela redemocratização do País, foi derrotada. A redação se empolgou, mas o diretor do jornal, não. Ruy Mesquita tinha dúvidas. Por fim, concordou, e a capa foi um dos sucessos mais marcantes do jornal.

Foi Ruy Mesquita quem encomendou a Fernando Mitre uma contagem regressiva até o dia em que jorraria petróleo em solo paulista — promessa do governador Paulo Maluf. Surgiu na primeira página o desenho de um Maluf cujo nariz crescia dia após dia, até alcançar a margem; então, avançou pela última página. Só parou porque o petróleo não veio mesmo.

Um leitor empedernido de *O Estado de S. Paulo* poderia não entender como tais fatos aconteciam em uma publicação da centenária firma de Júlio de Mesquita Filho. Ferdinando Casagrande, no entanto, não descuida disso. Não se limita a narrar a história do *Jornal da Tarde*, mas o que acontecia com o próprio *Estado*.

Mostra também como o dr. Julinho, assim chamado, estava preocupado com sua sucessão. Tinha três filhos, e seu irmão, Francisco, outros três. Seis herdeiros de um mesmo jornal. No entanto, a situação financeira da empresa era magnífica. Podia muito bem investir em novas publicações.

Em setembro de 1964, uma novidade chegou às bancas. A *Edição de Esportes* vinha com visual arejado, fotos abertas, textos que ofereciam boa leitura, livres dos jargões da crônica esportiva. Gramado não era relva esmeraldina. Criada por Mino Carta, trazido da Editora Abril, era dirigida por Luiz Carlos Mesquita, o caçula do dr. Julinho.

O primeiro número chegou às bancas na noite de domingo, 13 de setembro de 1964, poucas horas depois de terminado um clássico no Estádio do Pacaembu, Corinthians 1 × 0 Palmeiras. O jornal vinha datado de segunda-feira, mas seria entregue sempre na véspera. Uma proeza, na época em que os textos eram "batidos" na máquina de escrever, e os filmes, revelados no laboratório fotográfico.

Este breve resumo sobre a publicação não passa realmente disso. Ferdinando nos oferece a história toda, de leitura extremamente agradável. É quase um segundo livro. Compre um e leve dois.

O *Jornal da Tarde*... Para não deixar por menos, estreou, em 4 de janeiro de 1966, com um furo sobre Pelé. E não era fato ligado ao esporte, mas à vida íntima do craque, como o leitor verá durante a leitura do livro. A reportagem deu ao *JT* o Prêmio Esso de Jornalismo, a maior láurea da categoria. Nasceu premiado e continuou assim por muito tempo.

Mais uma vez, criação de Mino Carta. Na redação estavam jovens talentosos, criativos, escolhidos a dedo, que trabalhavam muito — e eram bem pagos. De suas mentes e mãos surgiam textos e diagramação ousados, para agradar leitores jovens, interessados no iê-iê-iê de Roberto Carlos, nas agitações culturais da cidade, em restaurantes, carros, uma variedade de coisas que não estavam nos jornais.

Isto lhes seria servido também em seções, mais tarde cadernos, como aquele com o sugestivo nome de "Divirta-se". Trazia o melhor da vida cultural da cidade, com informações e críticas. O "Jornal do Carro" viria com reportagens e uma novidade: tabela de preços de carros à venda.

Outra marca do jornal eram as grandes reportagens. Os repórteres podiam realizá-las em algum ponto da cidade, ou nos fundões do país. Dinheiro não era problema. Na redação, à espera delas, estavam editores que diagramavam eles próprios as páginas — uma novidade — e cuidavam dos títulos, criativos, muitas vezes ousados.

Como mestres, tinham dois mineiros, de talento excepcional: Murilo Felisberto, secretário de redação, depois editor-chefe; e Fernando Mitre, que percorreu o mesmo caminho. Ferdinando nos oferece inúmeros exemplos. Aqui vai um deles, pego ao acaso. O número de assaltos e latrocínios tinha aumentado expressivamente em São Paulo. A primeira página saiu com a mão de um homem apontando um revólver para o leitor. Título: "São Paulo de mãos ao alto". Obra de Mitre.

O livro traz um bom perfil de Murilo, que facilmente implicava com os colegas, cometia injustiças — e em casa tocava só para si um piano de cauda branco, assentado em um tapete branco, sua cor predileta.

Detalhes como este enriquecem o trabalho de Ferdinando, em seu mergulho nas mais de quatro décadas e meia de glória e derrocada do notável jornal da família Mesquita. É trabalho de fôlego, como o leitor verá. Tomou a decisão de escrevê-lo quando deixou o jornal, poucos anos antes do fim. E acabou nos legando, com sucesso, não o obituário, mas a história completa, de excelente leitura.

O dr. Ruy, como era chamado o segundo filho do dr. Julinho, dava-se muito bem na direção do jornal. Em certo dia de 1972, chamou à sua sala Ewaldo Dantas Ferreira, o mais experiente de seus repórteres. Passou-lhe o paradeiro de Klaus Barbie. O nazista mais procurado do mundo vivia em La Paz, como empresário.

Ewaldo fez o contato. A entrevista durou os dez dias em que, para evitar riscos, se deslocaram em um Fusca pelo altiplano boliviano. Mas a infor-

16   FERDINANDO CASAGRANDE

mação de que Klaus Barbie fora entrevistado vazou, e os correspondentes internacionais começaram a correr atrás de Ewaldo. A matéria sairia em uma série de dez reportagens, no *JT*, no *Estado* e em agências que tinham comprado os direitos, dando o devido crédito. Mais um prêmio Esso.

Ferdinando nos coloca dentro de um lugar barulhento, com papel amassado pelo chão, onde jovens, alguns barbudos, martelavam os teclados de máquinas de escrever. Essa era a redação do *Jornal da Tarde*, na rua Major Quedinho, no Centro. Um corredor curto, o Túnel do Tempo, assim chamado pelo pessoal do *JT*, levava a uma redação bem maior, sóbria, onde senhores bem-compostos redigiam as matérias sobre política e temas internacionais que o *Estado* publicaria.

No entanto, eram tempos difíceis; estava-se sob a ditadura. As redações eram orientadas a não assinar nenhum texto que pudesse causar mal-estar entre os militares. Se o nome do autor fosse exigido, um dos Mesquitas se apresentaria como responsável. Foi assim que Ruy Mesquita salvou Fernando Portela, autor de um título ousado para as circunstâncias.

A edição do AI-5, em 1968, trouxe a censura aos jornais. Os Mesquitas se recusaram à submissão. Continuaram a fechar as edições como se nada tivesse mudado. O censor, instalado nas oficinas, que cortasse. Havia, no entanto, um problema: não se permitia que os jornais saíssem com espaço em branco. No *JT*, foi o dr. Ruy quem teve a ideia salvadora. Os espaços passaram a ser preenchidos por receitas culinárias. Os leitores telefonavam indignados, porque as receitas não davam certo. Não era para dar mesmo.

No mesmo 1968, em outubro, o jornal "plantou" o repórter Sérgio Rondino em um congresso clandestino da União Nacional dos Estudantes (UNE) em Ibiúna, interior paulista. Em meio a discursos e discussões, a PM e o Dops chegam, fazem o cerco e prendem todos. São centenas, vão saindo em fila. Nisso, um jovem senhor engravatado, semblante sério, vai até Rondino, xinga-o e lhe dá uns tapas. Retira-o da fila e o leva preso... para o carro da reportagem do *JT*. Assim Percival de Souza livrou o colega, que escreveu um belo texto.

O *JT* gastava muito, mas as despesas estavam sempre abaixo das receitas. Não havia problema; o *Estado* faturava alto, impulsionado pelos anúncios classificados criados por Francisco Mesquita, o irmão do dr. Julinho que cuidava da área administrativa.

O cenário começou a mudar a partir de 1974, quando os Mesquitas resolveram construir sua nova sede na Marginal Tietê. Contraíram um empréstimo de 20 milhões de dólares, num momento em que o choque do petróleo afetava a economia mundial. A nova situação impunha ao *JT* contenção nos gastos, o que contrariava Murilo. Como diz Ferdinando, ele lidou mal com a escassez de dinheiro para continuar sua obra. Acabou saindo. Mitre ficou em seu lugar, e o jornal seguiu com as boas matérias possíveis (viagens contidas) e primeiras páginas primorosas, fechadas junto com outro mineiro talentoso, Ivan Ângelo.

O tempo correu, Mitre saiu. Rodrigo Mesquita, depois Fernão, filhos do dr. Ruy, estiveram na chefia da redação. O primogênito do dr. Ruy, Ruyzito, assumira a direção da unidade de negócios, uma inovação.

O editor-chefe era Celso Kinjô, em 1990, quando um jovem se apresentou para um estágio de duas semanas, sem remuneração. Ferdinando Casagrande acompanhou repórteres, para ver como trabalhavam, entre eles Marcos Faermann, que transformava suas matérias em obras literárias. Passou a escrever suas próprias reportagens.

Certo dia, Áurea Lopes, chefe de reportagem da Geral, mostrou-lhe um telex. Dizia que havia um jacaré no rio Tietê, na altura da ponte da Vila Maria. Podia ser brincadeira, mas Ferdinando correu para lá. Encontrou muita gente, bombeiros em botes, mas nada de jacaré. Entrevistou até quem vira o bicho e avisara à polícia. Só quando não havia mais ninguém, voltou para a redação, onde uma página inteira, a última, a mais nobre, o esperava.

Por sorte, o fotógrafo Luiz Prado passara por lá com o jacaré à vista e o fotografara. Um repórter foi destacado para ajudar Ferdinando com o texto, mas ele redigiu-o praticamente por si só. O episódio veio em boa hora. A Rádio Eldorado, dos Mesquitas, acabava de lançar uma campanha pela despoluição do Tietê. No dia seguinte, a matéria do estagiário estava na manchete.

Ferdinando deixou o *JT* seis anos depois, convidado pela *Veja São Paulo*. Passados outros seis anos, recebeu um convite de Murilo Felisberto, que voltara ao jornal. Assumiu a editoria de Geral, com salário 60% maior. Mal começava a atuar, veio uma bomba. O centenário jornal dos Mesquitas e o mais novo não seriam mais dirigidos pelos Mesquitas. A decisão fora imposta por Francisco Mesquita Neto, da área financeira.

Ao mesmo tempo, a empresa contratava a assessoria Galeazzi e Associados, que apresentou dois remédios: demissões e reestruturação da dívida. Kinjô era o editor-chefe. Começaram as demissões nos cadernos. O primeiro caderno, o mais encorpado, com quatro editorias, passou a ser comandado por Ferdinando. Num só dia ele se viu obrigado a demitir mais de vinte jornalistas.

Galeazzi dizia-se feliz, pois os lucros surgiam. Na redação, Ferdinando tinha que se haver com as reclamações de estagiários que trabalhavam muito e ganhavam pouco. Por fim, foram contratados pelo piso salarial, não o dos jornalistas, mas dos comerciários — um quinto menor. Ferdinando negociou, tentou corrigir a situação, mas a empresa não cedeu.

"Na última semana de abril, reuni a equipe toda e expliquei que chegara a hora de partir", escreveu. Era 2005. Em 31 de outubro de 2012, a equipe de 42 sobreviventes do jornal recebeu insólita notícia. A edição que fechariam à noite seria a última do *Jornal da Tarde*. Não perderam o tom. Na capa, uma foto aberta de São Paulo à noite. Manchete: "Obrigado, São Paulo".

# NOTA DO AUTOR

Tornei-me jornalista por causa do *Jornal da Tarde*, que meu pai levava todas as noites para casa quando eu era adolescente. Por ironia do destino, anos mais tarde o mesmo *JT* seria a minha primeira escola de jornalismo.

Foi lá, no dia 6 de julho de 1990, que pisei pela primeira vez numa redação. Eu tinha 19 anos, cursava o terceiro semestre de jornalismo da Pontifícia Universidade Católica de São Paulo e me apresentei para um estágio de duas longas semanas — que duraram até 1996. A PUC me deu o diploma, mas quem me ensinou a apurar, escrever e editar foram os meus mestres do *Jornal da Tarde*.

Voltei no final de 2002 para comandar a Geral, a editoria onde havia começado. Parti três anos depois com a sensação de que o jornal agonizava. A empresa parecia não ter forças para lutar por ele. Vontade, a bem da verdade, nunca havia tido.

A última edição do *JT* foi às bancas no dia 31 de outubro de 2012. Nesse mesmo dia, decidi escrever esta história. É uma tentativa de resgatar a dignidade de um título que revolucionou o jornalismo brasileiro ao nascer, encantou e influenciou pelo menos duas gerações de leitores, mas morreu indigente. Irreconhecível até para aqueles que um dia ajudaram a criá-lo.

\* \* \*

Passei 23 anos dentro de redações. Tempo demais para continuar acreditando na existência de uma verdade absoluta. Este livro, portanto, não pretende ser uma biografia definitiva. É apenas a melhor versão que consegui reunir da história do *Jornal da Tarde* a partir das narrativas de jornalistas que a viveram em diferentes momentos e de pesquisas em livros, jornais, revistas e fotos antigas.

# ÁRVORE GENEALÓGICA
# DA FAMÍLIA MESQUITA

Julio Mesquita (1862-1927)

→ Filhos

   → Netos

      → Bisnetos

(Braço editorial da família)

→ Julio de Mesquita Filho (1892-1969)

   → Julio de Mesquita Neto (1922-1996)

      → Júlio César Ferreira de Mesquita

      → Marina Mesquita

   → Ruy Mesquita (1925-2014)

      → Ruy Mesquita Filho

      → Fernão Lara Mesquita

      → Rodrigo Lara Mesquita

      → João Lara Mesquita

   → Luiz Carlos Mesquita (1930-1970)

      → Patrícia Mesquita Alencar

(Braço administrativo da família)

→ Francisco Mesquita (1893-1969)

  → Luiz Vieira de Carvalho Mesquita (1921-1997)

    → Roberto Crissiuma Mesquita

    → Maria Luiza de Mesquita Brito

    → Fernando Crissiuma Mesquita

    → Ana Maria Mesquita Girão

  → José Vieira de Carvalho Mesquita (1924-1988)

    → Ana Alice Mesquita Salles de Oliveira

    → Isabel Tereza Mesquita Coutinho Nogueira

    → Francisco Mesquita Neto

    → Maria de Nazareth Mesquita Perez

  → Cecília Vieira de Carvalho Mesquita (1928-2014)

# 1. Os filhos do doutor Julinho

A empresa ganhava dinheiro como nunca em seus 89 anos de existência, mas Julio de Mesquita Filho andava apreensivo. Ele acabara de completar 72 anos em fevereiro de 1964 e precisava preparar sua sucessão no cargo de diretor-responsável de *O Estado de S. Paulo*, o maior jornal do país.

A tradição familiar garantia ao primogênito o cargo principal. Assim havia sido com ele, primeiro filho homem de Julio Mesquita e de Lucila de Cerqueira César. Herdara o nome do pai e a primazia de sucedê-lo, e nada mudara esse destino ao longo dos anos. Nem mesmo o nascimento de outro menino, catorze meses depois, batizado Francisco, que também demonstrara interesse pelos negócios da família.

Os dois irmãos haviam crescido muito unidos e isso facilitara a sucessão. Na hora de começar a trabalhar, Julinho fora cumprir seu destino na redação e Chiquinho preferira a área administrativa. Após a morte de Julio Mesquita, em 1927, os dois redesenharam o modelo de gestão do jornal. Doutor Julinho, como passaria a ser chamado pelos funcionários, seria responsável pelo conteúdo editorial. Doutor Chiquinho cuidaria dos negócios.

O tempo provou que a decisão fora acertada. Sob a direção do doutor Julinho, *O Estado de S. Paulo* se transformou no jornal mais influente do Brasil, ativo que o doutor Chiquinho soube capitalizar para transformá-lo também num dos mais ricos. Em 37 anos, *O Estado* de 30 mil exemplares e dezesseis a vinte páginas que os irmãos haviam herdado crescera para 280 mil exemplares e cerca de 150 páginas por edição, boa parte delas recheada com os classificados inventados pelo doutor Chiquinho.

Fora dele a ideia, em 1934, de abrir espaço para anúncios cobrados por linha e de criar escritórios comerciais nas principais capitais para vendê-los. Os lucros extraordinários da ideia haviam sido multiplicados com investimentos em novas rotativas. A empresa crescera e construíra uma sede mais ampla e mais moderna na rua Major Quedinho, no centro de São Paulo. Em 1964, a situação financeira era confortável, mas isso não diminuía a angústia do doutor Julinho.

A preocupação não era com o sucessor. O filho destinado ao cargo de diretor-responsável estava escolhido desde 1922, quando nascera Julio de Mesquita Neto. O que o preocupava, na verdade, era como essa escolha afetaria a harmonia familiar.

Além de Lili, como o primogênito era chamado em casa, doutor Julinho tivera outros dois filhos. O segundo era Ruy, batizado assim em homenagem a Ruy Barbosa, um dos ídolos do pai, e o terceiro era Luiz Carlos. Os três haviam resolvido trabalhar na redação e tinham começado em postos menores, para adquirir experiência.

O caçula Luiz Carlos o preocupava menos. Começara na editoria de Internacional como os dois irmãos, passara pela de Geral, mas demonstrara especial interesse pelo esporte. Amigo dos jornalistas, que o convidavam para as noitadas nos bares, Carlão não parecia interessado no comando d'*O Estado*. Encontrara já diversão suficiente dirigindo o noticiário da Rádio Eldorado, que pertencia ao grupo. O motivo maior das apreensões do doutor Julinho era mesmo o segundo filho.

\* \* \*

Ruy Mesquita nasceu em 1925 e aos 3 anos de idade contraiu paralisia infantil. Passou a caminhar com a ajuda de um aparelho preso a uma das pernas e demonstrava gênio forte desde pequeno, revoltando-se contra os ferros que lhe tolhiam os movimentos. Livrou-se deles em definitivo apenas aos 8 anos.

Em 1932, o pai foi expulso do Brasil por ter levantado armas ao lado dos constitucionalistas de São Paulo contra a ditadura de Getúlio Vargas. Julio Filho partiu para o exílio na Europa e levou a família consigo. Aproveitou para enviar o filho Ruy ao melhor centro de ortopedia do mundo, que ficava em Bolonha, na Itália.

Submetido a uma cirurgia, o menino passou dois meses num centro de recuperação. A mãe, Marina Vieira de Carvalho Mesquita, testemunhou a vontade com que Ruy se aplicava à fisioterapia. Na volta ao Brasil, em 1933, ele podia exibir a recompensa por sua determinação caminhando livre de aparelhos.

Em 1938, os irmãos Lili, Ruy e Carlão foram privados da convivência com o pai, expulso novamente do país em companhia do irmão, Chiquinho. Desta vez, ambos deixaram os filhos no Brasil. Dois anos mais tarde, Vargas lhes tiraria também o jornal, mergulhando a família em dificuldades financeiras. Ruy e os irmãos foram então morar com a tia e os primos Luís, Juca e Cecília.

À noite, as crianças acompanhavam as notícias irradiadas pela BBC de Londres sobre a Segunda Guerra Mundial na Europa. Ruy ficava angustiado com os avanços da Wehrmacht de Hitler. O Estado Novo de Getúlio Vargas não escondia suas admirações pelo nazismo, e o menino achava que uma vitória do Eixo representaria o exílio definitivo do pai.

Seus medos acabaram em 1943. Vargas havia pulado para a trincheira dos Aliados e os Mesquitas foram autorizados a voltar para o Brasil, embora continuassem proibidos de dirigir *O Estado*. Naquela época, aos 18 anos e já cursando a Faculdade de Direito do Largo de São Francisco, Ruy militou num grupo de estudantes que conspirava contra o governo. Vargas seria, para sempre, inimigo mortal de sua família.

Ao final da ditadura, em 1945, a Justiça devolveu *O Estado* aos Mesquitas. Três anos depois, após um período de estudos em Paris, Ruy voltou ao Brasil para começar a trabalhar como jornalista. Tinha 23 anos e iniciou na seção de Exterior, a mais importante do matutino, onde construiu uma carreira notável. Foi o único repórter brasileiro a entrevistar Fidel Castro após sua descida, vitorioso, de Sierra Maestra, em 1959. Sob o comando de Ruy, a cobertura internacional d'*O Estado* se transformara em referência entre os jornais brasileiros.

Além de escrever reportagens e editar, ele também passou a assinar uma coluna diária, a partir de 1956, chamada "Um Dia Depois do Outro". Deixava claras, naquele espaço, a aptidão para os editoriais e a capacidade para o cargo de diretor-responsável que jamais poderia assumir.

★ ★ ★

O talento de Ruy não passou despercebido pelo pai. Quebrar a tradição, porém, não era um caminho a ser considerado. Os filhos haviam sido preparados para aquele destino por toda a vida, e mudá-lo àquela altura apenas transferiria a Lili a insatisfação que o doutor Julinho pressentia em Ruy. Ele precisava de uma alternativa que contentasse a ambos. Temia que aquela situação envenenasse a união familiar, um dos valores sagrados para os Mesquitas.

A saída estava na justiça salomônica. Se o primogênito ia dirigir uma redação, os outros dois filhos também tinham o mesmo direito. E se a empresa não comportava três diretores-responsáveis, então era hora de mudar a empresa.

# 2. Mino Carta

Mino Carta estava às voltas com mais um fechamento da revista *Quatro Rodas* quando foi interrompido pela secretária informando que havia uma ligação importante na espera. Atendeu o telefone e surpreendeu-se ao ouvir a voz que o saudava. Do outro lado da linha, Julio de Mesquita Neto telefonava para saber se Mino não queria encontrá-lo mais tarde na sede d'*O Estado de S. Paulo*.

Embora estivesse bastante atarefado, Mino aceitou o convite imediatamente. A matéria que ele próprio estava escrevendo sobre o salão do automóvel de Nova York estamparia a capa da *Quatro Rodas* em julho, mas o texto poderia esperar mais um dia. Os Mesquitas, não. Mino conhecia a família que comandava o jornal desde a adolescência, quando começara a frequentar a redação, então localizada na rua Barão de Duprat, próxima ao Mercado Municipal, no centro de São Paulo. Seu pai, apesar de não escrever em português, fora por anos o diretor da seção de Exterior d'*O Estado*.

\* \* \*

O italiano Giannino Carta chegara a *O Estado* por um caminho tortuoso. Ele editava o diário *Il Secolo Decimonono* quando foi procurado em Gênova, no final de 1945, por representantes de um empresário ítalo-brasileiro. O magnata queria contratar um jornalista para conduzir uma reforma num matutino que acabara de comprar em São Paulo. Oferecia um salário de 10 mil cruzeiros, o equivalente a cerca de 50 mil reais nos dias de hoje. Pagaria também as passagens para toda a família e as acomodações nos primeiros meses.

Giannino aceitou o convite sem saber que estava sendo recrutado para uma guerra particular. Francisco Matarazzo Júnior, herdeiro das Indústrias Reunidas Fábricas Matarazzo, era então o homem mais rico do Brasil. E pretendia mover uma *vendetta* contra o empresário Assis Chateaubriand, dono dos Diários Associados, que usava seus títulos para atacar a família Matarazzo.

Conde Chiquinho, como era chamado, comprara um terço da empresa Folha da Manhã, que também editava a *Folha da Noite*, apenas para fazer concorrência a Chateaubriand. Queria declaradamente levar os Diários Associados à falência. Uma das primeiras medidas adotadas por ele foi reduzir pela metade o preço de venda das *Folhas*. O ataque mirava o inimigo, mas atingiu também alguns amigos.

Julio de Mesquita Filho havia acabado de reassumir a direção de *O Estado de S. Paulo* após a intervenção de Vargas. Ele mantinha um bom relacionamento com os Matarazzos e tinha em Chateaubriand o principal adversário nos negócios. Mesmo assim, indignou-se com aquela manobra do conde.

Fez chegar ao industrial a mensagem de que a julgava inaceitável, por representar o cerceamento da imprensa pelo poder econômico — além de ameaçar, é claro, a confortável liderança d'*O Estado* nas vendas, embora ele não tenha mencionado isso ao amigo. Se o conde persistisse naquele caminho, continuava a mensagem, doutor Julinho teria de posicionar *O Estado de S. Paulo* contra ele.

Essa reação foi apenas mais um dos percalços enfrentados pelo conde na condução de um negócio que ele não dominava. Rapidamente, os prejuízos financeiros da empreitada o fizeram desistir da vingança. Quando Giannino Carta chegou a São Paulo, em agosto de 1946, o emprego prometido não existia mais. O conde lhe pagou a gorda indenização prevista no contrato e lhe entregou as passagens de volta para a Itália. Giannino aceitou o dinheiro, mas devolveu os bilhetes. Mudara a vida da família toda, tentaria a sorte no Brasil.

O conde Chiquinho então o recomendou ao Instituto para o Progresso Editorial, onde ele trabalhou por um tempo antes de ser recrutado por Julio de Mesquita Filho, em 1947, para criar o Arquivo de *O Estado de S. Paulo*. Fez um trabalho notável e foi promovido a diretor da seção de Exterior, onde conduziu a primeira reforma editorial d'*O Estado*, mais tarde concluída por Cláudio Abramo.

\* \* \*

A boa impressão que Giannino deixara nos Mesquitas estava no pano de fundo daquele telefonema. Enquanto caminhava da sede da Editora Abril, na rua João Adolfo, até o prédio d'*O Estado*, na rua Major Quedinho, Mino Carta ainda não sabia o que pretendia Lili. Imaginava, porém, que fosse ouvir uma proposta de emprego. Que outro motivo teria um Mesquita para telefonar pessoalmente a ele? Embora conhecesse a família, Mino não privava de intimidade suficiente para ser convidado, por exemplo, a tomar um *scotch* num fim de tarde.

No quinto andar do edifício do jornal, Mino foi recebido na sóbria sala do doutor Julinho. Esperavam por ele pai e filho, e as suspeitas estavam certas. Doutor Julinho ia lançar um semanário de esportes que circularia nas noites de domingo já com os resultados dos jogos. A ideia era mantê-lo nas bancas na segunda-feira, dia em que *O Estado* não circulava desde 1927, por conta de uma antiga lei municipal (àquela altura já revogada) que proibia o trabalho aos domingos.

O semanário, explicou o doutor Julinho, seria dirigido pelo filho caçula, Luiz Carlos. Mino Carta seria o segundo homem na hierarquia. Se aceitasse o convite, teria a missão de conceber o layout e a linha editorial do jornal, e de recrutar e comandar a equipe junto com Carlão.

Embora gostasse bastante de futebol e demonstrasse até certo talento como meia-atacante nas peladas, Mino não se considerava um especialista no assunto. Mas a conversa se tornou mais atraente depois de o doutor Julinho revelar que tinha planos maiores, se aquela edição fosse bem--sucedida.

— Você poderá trabalhar com o Ruy em outro projeto muito em breve, se tudo der certo — explicou Lili.

A menção ao irmão não era acidental. Ruy era um discípulo de Giannino. Iniciara a carreira na equipe chefiada pelo pai de Mino e tinha especial apreço pela família Carta. Em 1957, durante uma viagem pessoal à Itália, desviara-se de seu roteiro para fazer uma visita de cortesia a Mino, que àquela altura vivia em Turim.

O jovem Carta acabara de se formar em Artes Plásticas e decidira retornar ao seu país de origem em 1956 para pintar. Garantia o sustento trabalhando em *La Gazzetta del Popolo*, pintava nas horas vagas e expunha as melhores telas em Milão. Ruy foi encontrá-lo e os dois visitaram uma exposição com telas de Mino. Tinham uma ótima afinidade, apesar da diferença etária.

Doutor Julinho, Lili e Mino conversaram sobre os planos para imprimir e distribuir o semanário de esportes e sobre o tamanho da equipe. Os Mesquitas ainda não tinham um salário para oferecer, mas ficou subentendido que cobririam os vencimentos da Editora Abril. Mino pediu algum tempo para pensar, mas já tinha a decisão tomada quando deixou a Major Quedinho. Não era a primeira vez que uma proposta para criar dois produtos o levava a mudar de emprego.

\* \* \*

Em 1959, Victor Civita havia procurado Mino Carta em Roma com uma conversa tentadora. As primeiras montadoras se instalavam no ABC Paulista e Civita queria que ele voltasse a São Paulo para criar uma revista mensal sobre automóveis. O *publisher* enxergava naquilo um enorme potencial de atração tanto de leitores quanto de anunciantes. Mino resistira a princípio:

— Mas, seu Victor, eu nem dirigir sei. Entendo *niente* de carros.

Civita insistira. Eles se inspirariam no modelo de uma publicação italiana, a *Quattroruote*. Ele não precisava de um especialista em mecânica, e, sim, de um editor. Civita, que sabia ser persuasivo, também o convencera com uma revelação. Se a mensal desse certo, criaria em seguida uma semanal de atualidades que se chamaria *Veja* e faria concorrência à *Manchete*. Se Mino aceitasse a proposta, comandaria depois esse segundo projeto.

Mino concordou e lançou a *Quatro Rodas* em agosto de 1960 com enorme sucesso. O projeto da semanal, no entanto, foi adiado após a renúncia de Jânio Quadros, em agosto de 1961. Victor Civita achava que o momento do país exigia cautela. Três anos haviam se passado, o Brasil sofrera um golpe de Estado em março e nada indicava que o clima político fosse melhorar tão cedo.

Era hora, portanto, de limpar as gavetas de sua mesa no nono andar do número 118 da rua João Adolfo e se transferir para o quinto andar do número 28 da Major Quedinho.

## 3. A *Edição de Esportes*

Os números zero* da *Edição de Esportes*, como seria chamado o semanário, começaram a ser produzidos em agosto de 1964. A intenção do doutor Julinho era lançar um caderno dirigido ao público jovem, um produto mais solto que *O Estado*. Mino Carta teria liberdade para inovar tanto na diagramação quanto nos textos.

A equipe fixa era pequena, com apenas mais seis jornalistas além de Mino, no cargo de editor-chefe. Foram contratados o chefe de reportagem Ulysses Alves de Souza, que era chamado de Uru, e os repórteres Sebastião Gomes Pinto (que só anos mais tarde passaria a assinar como Tão Gomes Pinto), Sérgio Pompeu, Hamilton de Almeida Filho, o HAF, José Carlos Marão e Fernando Semedo. Uru e Mino eram os mais velhos, com 31 e 30 anos respectivamente. Os demais estavam na casa dos 20, com exceção de HAF, que acabara de completar 18. Sebastião Gomes vinha do caderno de Esportes do *Notícias Populares*, mas nenhum deles era especialista na área. Mino não queria profissionais habituados aos vícios de texto do jornalismo esportivo da época.

Entre o entulho que ele pretendia remover das reportagens estavam expressões como "tapete verde do gramado", o "próprio da Municipalidade"

---

\* Edições experimentais de uma publicação.

(para se referir ao estádio) e o clássico "ao apagar das luzes". Mino queria escrever gol em lugar de tento ou ponto, entrosamento em lugar de entrosagem. O dicionário mandava usar a segunda forma e os copidesques* obedeciam, ignorando a língua que se falava nas arquibancadas. Carlão Mesquita também autorizou a nomeação dos fabricantes dos carros que disputavam provas no autódromo de Interlagos. Até então isso era proibido n'*O Estado* por ser considerado publicidade.

Além da renovação do texto, a *Edição de Esportes* também teria diagramação mais leve. Mino optou por colunas largas, com letras em corpo maior para suavizar a leitura. E, valendo-se da facilidade para obter cenas de impacto nos gramados, determinou a utilização de fotos bem abertas como elementos de informação e não apenas ilustrações. Dessa forma, poderiam ocupar espaços generosos nas páginas.

O tamanho tinha outra função importante: quanto maior a imagem, menor o texto. O tempo era crucial porque a *Edição de Esportes* precisava chegar aos leitores antes de *A Gazeta Esportiva*, que já circulava nas noites de domingo havia anos.

* * *

Abrir amplos espaços para fotografias ajudava a ganhar preciosos minutos, mas não bastava. Para concluir a edição antes do concorrente, Mino e Uru recriaram processos em todas as etapas de produção do jornal, da apuração e redação das reportagens ao fechamento, passando pela produção e transmissão de imagens. Tudo precisava ser feito com maior agilidade. Não era um desafio pequeno naqueles anos 1960, quando as comunicações dependiam de ligações encomendadas às telefonistas da companhia pública. E os campeonatos regionais, principais torneios de futebol do país, tinham confrontos espalhados pelo interior dos estados.

A edição começaria a ser feita às terças-feiras, com reunião de pauta e escolha das reportagens especiais, na verdade matérias "frias" que

---

* Redatores que reescreviam textos dos repórteres ou de agências de notícias.

não dependiam dos resultados das partidas de domingo. Eram perfis de jogadores, técnicos ou dirigentes que estavam em alta na temporada, esquemas táticos dos melhores times, toda sorte de matérias com fôlego para preencher páginas que pudessem ficar prontas mais cedo. Tudo isso seria produzido até sexta, quando a publicidade seria distribuída pelas páginas e começaria, então, o fechamento.

No final de semana entraria o material "quente". A pequena equipe fixa seria reforçada por repórteres freelancers, fotógrafos, motoristas, rádio-operadores e telefonistas. Começaria, então, a operação de guerra.

Os repórteres partiriam para os estádios com máquinas de escrever portáteis Lettera 82, uma inovação na época, para produzir os textos ao longo do jogo. Seriam acompanhados por um assistente de comunicação, cuja função era ditar cada lauda pronta para a cabine na Major Quedinho. Lá, uma telefonista datilografaria o texto ditado e despacharia as laudas aos editores para que começassem a trabalhar na reportagem. A abertura com o resultado final seria a última coisa a ser enviada, assim que o árbitro encerrasse a partida.

Os fotógrafos teriam prazos mais apertados porque os filmes precisavam ser revelados antes de as fotos chegarem ao editor. Nos jogos da capital, eles registrariam os primeiros quinze minutos de futebol e enviariam os rolos por mensageiro para o laboratório. Sempre que possível, essa imagem do início seria trocada por uma de gol ou de outro evento marcante, desde que acontecesse em tempo hábil para todo o processo de envio, revelação, escolha e ampliação. Os prazos dos fotógrafos se complicariam, porém, nas partidas no interior. Seria necessário fazer a transmissão por telefoto, um sistema ainda novo no Brasil, que só havia sido utilizado de forma precária na inauguração de Brasília, em 1960.

Para garantir que tudo desse certo, Mino e Uru começaram a enviar ao interior, um dia antes do jogo, uma Kombi com motorista, repórter, dois fotógrafos e um homem de comunicações. A equipe viajava com laboratório portátil de revelação e telefoto. Assim que chegavam à cidade, os jornalistas transformavam um quarto de hotel em base operacional. O banheiro era convertido em sala escura e o equipamento de transmissão de imagens era montado na linha telefônica.

Na hora do jogo, todos partiam para o estádio. O primeiro fotógrafo registrava os dez minutos iniciais e voltava ao hotel. O segundo continuava até o fim. Dificilmente o material dele seria aproveitado, mas era preciso ter alguém registrando o jogo. No hotel, o primeiro fotógrafo revelava o filme e ampliava as duas ou três melhores fotos. Colocava uma por vez no cilindro da telefoto que girava a imagem para que ela fosse lida por uma célula fotoelétrica e transformada em som. Transmitida por telefone para São Paulo, era recebida por um aparelho semelhante. As ondas sonoras eram convertidas em imagens em negativo na ponta de recepção e precisavam ser revertidas antes de seguir para a redação.

Os testes durante os números zeros mostraram que cada imagem levava quinze minutos para ser transmitida numa ligação limpa. Se a linha caísse ou chiasse demais, o que não era incomum, a transmissão falhava e era preciso iniciar tudo de novo. O editor, quase sempre, teria de diagramar* a página "no escuro", ou seja, determinando espaço para uma foto que não tinha visto.

* * *

Com tantos obstáculos, a equipe chegou ao fim de semana de lançamento sem a certeza de que conseguiria fechar e imprimir a *Edição de Esportes* antes do concorrente. A data fora cuidadosamente escolhida: 13 de setembro de 1964, um domingo em que Corinthians e Palmeiras realizariam mais um derby, o confronto entre os dois rivais mais tradicionais de São Paulo. Era o jogo principal do fim de semana e seria disputado no estádio do Pacaembu, o que melhorava o fluxo de produção tanto da reportagem quanto da fotografia.

Havia uma tensão no quinto andar da Major Quedinho no início daquela tarde, mas tudo conspirou para o sucesso do lançamento. O Corinthians, time de maior torcida, derrotou o Palmeiras por 1 a 0 diante de 54 mil pessoas. E, para ajudar o fechamento, o gol foi marcado aos seis minutos

---

* Elaborar o design da página.

do primeiro tempo por Silva, de pênalti. Com a partida encerrada às 17h — os jogos da Divisão Especial,* na época, começavam às 15h —, os editores conseguiram enviar para a gráfica a última das dezesseis páginas do caderno pouco antes das 18h.

Quarenta minutos depois, a equipe pegava os primeiros exemplares impressos com a manchete: "Luisinho comanda a vitória corintiana". A reportagem de Sérgio Pompeu traçava um perfil do atacante e revelava aos torcedores, entre outras curiosidades, que ele tirava a dentadura antes de entrar em campo.

O objetivo inicial havia sido cumprido. Uma hora antes de *A Gazeta Esportiva*, o jornal estava pronto para ser vendido por mascates nas filas dos cinemas da rua Augusta, na Boca do Lixo e na região da Paulista. A noite terminou com uma comemoração no bar do Hotel Jaraguá, que funcionava no mesmo edifício do jornal, onde Carlão Mesquita pagou uísque para toda a equipe.

* * *

Aquela primeira vitória mostrou que o modelo funcionava. Com pequenos ajustes, ele foi implantado em definitivo e a *Edição* se transformou no primeiro veículo a utilizar largamente o sistema de telefoto. Mino e Carlão enxergaram nos jogos do interior um nicho pouco explorado em que o jornal poderia crescer. Ao longo do primeiro ano de existência, a cobertura dessas partidas foi intensificada e uma série de reportagens assinadas por HAF e Sebastião Gomes, publicada em 1965, causaria enorme repercussão.

Com o título "No futebol de longe, o rei é João", a reportagem principal da série contava como o ex-metalúrgico João Mendonça Falcão, em dez anos à frente da Federação Paulista de Futebol, havia montado no interior um esquema de fabricação de resultados que lhe garantia votos para que fosse reeleito deputado estadual. Pela primeira vez, o futebol interiorano

---

* Equivalente à Primeira Divisão atual.

ganhava espaço num veículo de grande circulação, e as denúncias conquistariam o Prêmio Esso de informação esportiva.

Em setembro de 1965, ao completar um ano, a *Edição de Esportes* estava consolidada. Mino Carta cumprira sua missão. Era hora, então, de deixar o suplemento esportivo d'*O Estado* para liderar o projeto de criação do *Estadinho*, como o doutor Julinho vinha chamando o vespertino que lançaria no ano seguinte para ser dirigido pelo filho Ruy.

# 4. A escolha do nome

À primeira vista, o doutor Julinho parecia criar títulos para empregar os filhos. Embora simplista, não era uma avaliação totalmente errada. Ele estava de fato preocupado em preparar a empresa para a chegada da nova geração, que somava seis herdeiros — os três filhos e os três sobrinhos. Queria, porém, fazer isso de forma estruturada. Em lugar de simplesmente inchar a diretoria com cargos decorativos que aumentariam a folha de pagamento, teve a preocupação de reinvestir os fartos lucros em novos negócios que poderiam promover o crescimento e aumentar os ganhos do grupo.

A *Edição de Esportes* não apenas dera um cargo de direção ao caçula, Carlão, como também aproveitara a segunda-feira, dia em que *O Estado* não circulava, para atrair leitores jovens e ampliar o faturamento. Do ponto de vista dos negócios, fora um acerto. O novo diário que ele pretendia criar era ainda mais audacioso. Doutor Julinho enxergava espaço no mercado paulistano para um vespertino local dedicado às notícias da cidade e dirigido a um público jovem, com circulação de segunda a sábado. Seria em tudo diferente do principal produto da casa, um matutino nacional, focado nas grandes questões do país e do mundo, dirigido a um leitorado maduro e que envelhecia rapidamente.

O ponto discutível da visão de negócio do doutor Julinho era o horário de circulação. Embora o Brasil tivesse tido boa quantidade de publicações vespertinas na primeira metade do século XX, elas vinham morrendo lentamente desde o fim dos anos 1950. Contribuía para isso o crescimento do número de aparelhos de televisão nos lares brasileiros. A pá de cal, o lançamento do *Jornal Nacional* pela TV Globo, só cairia sobre os diários impressos no fim do dia em 1969. O jornalismo na televisão, no entanto, já começava a crescer em 1965, e analistas mais atentos considerariam no mínimo arriscado investir em publicações naquele horário de circulação.

Ter um vespertino, porém, era um velho sonho do doutor Julinho. Fora assim que ele iniciara na profissão, em 1914, fazendo uma edição tardia d'*O Estado*. Lançada sob o pretexto de atualizar as notícias da Primeira Guerra Mundial na Europa, aquela versão menor e mais irreverente do matutino dirigido por seu pai durara até 1921. Ficara conhecida como *Estadinho*.

Além da questão emotiva, havia o contexto interno da empresa. Era conveniente que o novo veículo não competisse com *O Estado*, que sustentava aqueles investimentos. Diante de tudo isso, se alguém dentro do grupo notou que os vespertinos estavam morrendo, ninguém se atreveu a dizê-lo ao patrão.

* * *

Ruy Mesquita fora comunicado pelo pai de que iria criar um vespertino para a empresa numa reunião familiar no final de 1964, da qual participaram também o tio Francisco, os irmãos e os primos. Ruy fora apanhado de surpresa, mas não estava sendo consultado. A decisão estava tomada e ele fora escolhido para implantar o projeto. Era uma grande responsabilidade. Além de ser um antigo sonho do pai, o novo vespertino exigia investimentos de vulto. A empresa iria contrair dívidas para comprar novas rotativas *offset*, um sistema mais moderno que o *letter-press* utilizado por *O Estado*, e para construir um prédio anexo à sede onde seriam instaladas as novas impressoras.

Embora estivessem decididos a criá-lo, doutor Julinho e doutor Chiquinho não tinham definido um nome para o título. Alguém sugerira que se chamasse *Edição da Tarde*, com o subtítulo "De *O Estado de S. Paulo*". Doutor Julinho gostara da ideia, mas Ruy resistira e tinha bons argumentos.

Se a proposta era conquistar um público novo, o vespertino teria de ser totalmente diferente d'*O Estado*. *Edição da Tarde* o vincularia demais ao matutino, principalmente com aquele subtítulo que passava ao leitor uma noção de continuidade. Como se *O Estado* estivesse lançando no fim do dia um complemento com notícias atualizadas. Era preciso pensar em algo diferente. Doutor Julinho concordara com o filho, adiara a decisão e começara a chamar o vespertino de *Estadinho*, nome do jornal que ele dirigira no início da carreira.

\* \* \*

A questão continuava a incomodar Ruy em agosto de 1965, quando encomendou um estudo de fontes à agência de publicidade que trabalhava para *O Estado*. Os diretores de arte preferiam trabalhar já com o nome definitivo, mas, como ele ainda não existia, voltaram algumas semanas depois com propostas de tipologia aplicadas a um título genérico, inventado apenas para testar visualmente as letras utilizadas. Assim que olhou as provas, Mino Carta exclamou:

— Pronto, Ruy, pode parar de se preocupar com o nome! Esse que está aí é ótimo: *Jornal da Tarde*. Não precisa de mais nada!

Ruy também havia gostado da ideia. Tinha a qualidade de ser próximo de *Edição da Tarde*, o nome que agradara ao pai. Ao mesmo tempo era distante o suficiente para lhe dar a autonomia que almejava. Bastava um ajuste no subtítulo grafado em letras menores sob o logotipo, tirando a preposição "de" da frente do nome *O Estado de S. Paulo*, e pronto. Estaria garantida a independência. O nome d'*O Estado*, porém, teria de ficar. Emprestava credibilidade ao novo título.

Mais tarde, Ruy Mesquita chamou Mino à sua sala.

— Eu também gostei de *Jornal da Tarde*. Parece-me mais forte.

— E mais jovem — completou Mino. — Edição é coisa de jornalista, Ruy. Jornal todo mundo sabe o que é.

Faltava apenas o aval do pai, mas isso não foi problema. Doutor Julinho havia decidido dar ao filho ampla autonomia. Quando Ruy defendeu o título *Jornal da Tarde* e mostrou as provas apresentadas pela agência, ele aprovou sem pestanejar. O que não o impediria, porém, de continuar se referindo internamente ao novo vespertino como *Estadinho* pelo restante da vida.

Com o título decidido, era hora de imaginar como seria o *Jornal da Tarde* e de começar a formar a equipe que o criaria.

# 5. Os melhores salários do Brasil

Ruy Mesquita e Mino Carta começaram a discutir as linhas gerais do *Jornal da Tarde* no final de agosto de 1965. Mino pretendia radicalizar algumas inovações que haviam dado certo na *Edição de Esportes*. O texto seria não apenas mais solto, livre dos formalismos arcaicos que ainda se espalhavam por linhas e linhas nos jornalões, inclusive n'*O Estado*, como também resvalaria para o jornalismo literário, muito em moda nos Estados Unidos. A diagramação seria leve, com espaços em branco e melhor aproveitamento de fotos.

Para garantir o sucesso da empreitada, Mino precisaria de uma equipe jovem, livre dos velhos vícios da escrita jornalística. Deixou claro, desde o princípio, que queria carregar o time fixo da *Edição de Esportes* com ele. Desta vez, porém, precisaria de mais gente. Ruy ia ouvindo recostado em sua cadeira, o semblante sério, mas concordando com quase tudo, como indicavam os ligeiros movimentos de cabeça que fazia, até chegar ao ponto em que Mino mencionou o tamanho da equipe.

— Quantas pessoas você pensa em contratar? — perguntou Ruy.

— Eu começaria com cerca de cinquenta, talvez um pouco mais...

— Parece um número bom para começar — respondeu. — Se vamos fazer o melhor jornal que São Paulo já teve, precisamos de equipe.

Mino aproveitou para levar a conversa para a questão mais delicada.

— Se você espera o melhor jornal da cidade, temos de falar sobre dinheiro — avisou. — Eu vou precisar de profissionais muito bons para satisfazer o seu nível de exigência. E os salários d'*O Estado* não estão entre os melhores de São Paulo. A Editora Abril paga mais, por isso leva os jovens mais talentosos.

Ruy concordou:

— Você pode oferecer valores acima da média do mercado — autorizou. — Eu assinarei as contratações, desde que você não exagere muito.

Mino agradeceu e já ia se retirando quando Ruy fez a última ressalva:

— Quanto ao meu nível de exigência, não tenha ilusões — avisou. — Você sabe que eu sempre vou achar algo que podia ter ficado melhor.

* * *

Com carta branca para oferecer bons salários, Mino começou a formar a equipe, contratando em definitivo alguns dos freelancers que haviam trabalhado com ele naquele último ano. Um dos primeiros efetivados foi Carlos Brickmann. Repórter da sucursal do *Jornal do Brasil* em São Paulo, ele havia aproveitado o fato de o *JB* também não circular às segundas-feiras para melhorar seus rendimentos como freelancer da *Edição de Esportes*.

Brickmann era um jovem alto, de 21 anos, alguns quilos acima do peso, que havia iniciado a carreira em 1963 na redação da *Folha de S.Paulo*. Dono de um vozeirão forte e de senso de humor e inteligência afiados, era do tipo que não perdia piadas, e ainda fazia muitos amigos com elas. Em um ano como freelancer, conquistara a simpatia e a confiança de todos na Major Quedinho.

Assim que o contratou, Mino explicou a primeira tarefa: integrar o grupo inicial de quatro pessoas incumbidas de pensar como seria um vespertino dirigido aos jovens. Brickmann quis saber quem mais estava no grupo. Ao ouvir os nomes, lembrou-se imediatamente de um de seus primeiros dias como jornalista, ainda na *Folha de S.Paulo*.

Um tipo meio estranho, baixo, magro, rosto todo pintadinho e cabelos encaracolados precocemente grisalhos, havia acabado de entrar na redação da rua Barão de Limeira. Um contínuo que sabia tudo sobre todo mundo se aproximou de Brickmann e lhe disse ao ouvido:

— Está vendo esse homem, Carlinhos? Preste atenção nele: esse aí é o melhor jornalista do Brasil.

Mino Carta acabara de informar Carlos Brickmann que ele iria trabalhar com o "melhor jornalista do Brasil". O mineiro Murilo Felisberto havia sido convidado para ocupar o cargo de secretário de redação, o terceiro mais importante na hierarquia do *Jornal da Tarde*.

# 6. Murilo Felisberto

Murilo Felisberto estava prestes a completar 26 anos, mas já era uma estrela em ascensão no jornalismo brasileiro. Nascido em Lavras em 1939, formado pelo Instituto Presbiteriano Gammon, um tradicional colégio americano da cidade, ele iniciara na profissão como repórter em Belo Horizonte, no *Diário de Minas*. Passara depois pela *Folha de S.Paulo*, onde chegou a editor e liderou um malogrado piloto de reforma gráfica e editorial no caderno de cobertura da Copa do Mundo de 1962. Ao descobrir que os redatores recrutados por Murilo reescreviam as matérias transmitidas do Chile, os repórteres que cobriam o Mundial se rebelaram e pararam de enviar textos. Com a crise instalada, a direção do jornal aceitou a queixa dos repórteres e tentou enquadrar os editores. Murilo pediu demissão. E perambulou pela revista *Transporte Moderno*, da Editora Abril, e pela sucursal paulista da *Manchete* antes de aceitar um convite de Alberto Dines para se transferir para o *Jornal do Brasil*, no Rio de Janeiro.

Os amigos se espantaram quando ele aceitou o emprego no *JB*. O cargo que Dines oferecia era o de chefe do Departamento de Pesquisa e Documentação (DPD). Arquivo era coisa para jornalista em fim de carreira, lhe disseram. Murilo, porém, acompanhava atentamente os movimentos da imprensa nos Estados Unidos e sabia que esse conceito estava em transformação por lá.

46   FERDINANDO CASAGRANDE

Os grandes jornais americanos investiam, desde o final dos anos 1950, em departamentos de pesquisa que pudessem apoiar as redações com matérias de contextualização dos fatos, aprofundando as notícias do dia. Era exatamente esse modelo que Dines queria importar para o DPD do *Jornal do Brasil*. E ninguém melhor do que Murilo Felisberto para a função.

Uma piada maldosa que circulava entre os amigos na época dizia que Murilo tinha o sovaco mais bem informado do mundo, tamanha a quantidade de revistas e jornais estrangeiros que carregava debaixo do braço. Ele conhecia os expedientes das publicações, sabia quem estava trocando de redação, as reformas gráficas, as fontes utilizadas... Era uma biblioteca ambulante da imprensa mundial.

Murilo se mudou para o Rio em março de 1964, duas semanas antes do golpe militar. Em menos de um mês, já mostrou a que vinha. No dia 7 de abril, a junta de generais que assumira o poder após a deposição de João Goulart indicou o nome do cearense Humberto de Alencar Castelo Branco para a presidência da República. Marechal recém-promovido, Castelo Branco era totalmente desconhecido da imprensa. Os editores do *JB* tomaram um susto, portanto, quando o chefe do DPD apareceu com um perfil completo do novo presidente, em texto já editado por ele próprio. Murilo capitalizou aquele feito guardando para si o segredo da fonte, mas anos depois confidenciaria que tudo não passara de um golpe de sorte.

Assim que o nome de Castelo Branco fora anunciado, um de seus repórteres, Talvani Guedes, chegara ao DPD contando que uma tia sua era vizinha de uma prima do militar. Murilo então pautara Talvani para fazer uma visita à tia e o repórter voltara com o furo nacional do *JB*, o primeiro perfil completo do novo presidente publicado no país.

Aquele feito contribuiria para aumentar o prestígio de Murilo na redação. Em menos de um ano, promovido a assistente do editor-chefe, ele transformaria o DPD numa estrutura de produção editorial paralela à da redação, não só fornecendo textos de apoio às reportagens do dia como propondo pautas e produzindo matérias próprias e cadernos especiais. Sua equipe, que começara com dois jornalistas, foi aumentada para oito repórteres e redatores.

O sucesso do DPD, no entanto, não foi suficiente para mantê-lo no Rio. Durante todo o tempo no *JB*, Murilo viveu na ponte aérea. Deixara uma namorada em São Paulo e retornava à capital paulista todos os fins de semana. Isso, mais o desgaste das relações com editores do jornal — que o acusavam de competir com a reportagem — e com o próprio Dines, levou Murilo a pedir demissão em maio de 1965. Alegando problemas pessoais, ele voltou para São Paulo, onde iria se juntar ao time que Paulo Patarra formava para criar uma nova revista na Editora Abril, a *Realidade*. Também não duraria muito tempo ali.

O grupo que Patarra recrutara era politicamente engajado com a esquerda. Murilo não gostava de política, nem tinha afinidade com qualquer grupo. Se tivesse de manifestar simpatia, porém, seria pelas ideias liberais. Totalmente deslocado naquele time vermelho, recebeu como bênção o convite de Mino Carta para criar um jornal para a família Mesquita.

* * *

Assim que chegou à redação da Major Quedinho, Murilo foi integrado ao grupo que discutia o novo jornal — do qual faria parte também, além de Mino e de Brickmann, o jornalista Frederico Branco. Aos 38 anos, Branco foi o único da equipe inicial indicado por Ruy Mesquita, de quem era amigo.

A partir das premissas básicas dadas pelo doutor Julinho — um vespertino com notícias locais, dirigido ao público jovem —, os quatro começaram a conceber a alma do *Jornal da Tarde*. Ficou decidido que as editorias mais importantes seriam as de Cultura, Esportes e a de reportagem geral. Esta última cobriria todos os assuntos da cidade, de polícia a saúde, passando por educação, trânsito, política municipal, comportamento e tudo o mais que coubesse na vida da metrópole, desde que não fosse assunto de esporte ou de cultura. Assim como o esporte, Cultura teria editoria própria, com forte viés de prestação de serviço ao leitor.

Os quatro concordavam que teriam um grande diferencial a oferecer se pudessem informar as opções de lazer na cidade, publicando endereços, horários de funcionamento e preços das atividades. Os jornais da época não prestavam esse tipo de serviço por considerá-lo publicidade. Murilo e Mino defenderam ainda que o jornal tivesse, desde o início, críticos especializados em artes plásticas, música erudita e música popular, teatro, cinema, televisão e gastronomia. Este último era outro tabu na imprensa da época.

As críticas de restaurantes, em geral, eram extremamente elogiosas aos estabelecimentos, que quase sempre pagavam aos jornais ou aos jornalistas por sua publicação. E isso não era informado ao leitor. Para evitar o risco, títulos sérios como *O Estado* simplesmente não tinham críticos de gastronomia.

Finalmente, Mino e Murilo previam editorias de Internacional e Política, embora as notícias dessas duas áreas fossem de interesse primordial d'*O Estado*. Frederico Branco ponderou que Ruy jamais aceitaria não contemplar a cobertura das notícias do mundo. Ele estava certo, e a editoria de Internacional acabaria sendo maior que a de Política, onde ficariam abrigadas também as notícias econômicas. Naquele tempo, os jornais brasileiros ainda não tinham editorias de Economia.

Herança de sua experiência na *Quatro Rodas*, Mino insistiu que o jornal tivesse uma página semanal dedicada aos automóveis. Ele detestava carros, mas sabia que o assunto tinha enorme potencial de atração de anunciantes.

Além de pensar a estrutura, os quatro se dedicaram a imaginar qual seria a pauta do novo jornal. Murilo defendeu que, sem negligenciar os assuntos importantes, a pauta teria de ser extremamente criativa, fugindo das agendas do dia e dedicando espaço a grandes reportagens sugeridas pela equipe. Quem resumiu bem o espírito desse conceito numa das conversas foi Brickmann:

— Será o jornal das matérias que queremos publicar, e não das matérias que temos de publicar.

Com tudo isso decidido, Mino Carta ficou incumbido de apresentar o esboço editorial a Ruy Mesquita. Murilo Felisberto, por sua vez, tinha uma missão urgente a cumprir: recrutar jornalistas jovens e talentosos para transformar todas aquelas ideias num jornal de verdade.

# 7. Os mineiros

Embora estivesse se deslocando desde 1960, quando o presidente Juscelino Kubitschek mudara a capital do país para Brasília, o eixo das grandes notícias ainda continuava entre Rio de Janeiro e São Paulo no início daquela década. O Rio abrigava o *Jornal do Brasil*, onde Jânio de Freitas e Amílcar de Castro fizeram a festejada reforma gráfica e editorial nos anos 1950, marco da imprensa brasileira. São Paulo tinha *O Estado de S. Paulo*, símbolo da luta pela democracia contra a ditadura Vargas.

Minas Gerais, apesar da enorme força política no cenário nacional, não contava com um jornal diário de peso comparável ao desses dois títulos. Talvez por isso seja menos lembrada a transformação que a imprensa de Belo Horizonte sofreu nos anos anteriores ao golpe de 1964. Inspiradas no *JB*, então a bíblia do jornalismo moderno no Brasil, pelo menos três publicações lideraram a renovação: os jornais *Correio de Minas* e *Diário de Minas* e a revista *Alterosa*.

Essas três redações atraíam a nova geração de jornalistas mineiros que não queriam se submeter aos padrões provincianos de *O Estado de Minas*. Curiosamente, eram financiadas por interesses políticos. O *Correio* era mantido pelo esquema de comunicação do ex-presidente Juscelino Kubitschek, que planejava retornar ao Palácio do Planalto nas eleições marcadas para 1965; o *Diário* e a *Alterosa* pertenciam ao então governador de Minas, o banqueiro Magalhães Pinto, que tinha pretensões de disputar a Presidência da República no mesmo pleito.

Os orçamentos das três desapareceram depois que o golpe de 1964 sepultou as aspirações políticas de seus financiadores. O *Correio* e a *Alterosa* fecharam; o *Diário* ainda resistiu por mais algum tempo, mas já sem dinheiro para manter os melhores talentos. Antes disso, porém, os três formaram alguns daqueles que seriam grandes nomes do jornalismo brasileiro nas décadas seguintes.

Um dos primeiros a alcançar projeção foi Fernando Gabeira. Nascido em Juiz de Fora em 1941, Gabeira ocupou cargos importantes no *Correio* e no *Diário* antes de se transferir para o Rio em 1963. Conhecia muito bem, portanto, os melhores e mais promissores jornalistas mineiros da nova geração. Por isso, foi a ele que Murilo Felisberto recorreu no final de 1965 para recrutar a equipe do *Jornal da Tarde*.

Gabeira, já então considerado um dos melhores redatores do *JB*, ajudou Murilo a montar a primeira lista de talentos que este levaria de Minas Gerais para o novo jornal dos Mesquitas. A relação inicial, mais tarde engrossada por conversas com jornalistas nos botequins de Belo Horizonte, chegou a dezoito nomes.

Murilo pediu ajuda também ao jornalista Alberico Souza Cruz, que dirigia a sucursal mineira do *JB*, para localizar todos aqueles jovens. Alberico, que chegou a ser convidado, mas preferiu continuar em Minas, fez os contatos prévios, sondando sobre o interesse de cada um. Acompanhado por HAF, Murilo se reuniu na segunda semana de novembro com vários deles, separadamente, para fazer suas propostas.

Constavam desse grupo inicial Ivan Ângelo, Carmo Chagas, Fernando Mitre, Antonio Lima, Dirceu Soares, Moisés Rabinovici, Flávio Márcio, Marco Antônio de Menezes, Marco Antônio de Lacerda, Ezequiel Neves e Ramon Garcia, entre outros. Ivan era o mais velho do grupo, prestes a completar 30 anos. Era jornalista e escritor respeitado em Minas Gerais. Os demais tinham menos de 25 anos de idade e menos de cinco anos de redação.

Nas conversas, Murilo explicou o que queria: mais do que repórteres excepcionais, ele procurava gente com bom texto, livre dos vícios jornalísticos da época. Buscava criatividade para inovar na pauta, que passaria a cobrir os assuntos que interessavam à juventude brasileira e não apenas os temas enfadonhos a que estavam presos os grandes jornais nacionais.

O esboço por si só já pareceria convidativo. Tornava-se irresistível quando Murilo entrava na questão financeira. O salário mensal oferecido para um bom redator oscilava entre 300 mil e 500 mil cruzeiros, que seriam o equivalente em moeda atualizada a valores entre 9 mil e 15 mil reais. Era uma fortuna para a maioria deles. Fernando Mitre, principal copidesque do *Diário de Minas* e, portanto, detentor de um dos melhores salários entre os colegas de BH, ganhava 150 mil cruzeiros por mês.

Todos aceitaram as propostas, e, em quinze dias, os primeiros a chegar estavam desembarcando na antiga rodoviária da praça Júlio Prestes, em frente à estação da Luz. Foram hospedados no Hotel Barros, na praça da República, de onde caminhavam até a redação da Major Quedinho.

* * *

Os mineiros começaram a trabalhar no dia 1º de dezembro. Faltava pouco mais de um mês para o lançamento do *Jornal da Tarde*. Assim que chegaram ao prédio d'*O Estado*, foram se impressionando com tantas diferenças. As oficinas e rotativas ocupavam o espaço correspondente aos três primeiros andares. Eram as maiores que já tinham visto. O restaurante da empresa, no quarto andar, era algo que não existia em BH. Como era também completa novidade a organização da redação do matutino, no quinto andar, onde cada mesa tinha uma máquina de escrever com capa e com as teclas de todas as letras no lugar.

A redação em que trabalhariam ocupava um salão de 180 metros quadrados onde outros jovens recém-contratados já se espalhavam por 42 mesas. Os mineiros encontraram um time em formação e receberam suas funções na estrutura dividida por editorias, algo que só conheciam de ouvir falar em Belo Horizonte.

Carmo Chagas foi ser copidesque da Geral. Fernando Mitre ocupou a mesma função na Internacional, onde seria subordinado a Frederico

Branco. Assim que chegou, Mitre recebeu como primeira missão escrever um texto de quarenta linhas sobre um conflito entre curdos. Depois de explicar como queria o texto, Branco lhe deu um papel com um endereço.

— Antes de começar, tome o elevador e vá até esse local — orientou.

— Lá funciona uma barbearia. Só volte aqui com os cabelos bem aparados.

Dirceu Soares e Moisés Rabinovici foram designados para a reportagem de Geral. Ramon Garcia, para a de Esportes, onde já estava outro mineiro, Kléber de Almeida, que trabalhava com Mino desde a *Edição de Esportes*.

Antonio Lima assumiu o posto de crítico de cinema na editoria de Cultura, que seria batizada de Variedades, para onde também foram os dois Marco Antônios, Ezequiel Neves e Ivan Ângelo. A eles se juntaria outro mineiro, Sábato Magaldi, mais velho, radicado há mais tempo em São Paulo e consagrado crítico teatral. Poucos dias depois, chegaria o juiz-forano Flávio Márcio, como redator.

Homossexual assumido, Márcio ostentava sua orientação nas roupas, no corte de cabelo e na piteira dourada em que fumava delicadamente seus cigarros. Era algo totalmente novo para os colegas da sisuda redação vizinha. Rapidamente, ele se transformou numa espécie de "ponto turístico" do "*Estadinho*". Os colegas cruzavam o corredor que separava as duas redações apenas para espiá-lo. Flávio Márcio não se incomodava. Dono de um humor afiado, ele divertia a redação com frases de efeito em que brincava com suas preferências. Uma das que mais gostava de repetir afirmava:

— Marido de amiga minha pra mim é homem!

Ivan Ângelo, mais velho e mais experiente que os demais, foi colocado por Murilo na equipe de Variedades, onde seria responsável, entre outras coisas, por uma página semanal destinada ao público feminino.

\* \* \*

Os chefes das editorias foram designados por Mino Carta. Egresso da equipe original da *Edição de Esportes*, Sebastião Gomes foi promovido a editor dessa mesma área no novo jornal. Variedades ficou sob o comando

de Nelson Coelho, e a Geral, porta de entrada da maioria dos novos repórteres, foi entregue a Uru, que era considerado um exímio treinador de
focas, como são chamados os jornalistas recém-formados.

Além dos mineiros e dos jornalistas que vinham da *Edição de Esportes*,
Mino Carta e Murilo tiraram gente de várias redações paulistanas. Carlos
Brickmann, Rolf Kuntz e Laerte Fernandes saíram da sucursal paulista do
*JB*. Brickmann foi ser repórter de Política e Rolf assumiu a editoria de
Pesquisa, onde trabalharia com a primeira mulher da equipe inicial, Judith
Patarra. Laerte, coordenador de pauta do jornal carioca em São Paulo,
assumiu cargo semelhante no novo time.

Da redação da *Folha de S.Paulo* vieram Renato Pompeu, irmão de Sérgio
Pompeu, Emílio Matsumoto e Sérgio Oyama para trabalhar na Geral. Famosos
pela qualidade do texto, foram escalados como copidesques. Na concepção
de Mino e Murilo, essa função seria vital para o sucesso do novo título.

Num horizonte mais longo, eles imaginavam uma equipe ideal em que
os repórteres teriam texto final com o viés literário que Mino e Murilo
queriam transformar em marca registrada do vespertino. Para isso, porém,
teriam de doutriná-los naquele novo estilo. Era uma tarefa impossível de
ser realizada no prazo que restava. Eles decidiram então investir primeiro
na formação dos redatores. No mês que faltava para o lançamento, iriam
ensiná-los a desconstruir uma estrutura consagrada do jornalismo: a pirâmide invertida.

# 8. A pirâmide invertida

Criada a partir da invenção do telégrafo, em 1843, a pirâmide invertida nada mais era do que uma forma encontrada pelas empresas jornalísticas para cortar custos. Até então, as reportagens de correspondentes eram enviadas por correio para os jornais. Nos Estados Unidos, a matéria de um repórter em Washington demorava dois dias para chegar à redação do *New York Times*. O texto de um correspondente na Costa Oeste americana levava no mínimo um mês. A invenção de Samuel Morse eliminava o atraso na comunicação, mas tinha um preço: no início do serviço, custava um centavo de dólar por caractere.

Durante a cobertura da Guerra Civil Americana, entre 1861 e 1865, as empresas descobriram que eram economicamente insustentáveis as caudalosas reportagens com descrições minuciosas do ambiente e narração cronológica dos fatos. Embora muitos continuassem a escrever no velho estilo, alguns jornais começaram a exigir que seus repórteres fossem concisos, objetivos, e que telegrafassem em primeiro lugar o que era mais importante. Ater-se aos fatos era uma forma de economizar dinheiro. Os patrões não queriam pagar centenas de dólares pelas opiniões de seus enviados aos campos de batalha.

O estilo se popularizou nos Estados Unidos e foi sendo aprimorado ao longo das décadas seguintes, adaptando-se ao surgimento de novas tecnologias que barateavam a transmissão. Chegaria aos jornais brasileiros apenas no final dos anos 1950, já transformado numa técnica de escrita popularizada pelo livro *Introdução ao jornalismo*, do americano Fraser Bond, e adotado pelo *Jornal do Brasil* em sua célebre reforma.

Murilo Felisberto, em seu estilo bem teatral, mandava os copidesques rasgarem "aquele livrinho" do Bond. Ele queria desconstruir a pirâmide, queria textos com começo, meio e, acima de tudo, um final surpreendente. Era o que ele chamava de "fecho de ouro". Sobre a orientação da pirâmide, que mandava para o fim da matéria o que era menos importante, ele não deixava margem a dúvidas.

— Se não é importante, não precisa estar em lugar nenhum — afirmava.
— Aprendam com Goethe. Vejam como ele encerra *Os sofrimentos do jovem Werther*: "O corpo foi conduzido por trabalhadores. Nenhum padre o acompanhou."

Mino Carta era um pouco mais objetivo na orientação aos copidesques e aos repórteres sobre o que esperava das matérias.

— Toda notícia tem uma história por trás — ensinava. — É essa história que eu quero na matéria, não apenas a notícia.

O repórter Moisés Rabinovici, ou simplesmente Rabino, como passou a ser chamado pelos amigos, nunca se esqueceu de uma lição recebida do editor-chefe certa madrugada, quando brigava com a abertura de uma matéria. Mino, pronto para ir embora, passou pela mesa do repórter e o encontrou suando sobre a máquina de escrever. Parou ao lado da mesa rodeada de laudas amassadas e perguntou:

— Rabino, vejo que você está sofrendo. Qual é a dificuldade?
— Eu não encontro um bom início, Mino. Já tentei várias entradas, mas nenhuma me convence.
— Qual foi a última coisa que aconteceu nessa história? — perguntou Mino, para emendar: — Comece por ela.

Rabino experimentou, funcionou, e ele passou a usar e a difundir a fórmula.

\* \* \*

56  FERDINANDO CASAGRANDE

Rapidamente, a equipe entendeu de onde vinha o modelo que a dupla queria adotar no vespertino. Ele era inspirado na geração de jornalistas americanos que, desde o início dos anos 1960, fazia experiências em textos de revistas como *The New Yorker, Harper's Bazaar, Esquire* e *Rolling Stone*. Seus autores mais cultuados eram Truman Capote, Norman Mailer, Hunter Thompson, Gay Talese e Tom Wolfe — este último, por sinal, criaria em 1973 a expressão *new journalism* para definir o estilo.

Se a inspiração vinha dos Estados Unidos, então o melhor era beber na fonte. Não demorou a surgir por ali uma obra publicada em inglês, em 1963, pela Faculdade de Jornalismo da Universidade Columbia. Lançada no Brasil pela editora Agir, em 1965, *Jornalistas em ação* era uma compilação de textos de conceituados repórteres americanos com reflexões sobre a prática e o futuro da profissão. Rapidamente, quase todos na redação carregavam um exemplar do livrinho de capa verde, que foi a primeira Bíblia, uma espécie de Velho Testamento daquela equipe. O Evangelho, mesmo, ainda estava por ser escrito.

*Fame and Obscurity*, com um perfil de Frank Sinatra no qual o personagem não concede entrevista, entre outras histórias, seria lançado por Gay Talese em 1970 nos Estados Unidos. Chegaria ao Brasil três anos depois com o título *Aos olhos da multidão*. Esse, sim, se transformaria, anos mais tarde, no verdadeiro livro sagrado do jornalismo literário no vespertino dos Mesquitas.

\* \* \*

Cada um ao seu estilo, o mineiro mais professoral, o italiano mais paternal, os dois chefes da redação seguiam doutrinando a equipe sobre a forma de trabalhar. A cada número zero fechado e impresso, eles se reuniam para analisar o resultado e propor correções de rumo. Os copidesques se divertiam com a teatralidade de ambos, e não há lembrança de que alguém tenha sido visto circulando com *Os sofrimentos do jovem Werther* debaixo do braço.

O estilo literário no texto jornalístico podia não ser uma criação de Mino e de Murilo. Adotá-lo num jornal diário, porém, era uma audácia. A velocidade de produção exigida por um diário era um obstáculo perigoso para aquele tipo de escrita, onde a linha entre o genial e o ridículo, em geral, era bastante tênue. Daí a preocupação em garantir que pelo menos os redatores estivessem bem treinados.

Os americanos aplicavam recursos da literatura em textos de revistas, que tinham mais tempo para serem lapidados. Ainda assim, não eram muitos os jornalistas por lá que usavam o recurso com reconhecida eficiência. Para fazer um jornal, Mino e Murilo precisavam de uma quantidade infinitamente maior de repórteres. E não tinham ilusões de encontrar apenas gênios da literatura entre as dezenas de jovens que não paravam de chegar na redação da Major Quedinho, todos os dias, para serem testados pelo sargentão Uru.

# 9. Os primeiros repórteres

Ulysses Alves de Souza era famoso por ser exímio pauteiro. Mino passou a ele a missão de testar os candidatos que começaram a aparecer para pedir emprego quando a notícia sobre a criação do vespertino se espalhou pelas outras redações da cidade. Uru, porém, era também um tipo durão, formado no velho estilo de treinamento de focas. Quem se apresentava para uma vaga de repórter ganhava uma pauta antes que ele decidisse se o candidato tinha lugar ou não. Muitas vezes, quando o foca voltava com o texto, Uru o recebia com uma resposta que se transformaria em marca registrada do seu estilo sargentão.

— Isto aqui está tão ruim que não serve nem para jogar no lixo — dizia, enquanto devolvia as laudas. — Volta lá e reescreve tudo.

O candidato voltava, sofria para reescrever, apurava novos detalhes, pedia palpites de colegas, emendava, rasgava laudas, recomeçava... Quando finalmente entregava o novo texto, descobria que o esforço valera quase nada.

— Ah, melhorou. Agora já dá para jogar no lixo — dizia Uru, enquanto rasgava as folhas na frente do repórter. — Pode reescrever tudo, e veja se faz direito desta vez.

\* \* \*

O corpo de reportagem cresceu rapidamente ao longo do mês de dezembro de 1965. Alguns eram recrutados em redações concorrentes. Do *Notícias Populares* vieram quase ao mesmo tempo três jovens promissores. Vital Battaglia, então com 23 anos, foi convidado por HAF para cobrir futebol. Percival de Souza, um jovem evangélico metodista de 22 anos, foi chamado pelo bom trabalho que fazia na cobertura das notícias policiais. E Celso Kinjô entraria para as fileiras da Geral quase por acaso, a convite de Laerte Fernandes.

Aos 20 anos de idade, Kinjô sonhava em trabalhar no *Jornal do Brasil* e foi levado à redação da sucursal paulista por Rolf Kuntz para ser entrevistado. Quando a conversa terminou, Laerte decidiu contratá-lo.

— Você vai trocar de emprego sim, Kinjô, mas não para o *JB*. Já ouviu falar no *Jornal da Tarde*?

Era novembro de 1965 e Kinjô ainda não ouvira falar sobre o vespertino. Laerte explicou que aquele era seu último dia no *JB* e perguntou a Kinjô se ele podia ir à Major Quedinho naquela mesma hora. Os dois caminharam do Vale do Anhangabaú, onde ficava o jornal carioca, até a redação d'*O Estado*, onde Kinjô se viu no meio de dez candidatos esperando para fazer um teste.

Uru deu o mesmo tema a todos e cada um se sentou a uma máquina de escrever para produzir uma reportagem de duas laudas. Dez minutos depois de entregar o texto, Celso Kinjô estava contratado como repórter da Geral.

\* \* \*

Outros jornalistas simplesmente batiam lá à procura de emprego. Neste segundo caso, dois repórteres se destacariam rapidamente. Um deles era um jovem italiano nascido num povoado chamado Gazzuolo, em Mantova. Criado em Jundiaí, a 50 quilômetros de São Paulo, ele trabalhava num jornal da cidade cuja redação era composta do dono e ele. Quando ouviu falar do novo vespertino paulistano, comprou uma edição d'*O Estado*, viu o nome do redator-chefe na primeira página e escreveu uma carta para Marcelino Ritter pedindo emprego.

A carta foi parar na mesa de Mino, que mandou Uru testar o menino. Sandro Vaia tinha 22 anos quando se apresentou na redação e recebeu a incumbência de produzir uma reportagem na Companhia Municipal de Transportes Coletivos de São Paulo, a CMTC. Sandro perguntou onde ficava a empresa.

— Fica na rua Martins Fontes — respondeu o editor linha-dura.

Como não queria mostrar que não conhecia a capital, Sandro desceu para o abafado centro paulistano e bateu perna por quase meia hora, perambulando e pedindo informações às pessoas, antes de descobrir que a Martins Fontes era a rua dos fundos do prédio da Major Quedinho. O texto que ele escreveu naquele dia, porém, agradou, e ele foi contratado.

O segundo que chegou pedindo emprego e também faria longa carreira no vespertino foi o único nordestino da primeira equipe. Fernando Portela também tinha 22 anos em 1965, ano em que deixou Pernambuco para tentar a vida no Sudeste.

Nascido em Olinda e criado no Recife, Portela estava no terceiro ano de psicologia na Universidade Católica e trabalhava na sucursal nordestina da agência de publicidade Norton. O clima político no Recife andava pesado desde o início da ditadura, e, quando os militares empastelaram a redação do jornal *Última Hora*, Portela resolveu que chegara o momento de tentar emprego em alguma agência carioca.

Não encontrou nada no Rio, mas foi aconselhado a procurar Sérgio de Souza, que dirigia a *Quatro Rodas* em São Paulo. Sérgio pensou em encaminhá-lo para a equipe que criava a *Realidade*, mas achou que ele ainda era muito verde. Mandou-o, então, bater à porta de Murilo Felisberto. Assim que o recebeu, o mineiro perguntou se ele tinha experiência. Achando que isso era importante, Portela disse que sim. Era, na melhor das hipóteses, uma meia-verdade.

Aos 15 anos, ele estagiara no *Diário da Noite*, do Recife, um vespertino editado pelo *Diário do Comércio*. A experiência, porém, durara menos de uma semana. O chefe de reportagem o colocara para cobrir atropelamentos e ele desistira do estágio.

Murilo, porém, não pediu detalhes. Mandou Portela para Uru e ele foi pautado para entrevistar um coronel da Aeronáutica que cuidava do projeto espacial brasileiro em São José dos Campos. Na volta, matéria escrita e entregue, foi chamado à mesa de Murilo.

— Mas eu não estou entendendo este seu texto — estranhou o secretário de redação. — Como é que você consegue não ter vício nenhum? Que escola é a sua?

— Você me disse que queria uma coisa diferente, e tal... — engasgou Portela. — Eu tentei escrever de um jeito novo.

— O texto está uma beleza. Está contratado!

\* \* \*

Em meio a tanta juventude na reportagem, Murilo Felisberto encontrou espaço para um profissional mais experiente, que na época era um dos melhores repórteres brasileiros. Os dois haviam se conhecido na redação da *Folha de S.Paulo* no início daquela década. Ewaldo Dantas Ferreira já carregava no currículo coberturas como a do golpe que depusera Juan Domingo Perón da presidência da Argentina, em 1952, e a da guerra do canal de Suez, em 1956. Em 1961, como presidente do sindicato, Ewaldo liderara a primeira e única greve bem-sucedida de jornalistas, conquistando direitos como o piso salarial da categoria.

Quando recebeu o convite do amigo, ele chegou a argumentar que, aos 39 anos, se achava um pouco velho para fazer parte daquela turma abaixo dos 25 que estava sendo reunida na Major Quedinho. O salário, porém, era muito bom, a amizade com Murilo também, e Ewaldo andava ressabiado com a *Folha*.

No ano anterior, ele publicara uma reportagem denunciando a violência do regime militar, que havia prendido e torturado um pescador do litoral norte de São Paulo pela simples razão de ele saber ler. Para os militares, um pescador alfabetizado só podia ser subversivo.

A *Folha* fora cobrada pelo regime e trocara a libertação do pescador pelo silêncio sobre o assunto. Ewaldo achara que a empresa tinha aceitado com muita facilidade o pedido da ditadura. Por isso, quando Murilo insistiu que ele seria fundamental no vespertino, aceitou o convite do amigo.

* * *

O *Jornal da Tarde* estava em franca gestação. Novos rostos surgiam a cada dia, a redação não parava de crescer, matérias eram apuradas, escritas, reescritas e diagramadas em layouts inovadores que saíam das mesas de Murilo Felisberto e Mino Carta. O lançamento estava marcado para 4 de janeiro de 1966, data inadiável por ser histórica, a mesma da fundação de *O Estado de S. Paulo*, em 1875. Estava na hora de começar a avisar aos leitores que a cidade ia ganhar um novo jornal e que ele chegaria às 15h em todas as bancas, de segunda a sábado.

Intimamente, porém, Ruy Mesquita não estava confortável com aquele horário de circulação.

# 10. Às 3 da tarde

Tradicionalmente, os vespertinos nunca tinham sido grande sucesso de vendas no Brasil. Embora jamais tenha debatido a questão, Ruy achava que o pai só insistira naquele horário para evitar concorrência com *O Estado* nas bancas. Para ele, porém, aquela preocupação era esdrúxula. O *Jornal da Tarde* seria totalmente diferente, como foi ficando cada vez mais claro à medida que Mino e Murilo começaram a criar layouts, e jamais cairia no gosto dos leitores d'*O Estado.*

Ruy se incomodava com aquele horário, mas não encontrava bons argumentos racionais para propor uma alteração. Debater a questão da concorrência com o matutino era pisar em terreno minado. Ele sabia que, para o doutor Julinho, aquele ponto não estava em discussão. O *Jornal da Tarde*, portanto, seria vespertino, distribuído às 15h. Por isso, ele colocou o incômodo de lado e tratou de elaborar estratégias de divulgação da marca.

No final de novembro de 1965, uma agência de publicidade recebeu a incumbência de criar a campanha de lançamento. Os publicitários foram brifados por Ruy e receberam algumas páginas de layout para entender o conceito visual do produto. No início de dezembro, eles voltaram à Major Quedinho para mostrar as peças que tinham preparado.

A campanha fora concebida para ter duas fases. Na primeira, os anúncios eram *teasers* comuns. Traziam apenas uma imagem intrigante, com um texto em letras garrafais que dizia: "Às 3 da tarde." Entre as imagens havia um antigo relógio de bolso, recortado sobre fundo branco, uma parede de pedra pichada com o mesmo slogan e uma imagem de dois bancos de praça sob uma árvore, com o texto escrito sobre o fundo vazado. Nada muito genial.

Na segunda fase, programada para as vésperas do lançamento, a peça anunciava que se tratava de um novo jornal d'*O Estado* que circularia naquele horário. A imagem era de um varal de banca com uma capa do *Jornal da Tarde* presa por pregadores.

A publicação diária dos *teasers* com a frase "Às 3 da tarde" começou no dia 19 de dezembro, com o anúncio que mostrava o relógio de bolso e que ocupava toda a página 11 de *O Estado de S. Paulo*. No dia 29 foi publicada, no mesmo espaço, a primeira peça revelando que se tratava de um novo vespertino que circularia naquele horário. Apesar de explicar que o periódico seria da cidade, a capa ilustrativa pendurada no varal de banca tinha uma manchete nacional: "Rio pede tropas federais."

Alguns dias antes do lançamento, Ruy finalmente descobriu um argumento concreto contra o horário de circulação. Ele participava de uma reunião com a equipe do jornal para explicar em linhas gerais o que estava programado para o dia de estreia quando alguém na sala lançou a pergunta:

— Como foi planejada a distribuição?

— A distribuição está garantida pela frota de caminhões d'*O Estado*...

— à medida que ia explicando, Ruy finalmente tomou consciência do que tanto o incomodava.

No início de 1966, com uma frota de automóveis particulares crescente, uma malha viária acanhada e sem meios de transporte coletivo eficientes, a cidade de São Paulo sofria enormes engarrafamentos durante o dia. Os caminhões d'*O Estado*, que circulavam com facilidade na madrugada para distribuir o matutino, não conseguiriam chegar às bancas mais distantes do Centro no meio da tarde.

Àquela altura, porém, era impossível mudar o horário. Ruy decidiu mantê-lo e discutir a questão só depois do lançamento, já com dados concretos de distribuição para embasar uma mudança.

Estava quase tudo pronto, mas Mino Carta andava apreensivo. Faltava uma manchete exclusiva, quente e bombástica, que pudesse causar impacto já no primeiro número do *Jornal da Tarde*. A notícia já existia, mas estava sendo mantida em segredo por um colaborador informal no Rio de Janeiro.

# 11. A primeira manchete

Oldemário Touguinhó já era um jornalista esportivo consagrado e editava a seção de Esportes do *Jornal do Brasil*, em 1965, quando HAF apareceu no Rio de Janeiro e contou do vespertino que os Mesquitas estavam criando. Ele queria convidar o amigo para ser correspondente no Rio. Touguinhó colaborara como freelancer para a *Edição de Esportes*, gostou da conversa, mas achou que daria um passo atrás se trocasse o cargo de editor do jornal mais cultuado do Brasil pelo de correspondente de um título local de São Paulo.

Como era muito amigo de HAF, propôs um meio-termo: ele continuaria com o status de freelancer, como fora na *Edição de Esportes*, e seria um correspondente informal. HAF e Mino teriam de se comprometer a jamais assinar as matérias que ele enviasse do Rio. Se aceitassem, ele prometia lhes dar a manchete do número de estreia, um furo nacional que vinha mantendo em segredo desde novembro daquele ano. HAF quis saber do que se tratava, mas Touguinhó foi irredutível.

— Só posso revelar na hora certa — explicou. — Se vazar antes, a fonte saberá que fui eu e vai estragar a amizade. Mas pode confiar que é coisa boa.

HAF levou a proposta a São Paulo e orientou Mino a aceitá-la. Touguinhó era bem informado e tinha, entre seus amigos próximos, gente muito importante do futebol brasileiro. Mino aceitou a proposta e, durante a preparação dos números zero, passou a ligar quase diariamente para o Rio cobrando a tal informação exclusiva. Como o correspondente continuasse a pedir paciência sem nada revelar, ele começou a desconfiar de que se tratava de bravata. E colocou a redação para produzir pautas especiais que pudessem ocupar a manchete do primeiro número, caso nenhuma notícia quente aparecesse até o lançamento.

\* \* \*

Touguinhó, porém, não estava de bravata. Entre os amigos próximos que ele fizera nos gramados estava Edson Arantes do Nascimento. Aos 25 anos, já então a maior estrela do futebol, duas vezes campeão do mundo, Pelé havia confidenciado ao amigo que estava namorando sério e pensava em se casar, mas não queria publicidade sobre o fato. Antes de decidir, precisava elucidar o dilema que o acompanhava em quase todas as relações pessoais desde que se tornara famoso ao conquistar a Copa da Suécia em 1958.

— Preciso saber se ela gosta do Edson ou do Pelé.

Com a experiência acumulada ao longo dos anos, Touguinhó entendeu que teria um furo excepcional se soubesse guardar a notícia até o momento certo de publicá-la. Ele passou a acompanhar o desenrolar da história e, quando o ano de 1965 terminou, o namoro estava firme. Pelé parecia ter dirimido suas dúvidas e acabou cedendo à pressão do amigo repórter por novidades:

— Vou me casar no Carnaval.

Ao ouvir a notícia, transmitida por Touguinhó por telefone no início de janeiro de 1966, Mino soube que tinha uma manchete excepcional na mão. O problema, porém, era apurar a matéria. O correspondente do Rio, que acabaria sendo padrinho de casamento do noivo, não sabia nada sobre a noiva. Pelé insistia em manter a identidade da moça em segredo. A única informação que ele tinha era de que se tratava da filha de um estivador.

— Um estivador?! — explodiu Mino. — Santos é apenas o maior porto do país!

## 68   FERDINANDO CASAGRANDE

O editor-chefe chamou o editor de Esportes, Sebastião Gomes, para transmitir a notícia que havia acabado de receber e orientá-lo.

— Bastião, essa tem de ser a nossa manchete de estreia — explicou.

— Mas, para isso, você vai ter de descobrir quem é essa moça, traçar um perfil dela e fotografá-la para a capa. Não basta informar que o Pelé vai se casar. O Brasil vai querer saber com quem ele vai se casar.

\* \* \*

O editor despachou o repórter Kléber de Almeida e o fotógrafo Domício Pinheiro para Santos com a missão de descobrir quem era a noiva de Pelé. A dupla rodou pelo porto tentando localizar o pai da moça, sem sucesso. Kléber conversou com o empresário do jogador, Pepe Gordo, com o próprio Pelé duas vezes, procurou restaurantes, bares e boates que o craque frequentava. Entrevistou garçons, seguranças, todo tipo de gente que pudesse lhe fornecer alguma pista, mas nada. Ninguém queria revelar o segredo.

Quem finalmente cedeu foi o então presidente do Santos, Athiê Jorge Curi. Pedindo sigilo de fonte, ele revelou o nome da noiva, Rosemeri. Explicou que ela morava numa casa perto do fim da linha do bonde, que usava óculos, e fez uma descrição física da moça. Kléber e Domício acharam a rua, conversaram com vizinhos e descobriram a casa em que morava a noiva e o nome completo dela: Rosemeri dos Reis Cholbi.

Passaram então a fazer campana, à espera de que ela saísse para ser fotografada e entrevistada. Durante várias horas, a espera foi em vão. Rose chegou a aparecer no portão rapidamente, Domício a fotografou de dentro do carro, pelo para-brisa, mas ela voltou para dentro de casa antes que a dupla a alcançasse. Kléber precisava voltar para São Paulo para escrever. Já tinha todas as informações, a matéria estava garantida. Domício ficou. A foto que ele tinha não serviria para a primeira página.

\* \* \*

Na manhã do dia do lançamento do jornal, Mino Carta desfilava, tenso, sua gravata multicolorida de um lado para o outro na redação. A reportagem de Kléber estava escrita, tinha boas informações, e a manchete seria "Pelé casa no Carnaval". Para que ficasse perfeita, porém, faltava a foto. Nenhuma das que Domício conseguira servia. Eram fotos distantes, pelo vidro do carro. Mino queria um close para abrir em cinco colunas na capa.

Em Santos, Domício havia sido rendido na campana por outro fotógrafo, Jorge Aguiar. Todos esperavam tensos por um telefonema com novidades, mas nada acontecia. Por volta de 11h, as páginas da edição de lançamento do *Jornal da Tarde* estavam prontas para serem impressas. Faltava apenas a primeira, já diagramada, mas com um enorme buraco em branco bem na área central, reservado para a foto de Rosemeri. O horário limite para início da montagem nas oficinas era 11h15. Mino mandou deixar pronta uma versão alternativa, com uma foto da atriz e apresentadora Jacqueline Myrna sob a chamada "Jacqueline passa o dia fora da lei".

Era a reportagem da última página, assinada por Fernando Portela. Ele circulara um dia pela cidade em companhia da atriz, muito popular na época, desafiando as leis municipais. A ideia era testar se ela receberia alguma multa ou repreensão.

A capa como um todo era boa, com chamadas fortes, duas delas sobre esportes. Além da manchete sobre o casamento do Pelé, um título em cinco colunas, no pé da página, dava a notícia de que o Corinthians pretendia contratar Garrincha. Na lateral esquerda, uma coluna trazia sete chamadas para outras matérias. Entre elas, destacava-se uma sobre um processo que o cantor e compositor Roberto Carlos enfrentava na Justiça.

Embora os grandes jornais continuassem a ignorá-lo, Roberto, na época, já era um fenômeno pop graças à televisão. "O calhambeque" estourava nas paradas e o cantor fora fotografado ao lado de um Chevrolet 1928 para promover a canção. O calhambeque, porém, não era dele, e o proprietário exigia uma indenização de 10 milhões de cruzeiros (equivalente a cerca de 300 mil reais nos dias de hoje), alegando não ter dado autorização para o uso da imagem. O título escrito por Carmo Chagas dava o tom de irreverência do novo jornal: "Calhambeque faz bibi na Justiça."

## 70   FERDINANDO CASAGRANDE

Ao todo, a edição de estreia tinha trinta páginas em um único caderno. E algumas das chamadas na capa remetiam a reportagens que Ruy Mesquita queria no jornal. Eram intervenções que Murilo Felisberto, ao longo dos anos, passaria a chamar de "mesquitices". A chamada sobre a candidatura de Costa e Silva à Presidência da República era uma delas. Ganhou local nobre, sobre a manchete, com a foto de uma reunião de generais numa sala fechada. Outra, no final da coluna à esquerda, chamava para um processo trabalhista enfrentado pelo empresário J. J. Abdalla, inimigo da família Mesquita.

* * *

Àquela altura, Mino não se preocupava com nada daquilo. O problema que ele enfrentava era outro. A manchete estava incompleta sem a foto da noiva de Pelé. Sem perspectivas de conseguir a imagem, ele deu ordem para fechar a primeira página às 11h30. Todos já estavam suficientemente apreensivos com as dificuldades de circulação que o *Jornal da Tarde* enfrentaria, e ele não queria ser o responsável por maiores atrasos no dia do lançamento.

A capa desceu para as oficinas com a foto de Jacqueline Myrna estampada em cinco colunas. Havia certo sentimento de desilusão no ar, clima que só foi quebrado quando o telefone da mesa do editor-chefe começou a tocar. Era o departamento de Fotografia com a notícia de que Jorge Aguiar conseguira boas imagens da noiva e já estava na rodovia Padre Anchieta, a caminho de São Paulo.

* * *

Mino mandou parar a impressão. A imagem da noiva de Pelé valia o atraso. O nível de tensão subiu na redação. O laboratório foi colocado de prontidão e o filme de Jorge Aguiar foi revelado na frente de todos os outros assim que o fotógrafo chegou de Santos. Uma hora depois do telefonema, Mino tinha sobre sua mesa três opções de imagens de uma bela jovem de óculos escuros, cabelos lisos, pretos, presos no alto da cabeça por uma tiara e cortados à altura dos ombros. Escolheu uma em que ela ajeitava o cabelo com a mão esquerda, olhando para o lado enquanto atravessava a rua.

O jornal voltou a rodar e pouco depois os jornalistas estavam na oficina com Ruy Mesquita e seu primogênito, Ruyzito, então com 16 anos, contemplando o resultado final. Todos estavam muito satisfeitos, o *Jornal da Tarde* nascera. Só ficariam sabendo alguns dias depois que o recém--nascido viera à luz já com o primeiro erro de informação de sua história estampado na capa, em cinco colunas.

## 12. O primeiro erro

O primeiro a perceber o erro foi o repórter Kléber de Almeida. Ele não havia acompanhado o fechamento da primeira página e quando viu o jornal impresso, no fim daquele dia, a primeira coisa que fez foi telefonar para o fotógrafo que fizera a campana com ele na porta da casa da noiva de Pelé.

— Domício, quem é essa mulher na foto?

Domício Pinheiro já havia percebido o erro e conversara com os colegas na Fotografia. O problema acontecera porque Jorge Aguiar, enviado para rendê-lo na campana, jamais vira Rosemeri dos Reis Cholbi. Ele recebera apenas a descrição dela, feita por Domício, e que batia em muitas coisas com a daquela moça que vira sair da casa da noiva de Pelé. A moça na foto, porém, não era Rose. Era a irmã dela, Isabel, que anos depois se casaria com Lima, outro meia do time do Santos.

A informação, porém, começou a circular de boca em boca e foi parar nos ouvidos do editor de Esportes. Após apurar o que havia acontecido, Sebastião Gomes levou o problema ao conhecimento de Mino Carta, que não ficou nada satisfeito, mas decidiu contemporizar.

— Bastião, por ora deixemos como está — respondeu. — O *Jornal da Tarde* já tem problemas mais sérios para resolver. Depois a gente se preocupa com isso.

O engano não foi esclarecido publicamente, e o *JT* ganharia o primeiro Prêmio Esso de sua história com a reportagem sobre o casamento de Pelé. O erro só seria admitido aos leitores dez anos depois.

\* \* \*

As questões mais sérias a que Mino Carta se referia eram de vendas e circulação. Como Ruy Mesquita temia, o *Jornal da Tarde* não conseguia ser distribuído em toda cidade às 15h. Os caminhões ficavam presos nos congestionamentos e não chegavam aos bairros antes das 17h30, 18h, quando as bancas já estavam fechando. Apenas jornaleiros do Centro, mais próximos da sede da Major Quedinho, tinham o jornal no horário prometido.

O encalhe ultrapassava a metade dos 15 mil exemplares das tiragens iniciais. Com o problema consumado, Ruy convenceu a empresa de que era preciso antecipar a circulação. A medida, porém, exigiria tempo para ser colocada em prática. A gráfica precisava replanejar horários de impressão, e o transporte, reorganizar a frota de distribuição. Enquanto isso, a saída paliativa foi contratar vendedores ambulantes que gritavam as manchetes do jornal no meio da multidão nas ruas do Centro, no melhor estilo dos *barkers* londrinos.

À redação restava, pelo menos, o consolo do sucesso de crítica. Quem conseguia comprar gostava, como ficava claro pelas cartas que começavam a chegar para preencher a seção "São Paulo Pergunta", outra inovação introduzida pelo *JT*.

Na época, os jornais não abriam espaço fixo para a publicação de questionamentos enviados por leitores. Mino foi se inspirar no jornal italiano *Corriere della Sera*, que mantinha uma seção semelhante, chamada *"Italia Domanda"*, para abrir esse fórum num espaço privilegiado, a página 4, junto aos editoriais.

Os colegas de outros veículos também reconheciam a qualidade do jornal, a diagramação inspiradora e as pautas criativas. E sobravam também algumas críticas às abordagens nem sempre ortodoxas que a equipe adotava em certas ocasiões. O primeiro exemplo marcante foi uma reportagem, no dia 7 de janeiro, envolvendo o Corinthians, o Botafogo e o atacante Garrincha.

* * *

Como o *JT* anunciara em sua primeira edição, o time paulista negociava o passe do ponta-direita do Botafogo. Garrincha estava em fim de carreira, com o joelho estourado, acima do peso e abusando da bebida. Mesmo assim, o presidente do Corinthians, Wadih Helu, fizera questão de trazê-lo a São Paulo para que fosse submetido a exames. Era um procedimento inútil.

O problema no joelho de Garrincha fora tornado público pelo médico Nova Monteiro, um dos maiores ortopedistas do Rio. A chance de que ele fosse aprovado pelo departamento médico corintiano era nula. Wadih Helu, porém, queria Garrincha. O Corinthians entrava no 12º ano sem títulos e precisava de factoides para a torcida, abatida pelo reinado do Santos de Pelé e pela força da Academia de Futebol do arquirrival Palmeiras.

Como a viagem de Garrincha não fora combinada com o Botafogo, deveria ser mantida em sigilo. Na véspera, porém, a informação vazou para o repórter Vital Battaglia, que consultou Mino e recebeu uma orientação específica.

— Vá ao aeroporto com um fotógrafo e leve uma camisa do Corinthians — orientou. — Se ele aceitar vestir, você emplaca a primeira página.

Vital Battaglia pautou a fotografia, marcou um carro do jornal e deixou para providenciar a camisa do Corinthians na manhã seguinte, a caminho do aeroporto. Como Garrincha chegaria às 9h, ele saiu cedo de casa e percebeu que não conseguiria comprar a camisa porque as lojas estavam fechadas. Iam no carro, além dele, o fotógrafo Amilton Vieira e outro repórter, José Maria de Aquino.

Foi Aquino quem encontrou a solução ao se lembrar de que o meia Rivelino morava perto do aeroporto. O carro deixou Battaglia e Vieira em Congonhas à espera de Garrincha e partiu com Aquino para a casa de Rivelino, onde ele tentaria conseguir uma camisa emprestada.

Garrincha e sua mulher, a cantora Elza Soares, já desciam as escadas do avião quando Aquino apareceu com uma camisa listrada com o escudo do timão e o número 10 nas costas. Entusiasmada com a possibilidade da mudança para São Paulo, onde achava que o marido poderia se afastar dos amigos de bebedeira, Elza incentivou Garrincha a posar de corintiano para as lentes de Amilton Vieira. Na capa daquela tarde, o *JT* estampou a foto em cinco colunas, sob o título: "Veja Mané corintiano".

A ousadia dos jornalistas quase abortou a transferência. A diretoria do Botafogo se irritou ao vê-lo com o uniforme de outro clube e declarou as negociações encerradas. Foi preciso uma volta diplomática dos dirigentes paulistas para retomar as conversas. A transação só seria concluída no dia 13 de janeiro, com a transferência de Mané por dois anos.

* * *

Ousadias desse tipo, que mais tarde se tornariam corriqueiras em veículos populares, atraíam as atenções para aquele diário que se propunha a oferecer um jeito novo de fazer jornalismo. E não encontravam resistência entre os repórteres altamente competitivos do *Jornal da Tarde*, sempre disputando entre si o espaço interno e as chamadas na primeira página.

Assim que percebeu essa característica, o coordenador de pauta Laerte Fernandes passou a utilizá-la em favor do jornal. Com frequência, ao distribuir os temas, ele prometia ao repórter a nobre última página. Ali, a reportagem sempre tinha mais espaço, com diagramação diferenciada, fotos valorizadas e texto mais bem trabalhado.

Os repórteres descobriram que se tratava de uma artimanha nas mesas do bar Picardia, o preferido da equipe do *JT*, em frente ao prédio do jornal, no viaduto Nove de Julho. Certa noite um repórter chegou anunciando:

— Com licença, senhores, acaba de entrar no recinto o autor da reportagem que estampará a última página de amanhã!

— Como assim? A última página é minha — afirmou outro repórter que já estava no bar.

— Mas quantas últimas páginas vai ter essa edição? — perguntou um terceiro. — Porque eu também escrevi uma matéria para a "UP".

Laerte havia prometido a última página a vários deles, e assim fazia todos os dias. Virou piada nas mesas do Picardia ou dos bares da Galeria Metrópole, a poucos metros dali.

Nas noites de cerveja e conversa jogada fora pelos jornalistas, o assunto era sempre o jornal. Como definiriam vários deles décadas depois, aqueles meninos não apenas faziam o *Jornal da Tarde*; eles viviam o *Jornal da Tarde*.

# 13. Edição artesanal

Os jornalistas viviam o *Jornal da Tarde* porque a rotina da redação era bastante pesada e eles passavam quase 24 horas trabalhando. Cada edição começava a ser elaborada às 14h do dia anterior, com uma reunião de pauta dos editores comandada por Mino Carta, Murilo Felisberto, Laerte Fernandes e Ruy Mesquita — que algumas vezes vinha acompanhado por Ruyzito. Ali eram discutidas as notícias importantes do dia, o tratamento que seria dado a elas e as reportagens diferenciadas que estavam sendo preparadas.

Definidos os assuntos, os repórteres eram pautados por Laerte e saíam às ruas para apurar as matérias — todas para a última página, claro. Mino e Murilo seguiam trabalhando juntos, fechando os textos mais importantes, desenhando as páginas mais frias e aprovando outras criadas pelos editores de área.

Às 19h, invariavelmente, Mino deixava a redação para jantar. Retornava às 21h e continuava por ali até 23h, 23h30, quando ia para casa. Murilo continuava no comando e virava a madrugada no trabalho de edição de textos e criação de páginas. Não era pouca coisa.

Sem padrão de layout predefinido, cada página do *JT* era única, criada para a matéria que trazia e para as fotos que estampava, desenhada para gerar a sensação de unidade entre todos os elementos. Era uma forma de trabalhar que o estudante de psicologia Fernando Portela rapidamente identificou como um processo *gestáltico*. Segundo a Gestalt, uma teoria alemã da psicologia, o todo assume uma importância muito maior do que a simples soma das partes. Ganha uma personalidade própria, mais forte do que a soma das personalidades de cada elemento que o compõe.

As páginas mais elaboradas do *JT* transmitiam ao leitor, ao simples olhar, o que continham suas matérias. Não era preciso ler o que estava escrito para saber do que tratava a reportagem. A diagramação personalizada era um trabalho praticamente artesanal, só possível porque o horário de circulação permitia prazos mais longos de fechamento.

Carlos Brickmann nunca se esqueceria da tarde em que caiu sobre sua mesa um telegrama de uma agência internacional sobre um projeto japonês de construir um petroleiro movido a vela. Brickmann encomendou um tratado sobre os veleiros na história da humanidade. Murilo se apaixonou pelo tema e enlouqueceu. Diagramou a página na horizontal, com uma foto do veleiro *Cutty Sark* ocupando toda a mancha, e o texto dando voltas pelas velas e entrando por escotilhas.

A montagem virou um trabalho de quebra-cabeças, com cada linha de texto de um tamanho diferente, sendo escrita sob medida para caber no espaço sem a necessidade de hifenização. Sim, porque Murilo odiava linhas que terminassem com palavras hifenizadas. Depois de cinco horas debruçado sobre aquilo, Brickmann entregou a página e registrou sua preocupação.

— Ficou lindo, Murilinho. Agora, ninguém vai ler isso.

— É verdade, ninguém vai ler — concordou Murilo. — Mas todos que virem vão dizer: "Como é bem-feito, esse jornal!"

Acostumado a publicações sempre inspiradas em modelos internacionais, os jornalistas brasileiros logo começaram a traçar teorias para a fonte em que haviam ido beber Mino e Murilo. Alguns juravam se tratar do *La Stampa*, um jornal italiano de Turim. Outros achavam o francês *24 Heures* muito parecido visualmente ao *JT*. A revista alemã *Twen* usava algumas fontes similares às preferidas pelo secretário de redação, notaram ainda os mais afeitos à tipografia. Murilo, o sovaco mais bem informado do mundo, certamente conhecia todos esses periódicos. Jamais admitiu, porém, qualquer influência única ao estilo que criara para o *Jornal da Tarde*.

\* \* \*

Murilo Felisberto deixava a redação no início da manhã com todas as páginas frias já fechadas e só retornava para a reunião de pauta das 14h. Quem assumia o fechamento na reta final era Mino Carta, que voltava para o trabalho às 8h30, normalmente com a capa, a página 2 e mais duas ou três páginas abertas para receber matérias quentes da manhã. Essas reportagens eram apuradas por um grupo menor de repórteres escalado para entrar nesse horário.

Ruy Mesquita chegava às 9h30, e os dois se reuniam na sala do patrão para que Mino pudesse dar um panorama de como a pauta havia caminhado, as matérias que estavam de fato sendo publicadas, o que tinha caído, quais eram as chamadas de capa e, principalmente, a manchete que estaria nas bancas naquela tarde. Nesse último ponto, não era raro que os dois discordassem.

Quando isso acontecia, Mino deixava a sala exasperado, anunciando sua discordância para a redação com gestos teatrais e toda a dramaticidade italiana que conseguia mobilizar.

— A manchete vai ser o Oriente Médio! — exclamou numa dessas ocasiões. — O patrão não quer vender jornal, que podemos fazer?

O horário de 11h15 estabelecido para o fechamento era invariavelmente estourado pela redação, que se esforçava por terminar tudo antes do meio-dia. Depois disso, Mino saía para o almoço e só retornava para a reunião das 14h, quando recomeçava o ciclo. As cargas chegavam a quinze, às vezes dezesseis horas de trabalho diário para toda a equipe. Ninguém se queixava, porém. Além de os salários serem muito bons, as madrugadas no prédio da Major Quedinho eram animadíssimas. Especialmente num lugar que a turma do *Jornal da Tarde* batizaria de Túnel do Tempo.

# 14. O Túnel do Tempo

A redação de *O Estado de S. Paulo* era um lugar limpo, silencioso, com mesas arrumadas onde senhores de terno e gravata escreviam e editavam com sobriedade as reportagens do matutino mais importante da América Latina. Era, em absolutamente tudo, o oposto da redação barulhenta do *Jornal da Tarde*, com o chão coberto por laudas amassadas e guimbas de cigarro, onde alguns cabeludos desgrenhados chegavam a tirar a camisa nos dias mais quentes para escrever o jornal mais irreverente da cidade. A primeira estava preocupada com os grandes temas, o destino do mundo; a segunda queria fazer barulho e atrair a atenção da cidade para o vespertino que colocava nas ruas.

Ambas ficavam no quinto andar do prédio da Major Quedinho, e sua ligação era feita por um corredor semicurvo onde a família Mesquita mantinha quadros de escritores e jornalistas históricos, gente que em algum momento desempenhara um papel importante na história do matutino ou da língua portuguesa. Estavam ali Machado de Assis, Plínio Barreto, Nestor Pestana e Monteiro Lobato, entre outros.

Não demorou para que a turma do *JT* passasse a chamar aquele corredor pelo sugestivo nome de Túnel do Tempo, porque ligava duas gerações totalmente diferentes. E a prova final disso aconteceu quando os jovens do *JT* transformaram as venerandas telas do corredor em plateia involuntária de peladas disputadas com bolinhas de papel, sempre no final da noite, depois que os colegas d'*O Estado* já haviam ido embora e antes de o fechamento do *JT* pegar fogo pela madrugada adentro.

Eram disputas acirradas, animadas pelos dribles do repórter de esportes Ramon Garcia e pelos arroubos do corpulento Carlos Brickmann, sempre pronto a reações inesperadas diante da habilidade do colega. Em uma dessas ocasiões, Brickmann não se conteve ao ser driblado. Agarrou Garcia, deitou-o sobre uma mesa e se jogou por cima, fingindo estar disposto a beijá-lo. Quando finalmente se livrou do amigo, Garcia se vingou com um extintor de incêndio. Os dois partiram redação d'*O Estado* adentro, com Ramon disparando jatos de pó químico sobre as limpas e organizadas mesas do matutino.

As partidas se transformaram num clássico. Quem não se aventurava a jogar, como o copidesque Renato Pompeu, por exemplo, ia para assistir. O editor-chefe Mino Carta, talentoso meia no futebol de campo, participava da brincadeira. Mino, aliás, estimulava esse espírito de descontração. De vez em quando, ele e HAF encenavam lutas de esgrima usando guarda--chuvas em lugar de floretes. Os combates não conheciam limitações espaciais. Quando se empolgavam, chegavam a se digladiar sobre as mesas.

Na editoria de Esportes, quando o horário não permitia peladas no Túnel do Tempo, os repórteres trocavam linha de passe entre as mesas. A brincadeira consistia em dominar a bola de papel e tocá-la para o colega de outra mesa. Numa dessas ocasiões, Ramon Garcia estava com a bola quando percebeu que os colegas olhavam apreensivos para alguém que se aproximava por trás. Ele entendeu que se tratava de um "ladrão", alguém que chegava para roubar a bola. Quando o "ladrão" estava bem perto, Ramon aplicou-lhe um espetacular chapéu e só depois foi perceber que o driblado era o doutor Julinho. Ramon achou que seria demitido, mas o patrão não deu recibo do drible. Manteve calmamente sua trajetória, imperturbável, como se nada tivesse acontecido.

A editoria de Variedades, onde o futebol não contava com tantos entusiastas, também dava sua contribuição para a diversão geral com os shows encenados pelo crítico de arte Marco Antônio de Menezes, que, assim como Flávio Márcio, não escondia sua homossexualidade. Meg, como era chamado pelos colegas, tinha formação em teatro e fazia números memoráveis de sapateado sobre as mesas. Nas noites nos bares do Centro, Meg se notabilizaria por tomar um drinque que chamava de "farol" — o termo paulistano para semáforo — e que consistia na mistura de uma dose de bebida vermelha (martíni), uma amarela (uísque) e uma verde (menta).

\* \* \*

A redação do *JT* era uma festa que começava no quinto andar da Major Quedinho e continuava pelos bares e arredores do velho Centro, onde parte dos jornalistas se encontrava à medida que era liberada do trabalho. As noitadas duravam até o amanhecer, sempre animadas por música de qualidade. A cena cultural paulistana acontecia ali, a pouca distância da redação.

O endereço mais frequente era a Galeria Metrópole. Localizada entre a Biblioteca Municipal Mário de Andrade e a praça da República, a duas quadras do jornal, a galeria abrigava bares, restaurantes e casas de samba. Transformara-se em ponto de encontro de músicos e artistas. Apareciam mais os que ainda não eram tão famosos, os que haviam sido mas já andavam esquecidos e outros que nunca seriam mas gostavam de aparentar proximidade com astros, um grupo que Renato Pompeu, com sua ironia aguçada, batizaria de "alardeadores de intimidades".

O ponto de encontro dos amantes da música brasileira era um bar chamado O Jogral, aberto na Galeria pelo músico Carlos Paraná. Entre os artistas que apareciam sempre por lá estavam Alaíde Costa, Paulo Vanzolini e Claudette Soares. Era onde se podia encontrar Ruy Mesquita com certa frequência depois que ele deixava as dependências d'*O Estado*. Seus redatores no *JT*, porém, preferiam aplacar a fome pós-fechamento com os lanches e pratos rápidos servidos pelo Sand-Churra, um botequim no subsolo da Galeria também visitado por músicos, ainda que na época menos conhecidos.

Uma figura fácil sempre a desfilar os olhos verdes por ali era um jovem estudante de arquitetura chamado Chico Buarque de Holanda. Outro que andava por lá sem que ninguém lhe pedisse que cantasse era um jovem negro de Minas Gerais, ainda desconhecido fora de Belo Horizonte. Chamava-se Milton Nascimento.

Da turma da velha guarda da batucada, o frequentador mais assíduo era o cantor e compositor Ciro Monteiro. Acompanhado por sua caixinha de fósforos, onde batia o ritmo do samba, Ciro fizera fama nos anos 1930. Chegara a cantar com Carmen Miranda, Francisco Alves e Mário Reis. Fernando Mitre nunca se esqueceria de uma noite em que ele e HAF cantaram com o sambista os seus velhos sucessos. Era um prazer para Ciro quando isso acontecia. Em 1966, já esquecido, ele em geral passava as noites quieto num canto do bar. Carmo Chagas, às vezes, o surpreendia dormindo sobre a mesa no final das madrugadas, numa imagem que considerava desoladora.

De vez quando, de passagem por São Paulo, Vinicius de Moraes também enchia seu copo de uísque em algum balcão da Galeria, embora o ponto preferido do poetinha fosse o Barba Azul, um bar com toldo e mesinhas na calçada da avenida São Luís, logo ali ao lado. Era frequentado também pelo escritor policial Luís Lopes Coelho e pelo cineasta Francisco Luiz de Almeida Salles, recém-chegado de Paris.

Outro local badalado do lado de fora da Galeria, só que mais cedo, no início da noite, era o toldo cinza que protegia as mesas de calçada do Paribar, nos fundos da Biblioteca Mário de Andrade. No início da noite, era possível encontrar sempre por ali Geraldo Vandré e um outro jovem negro, só que baiano, que trabalhava de terno e gravata como estagiário de administração da Gessy Lever, então com escritórios instalados na praça da República.

Em 1966, o rapaz começara a aparecer no programa *O fino da bossa*, apresentado por Elis Regina na TV Record. Gilberto Gil estouraria naquele mesmo ano e sumiria do centro paulistano depois de assinar um contrato com a Philips Records, que o levaria a se mudar para o Rio.

Seu conterrâneo, Caetano Veloso, que então ainda era conhecido como o irmão de Maria Bethânia, já tinha lançado um primeiro compacto um ano antes. Às vezes era visto por ali, mas era presença mais rara.

No horário do almoço, o Paribar reunia modernistas consagrados de décadas anteriores, artistas e escritores que para ali eram atraídos pela presença do poeta e pintor Sérgio Milliet, comensal cotidiano do lugar até sua morte, em novembro de 1966. Não era raro encontrar em sua mesa pintores como Di Cavalcanti, Cícero Dias e Clóvis Graciliano, além de poetas e escritores como Ascenso Ferreira, Dantas Motta e Mário Palmério.

A nata do teatro também era frequentada pelos repórteres do *JT* na alta madrugada, geralmente em jantares animados nas mesas de uma cantina italiana. Localizado na rua Nestor Pestana, o Gigetto era o restaurante preferido de estrelas como Juca de Oliveira, Raul Cortez, Cacilda Becker, Paulo Autran, Lima Duarte, Flávio Império, Ziembinski, Daniel Filho e Jô Soares — que, na época, já divertia a todos com seu humor peculiar, embora ainda tentasse ser um ator sério interpretando Bertolt Brecht.

Além das estrelas, os jornalistas do *JT* passaram a cultivar no Gigetto a amizade com um jovem garçom, Giovanni Bruno, que lhes pendurava as contas quando o mês que chegava ao fim havia durado mais do que o salário.

A convivência dos jornalistas com artistas e intelectuais era mais do que simples deleite. Era um recurso importante para manter o vespertino vibrante, conectado com tudo o que acontecia no universo dos leitores que queria conquistar. Os gostos, conceitos e interesses da juventude brasileira estavam em rápida transformação no final daqueles anos 1960. E o *JT* foi o primeiro jornal a embarcar nessa revolução.

## 15. Nos embalos do iê-iê-iê

Uma das principais catalisadoras das mudanças nos centros urbanos era a televisão. No cenário musical, o rock começou a atravessar o samba depois que a TV Record, de São Paulo, iniciou a transmissão ao vivo do programa *Jovem Guarda*, apresentado por Roberto Carlos, Erasmo Carlos e Wanderléa.

Os jovens da classe A paulistana pagavam caro por ingressos na plateia do show, que ia ao ar nas tardes de domingo, das 16h às 18h, sempre com auditório lotado, num teatro da rua da Consolação. Roberto e seu iê-iê--iê começaram a incomodar os defensores da tradicional música popular brasileira, especialmente a cantora Elis Regina, apresentadora do rival *O fino da bossa*, na mesma TV Record. Sentindo-se ameaçada pela turma do rock, ela organizou passeatas no centro de São Paulo contra o que chamava de invasão estrangeira da música brasileira.

Roberto Carlos, porém, não estava nem aí, como declarava no refrão do seu grande sucesso nas paradas desde dezembro de 1965: "E que tudo o mais vá para o inferno." Sem preconceitos, Roberto chamava sambistas para participar de seu programa. Cantou ao vivo "Saudades de Amélia", acompanhado pelo já velho Ataulfo Alves numa de suas últimas aparições públicas. E, muito antes de "Domingo no parque", de Gil, ou de "Alegria, alegria", de Caetano, ele colocou a guitarra elétrica num samba cantado por Jorge Ben numa outra bela tarde de domingo.

Tudo isso estava fora das pautas dos grandes jornais brasileiros, que ignoravam a turma do iê-iê-iê e até mesmo a música popular brasileira. E o *Jornal da Tarde* aproveitou esse espaço para entrar sozinho no tema, estampando em suas páginas inovadoras as histórias que os jovens queriam ler sobre as músicas que ouviam e os cantores que idolatravam.

* * *

Outros espetáculos das tardes de domingo que o *Jornal da Tarde* acompanhava e entregava de maneira diferente dos demais eram os comandados por Pelé no gramado do estádio do Pacaembu. O Santos impunha derrotas vexaminosas ao Corinthians, o time das grandes massas paulistanas. Quando muito, encontrava rival à altura apenas na Academia de Futebol do Palmeiras, comandada pelo "Divino" Ademir da Guia.

Para esses espetáculos da bola, também o *JT* se preparava em grande estilo, com reportagens que cobriam todos os aspectos do jogo. Os grandes craques do clássico de cada lado, os jogadores que surpreenderam, personagens das arquibancadas, a festa das torcidas... Mino Carta chegou a escalar o crítico de teatro Sábato Magaldi para cobrir um Palmeiras e Corinthians em certa tarde ensolarada, com a missão de fazer um paralelo entre o espetáculo dos gramados e o dos palcos.

O resultado do jogo, todos os jornais teriam; a cobertura completa de como fora aquela grande tarde de futebol, só o *JT* traria. E, algumas vezes, sem informar o resultado. A preocupação com os *features* era tão grande que, em pelo menos uma ocasião, num jogo entre Palmeiras e Corinthians no Pacaembu, a redação só foi perceber alguns dias depois que a matéria publicada não informara o resultado final. Uma carta de um leitor, após rasgar elogios aos vários textos maravilhosos, terminava com uma pergunta:

— Vocês poderiam, por favor, informar qual foi o resultado do jogo?

A carta foi publicada, com resposta em que a redação agradecia ao atento leitor por alertá-la para a falha, se desculpava e informava o resultado. Internamente, a editoria decidiu se precaver contra novos erros do gênero. Resgatou a tradicional ficha técnica, que garantiria a publicação do placar, os minutos em que os gols haviam sido marcados, as escalações dos dois times, expulsões e substituições.

\* \* \*

Na cobertura da vida cotidiana da cidade, também o olhar da pauta era direcionado para encontrar as transformações que a juventude começava a importar para São Paulo. Claro que o *JT* cobria os engarrafamentos diários que provocavam buzinaços nas ruas durante o dia — e atrapalhavam a distribuição do jornal. Mas os pauteiros viviam à caça de histórias aparentemente prosaicas, que jamais encontrariam espaço nas páginas dos jornalões, e que ganhavam destaque nas do *Jornal da Tarde*. Como a confusão que aconteceu quase na porta da sede da empresa quando uma moça teve a ousadia de descer caminhando pela rua da Consolação trajando uma minissaia.

Aquilo era novidade entre os paulistanos, e as belas pernas provocaram uma pequena aglomeração de homens na calçada. O passeio quase terminou em agressão física depois que o primeiro insulto gritado rapidamente incendiou um coro raivoso de impropérios e deu início a uma pequena perseguição à jovem. Ela foi salva pela presença providencial de um guarda municipal que cuidava do trânsito — e que teve de pedir reforço aos colegas para conter os exaltados.

\* \* \*

Esse olhar direcionado para pautas inusitadas, em alguns casos, gerava exageros. Como no dia em que Carlos Brickmann procurou Mino Carta, exemplar daquela tarde na mão, para questionar uma reportagem de Carmo Chagas:

— Mino, é evidente que nunca existiu um urso no parque do Trianon!

Uma leitora havia ligado para informar ter visto o que parecia ser um urso no parque localizado em plena avenida Paulista. Carmo fora pautado para investigar a história, não encontrara urso algum, mas produzira um texto divertido com conjecturas sobre a origem do boato. Mino publicara por achar uma grande piada.

— Mas o urso pode ter escapado do zoológico e ido parar no Trianon — brincou o editor-chefe.

— Claro, o urso escapou do zoológico e subiu pela avenida Água Fria, caminhou por dentro do Paraíso, chegou até a avenida Paulista e, quando se dirigia à rua da Consolação, viu o Trianon com todas aquelas árvores e pensou: "Opa, deixa eu descansar um pouco aqui!"

— Ora, Carlinhos, você só está implicando porque o Carmo é mineiro.

— Eu estou te dando dados concretos contra a tese de que um urso possa ter sido visto no Trianon e você me responde com uma acusação de bairrismo?

Mino não se preocupou em responder. Já demonstrara, com sua menção à naturalidade de Carmo Chagas, que estava atento aos cismas da redação.

Apesar das peladas, das brincadeiras, das noitadas na Metrópole, a moçada reunida no *JT* era altamente competitiva. E as rivalidades começavam a fermentar entre os grupos que haviam se formado no quinto andar da Major Quedinho.

# 16. Mino ou Murilo?

As primeiras clivagens surgiram entre os grupos dos mineiros e dos jornalistas paulistanos oriundos da sucursal do *JB*. Eram mais em tom de galhofa e limitavam-se a piadas feitas pelos paulistanos sobre a ignorância completa dos mineiros não só em relação a bairros e ruas, mas também a hábitos e costumes de São Paulo.

Um exemplo famoso dessa patrulha foi uma reportagem em que um redator mineiro, ao se deparar com a palavra calabresa num texto, fizera questão de abrir parênteses para explicar: nome que os paulistanos dão à linguiça. Mas a brincadeira não avançou muito além disso porque os mineiros aprendiam rapidamente sobre São Paulo. E também porque logo os jornalistas começaram a se queixar da turma que havia vindo da rua Barão de Limeira.

Formado por quem havia trocado a *Folha de S.Paulo* pelo *JT*, especialmente os redatores, esse grupo se preocupava em evitar absurdos provocados pela liberdade na criação dos textos. Tornou-se célebre, por exemplo, o diálogo travado entre Renato Pompeu, egresso da *Folha*, e o autor de um texto que reportava a fuga de um elefante em um circo montado no bairro do Ipiranga.

O repórter, de apenas 18 anos, havia escrito: "Ao chegar à esquina, o elefante parou, hesitou e pensou: 'Para qual lado eu vou?' Finalmente, se decidiu pela direita."

Renato questionou o repórter:

— Como você sabe o que o elefante pensou?

— Eu deduzi pelo cenho franzido dele — respondeu o repórter.

— O cenho franzido?! — exclamou o redator com sua voz grave. — Sinto muito, mas serei obrigado a omitir dos nossos leitores esse seu dom de comunicação por telepatia com paquidermes.

Essas pequenas disputas do dia a dia ocorriam em paralelo à maior de todas, formada pela divisão informal dos jornalistas em dois grandes grupos: o de Mino Carta e o de Murilo Felisberto.

Embora o organograma da redação subordinasse o segundo ao primeiro, na operação diária foi ficando cada vez mais claro que o secretário de redação se equiparava ao editor-chefe na maioria das situações. Logo ganharam as mesas dos bares os debates sobre qual dos dois era mais importante para o *Jornal da Tarde*.

\* \* \*

Mino Carta diagramava a primeira e algumas das páginas mais importantes do dia. Exercia sobre a equipe liderança incontestável. Participava das peladas no corredor, de algumas partidas que os jornalistas marcavam contra profissionais de outras redações, organizava noitadas de pôquer em sua casa — onde todos tinham liberdade para abrir a geladeira e comer o que quisessem quando sentissem fome. E toda essa proximidade não o impedia de comandar a redação com classe e algumas explosões que os mais próximos atribuíam ao seu humor mediterrâneo.

Demonstrava confiança tanto para discordar do patrão em relação à manchete do dia quanto para ensinar aos liderados a importância das fotos na boa edição de uma matéria e pregar rigor no emprego exato de termos e conceitos.

— Se você der nota dez para o Roberto Carlos, que nota teria de dar para um Caruso? — gostava de repetir, para fechar com a lição. — O jornalista precisa ser criterioso ao analisar.

Murilo Felisberto tinha temperamento oposto. Retraído, quase não se abria sobre a vida pessoal. Adorava as fofocas sobre namoros na redação, tanto as reais quanto as inventadas por ele mesmo só para atazanar algum repórter. Criava pequenas intrigas, inflava alguns egos, murchava outros. Poucos poderiam afirmar sem uma ponta de dúvida serem amigos dele. Era capaz de festejar um repórter ou editor como se fosse a pessoa mais importante do mundo num dia para, já no seguinte, sequer lhe dirigir a palavra.

Não admitia contestações à sua autoridade. Certa feita foi abordado na redação por um repórter de política que não concordara com o tratamento dado a uma matéria. O rapaz começou a expor suas reclamações, que Murilo ouvia sem mover um músculo do rosto. O silêncio do chefe incentivou o repórter, que subiu o tom e, cheio de coragem, terminou as queixas com um sonoro desafio:

— E, se você não concorda, pode me demitir!

Dedinho indicador levantado, Murilo respondeu, sem subir o tom de voz:

— Pois está demitido.

Como segundo chefe, também diagramava páginas importantes e substituía Mino Carta em suas ausências. Era muito respeitado por ter recrutado grande parte daquelas pessoas que vinham fazendo um trabalho tão inovador. E que ele, incansavelmente, mantinha em formação. Aos repórteres, ensinava a importância do português correto, além de bonito, e da apuração aprofundada dos fatos. Já os editores, treinava-os no novo conceito desenvolvido por ele e Mino para o cargo, que exigia desses profissionais que fossem também pauteiros, chefes de reportagem, editores de texto e de foto, redatores, repórteres... E até diagramadores, o que era uma completa novidade na época.

Os jornais, em geral, eram diagramados por módulos predefinidos, aos quais as fotos e os textos eram adaptados. No *JT* não havia módulos predefinidos. O layout da página se adaptava à matéria e às fotos. O desenho era criado pelos editores, que, melhor do que ninguém, sabiam o que traziam as matérias. E o mérito desse conceito era atribuído a Murilo.

\* \* \*

Se nos bares os jornalistas se dividiam entre as cortes de Mino Carta e de Murilo Felisberto, na redação os dois chefes não davam sinais de dissidência. Conviviam pacificamente e estimulavam o trabalho em equipe, sobretudo nos momentos de coberturas especiais, quando quase todos eram mobilizados para um único assunto.

A primeira notícia dessa importância surgiu já no primeiro ano do jornal, com a cassação do mandato do governador de São Paulo, Adhemar de Barros. Adhemar liderara a Marcha da Família com Deus e pela Liberdade, em 19 de março de 1964, e conspirara desde a primeira hora para o golpe de Estado que seria comandado pelos militares alguns dias depois.

Apesar disso, uma vez instalado na Presidência, o marechal Castelo Branco fizera questão de se afastar do governador paulista, sobre quem recaíam inúmeras denúncias de corrupção. Insatisfeito com o papel secundário, Adhemar passou a criticar o governo. Em março de 1966, lançou um manifesto pela democracia e, três meses depois, foi cassado sob a acusação de corrupção.

Adhemar era inimigo público da família Mesquita, fora incansavelmente denunciado em reportagens e editoriais contundentes d'*O Estado*. A cassação, apesar de autoritária do ponto de vista legal, era evidentemente um momento de glória para os Mesquitas. O *Jornal da Tarde* traduziu esse sentimento na capa com uma foto tirada por trás do governador e a manchete, devidamente aprovada por Ruy Mesquita: "É um prazer ver este senhor pelas costas."

A edição foi responsável pela melhor venda daquele ano. Como venderiam bem também, ao longo de 1967, as edições sobre as mortes de Che Guevara e do então já ex-presidente Castelo Branco, outras duas ocasiões em que toda a equipe fora mobilizada para reportagens especiais. A maior prova da união do time em busca da melhor cobertura de um fato naquele ano, porém, havia acontecido em março, quando uma tragédia no litoral paulista chocou o país inteiro.

# 17. A tragédia de Caraguatatuba

No dia 18 daquele março de 1967, um sábado, uma tempestade no início da tarde provocou um grande deslizamento de encostas na serra do Mar em Caraguatatuba, no litoral norte paulista. Chovia forte na região desde o dia 16 e os primeiros desabamentos haviam começado na manhã do dia 18. A tragédia mesmo, porém, aconteceu à tarde. Uma enorme extensão da serra rolara, isolando a cidade.

A rodovia dos Tamoios ficou bloqueada, com centenas de veículos presos no seu trecho de serra. Os acessos às cidades vizinhas de Ubatuba e São Sebastião também estavam comprometidos. As linhas telefônicas, que já eram precárias, foram destruídas. O restante do Brasil só começaria a descobrir o que havia acontecido no dia seguinte, quando um operador de radioamador chamado Thomaz Camaniz Filho fez contato com Santos e relatou a tragédia.

As rádios começaram a divulgar a história e a notícia chegou no início da tarde de domingo à redação do *JT*, àquela hora ainda meio vazia. O editor da Geral, Ulysses Alves de Souza, olhou em volta e viu apenas um repórter na editoria de Esportes. Um rapaz alto, magro, queixo quadrado de galã de cinema italiano, que se preparava para cobrir alguma partida de futebol. Mandou chamá-lo, explicou o que estava acontecendo e deu ordem para que fosse para Caraguatatuba.

94    FERDINANDO CASAGRANDE

— Mas como eu vou chegar lá? — perguntou Vital Battaglia, que não tinha experiência em cobertura de tragédias.

— Se vira — respondeu o sargentão Uru.

Battaglia pegou um carro do jornal, foi para São José dos Campos e lá conseguiu, no comando da Aeronáutica, carona num avião da Força Aérea que levava socorro para a região. O voo pousou no aeroporto de Ubatuba, onde nova carona, desta vez num caminhão, o levou ao local da tragédia. Battaglia jamais se esqueceria do que viu enquanto entrava na cidade. Sobreviventes maltrapilhos, rostos e corpos sujos de lama, vagavam desorientados pelas ruas. As encostas dos morros, antes cobertas pelo verde luxuriante da Mata Atlântica e por casebres pobres, exibiam imensas crateras que sangravam rios de barro vermelho.

A correnteza do rio Santo Antônio, muito acima do seu nível normal, derrubara a ponte que ligava os dois lados da cidade. Para atravessá-lo, Battaglia teve de cruzar uma pinguela de madeira que a correnteza tentava arrastar também. O então repórter Amaral Neto, na época da TV Globo, tentara e quase morrera afogado, mas Battaglia conseguiu. A noite caiu e ele assistiu a um médico operando a úlcera de uma mulher idosa à luz de velas, com água pelos joelhos. Na escuridão, não quis arriscar a travessia da volta pela pinguela e ficou isolado, sem ter como entrar em contato com a redação.

\* \* \*

Em São Paulo, sem notícias de Battaglia, Uru mandou HAF para a região por volta de 21h. A missão era chegar o mais próximo que conseguisse da cidade, apurar a matéria que fosse possível e telefonar, durante a madrugada, para ditar o texto que tivesse. Os redatores foram colocados de plantão para receber o material de HAF, mas ele não ligou de volta. Foi até onde estava liberado, trabalhou a noite toda e retornou diretamente para a redação, onde chegou por volta das 9h.

Depois de explicar tudo o que tinha conseguido ao editor-chefe, HAF recebeu de Mino Carta a missão de escrever três reportagens. E todas ao mesmo tempo, porque o jornal precisava ser fechado às 11h. Fernando Mitre, que na época ainda estava na Internacional, mas vivia circulando pelas demais editorias, foi quem trouxe a solução. HAF sentou-se na frente de uma máquina de escrever com Carmo Chagas de um lado e Renato Pompeu, que se revezava com o próprio Mitre, do outro. A cada parágrafo que escrevia, ele fazia uma pausa para passar aos redatores os dados de que eles necessitavam para redigir as outras duas matérias.

Outros redatores editavam fotos, escreviam legendas e títulos enquanto os editores montavam as páginas. Pouco depois das 11h, eles haviam terminado o trabalho e o jornal podia ser rodado. Os redatores e o repórter, então, foram liberados para tomar um banho em casa, almoçar e voltar para a redação. Vários outros repórteres, àquela altura, estavam empenhados em apurar a tragédia.

\* \* \*

Em Caraguatatuba, Vital Battaglia aproveitara a manhã do dia 20 para sobrevoar a região num helicóptero que auxiliava o Corpo de Bombeiros. Acompanhara o salvamento de duas crianças, num morro isolado, por um bombeiro que arriscara a própria vida para descer um barranco enlameado e cheio de corpos. Conseguiu contato com a redação, de onde ouviu a notícia de que o governador Roberto de Abreu Sodré se dirigia à cidade. Foi orientado a acompanhar a visita.

Na matéria que enviaria, horas depois, ele narrava que pouco antes da chegada do governador, uma criança havia nascido numa escola improvisada para acolher os mais de 3 mil desabrigados da cidade. A mãe, rosto cadavérico, sentada sobre um colchão com a criança entre as pernas, era assistida apenas pelo marido.

O silêncio da cena de absoluto desamparo foi quebrado pela chegada, logo em seguida, do governador e sua comitiva, acompanhados pelo prefeito da cidade, Geraldo Nogueira da Silva. Abreu Sodré, sorriso triste no rosto, cumprimentava os desabrigados, prometia ajuda. Informado sobre o nascimento do menino, foi até o local em que a mãe abandonada exibia o filho entre as pernas. Preocupado em agradar, o prefeito fez uma infeliz sugestão:

— Podemos batizar o bebê com o nome de Roberto, em homenagem ao governador!

Abreu Sodré sentiu a armadilha. Percebeu que as pessoas não haviam gostado da tentativa de uso político da tragédia, desconversou e deu um jeito de se retirar rapidamente.

Cerca de meia hora depois, a criança morreu.

Battaglia enviou o texto e continuou trabalhando em Caraguatatuba. Soube apenas no dia seguinte, ao ver o jornal, que Murilo Felisberto estampara na primeira página uma foto imensa da mãe com a criança e dos políticos que a haviam visitado, com a seguinte manchete: "Há meia hora, a morte passou por aqui."

★ ★ ★

A tragédia de Caraguatatuba foi uma das ocasiões em que repórteres e redatores trabalharam praticamente 48 horas sem voltar para casa. A cobertura durou por mais alguns dias. O esforço seria recompensado, no ano seguinte, com mais um Prêmio Esso de jornalismo para a equipe do *JT*.

Situações como essas mostravam que Mino Carta e Murilo Felisberto sabiam trabalhar em completa afinação. Talvez por isso as discussões nas mesas dos bares jamais tenham conseguido uma resposta definitiva para a pergunta sobre qual dos dois era mais importante para o *Jornal da Tarde*.

Uma coisa, porém, ficava clara para todos à medida que o tempo passava e o jornal se consolidava. Em pouco tempo, a redação se tornaria pequena para dois chefes tão criativos, tão geniais e tão geniosos ao mesmo tempo. A questão, então, foi reformulada: quando esse momento chegar, quem fica e quem sai do *JT*?

Ninguém sabia ainda, mas o momento da separação da dupla estava próximo. E as mudanças no comando teriam reflexos em toda a equipe.

# 18. Sob nova direção

Os rumores começaram a circular no final de 1967 e informavam que a Editora Abril preparava o lançamento de uma revista semanal de informação inspirada nas *weekly magazines* americanas, especialmente na *Time* e na *Newsweek*. O fato, por si só, já seria digno de agitar o mercado jornalístico. E agitava particularmente o *Jornal da Tarde* por envolver o nome de Mino Carta. Diziam os boatos que ele havia sido convidado para dirigir a nova publicação e levaria o time inteiro do *JT*.

Mino Carta já era o escolhido de Victor Civita para dirigir a semanal da Abril desde 1959, quando o empresário o convidara a criar a *Quatro Rodas*. Engavetada em 1961, a proposta voltara ao cronograma da editora no segundo semestre de 1967 com o nome de Projeto Falcão. O lançamento estava previsto para 1968.

Desde aquele encontro num restaurante de Roma em que Civita o convencera a voltar para o Brasil, Mino criara a *Quatro Rodas*, a *Edição de Esportes* e o *Jornal da Tarde*. Se uma década antes o empresário ainda tinha alguma dúvida sobre a escolha, ela se dirimira completamente com o sucesso das três publicações.

Os boatos, como quase todos os que costumam circular pelas redações, estavam parcialmente certos. O convite fora feito e, do ponto de vista financeiro, era irrecusável. Mino Carta estava mesmo de mudança, mas não levaria a equipe inteira do *Jornal da Tarde*.

O editor-chefe deixou o *JT* no dia 9 de janeiro de 1968. Partiram com ele, inicialmente, Uru, HAF, Sérgio Pompeu e Sebastião Gomes, além de um repórter da nova safra, Armando Salem. No seu último dia de trabalho, Mino encontrou sobre a Olivetti um bilhete assinado por Ruy Mesquita: "Você será sempre o filho pródigo." Parecia manter as portas abertas. Mino, porém, jamais seria convidado a trabalhar de novo no Grupo Estado.

\* \* \*

Ruy Mesquita não teve dificuldade para substituir Mino Carta. Promoveu Murilo Felisberto, o candidato natural. Murilo exercia liderança sobre o grupo e se revelara um brilhante gênio criativo, responsável pelas melhores páginas e capas naqueles dois anos iniciais. Para o cargo que deixava, Murilo indicou Ivan Ângelo, o que foi prontamente aceito pelo patrão. Era um dos jornalistas mais sensatos do grupo, mantinha os pés no chão e balanceava o excesso de juventude da equipe.

Sem concorrência na corte, Murilo estava pronto para reinar. E começou por promover novos editores e por trocá-los de editoria, para evitar que se acomodassem num mesmo assunto. Renato Pompeu se tornou editor de Internacional, Fernando Mitre assumiu a Geral, Carmo Chagas foi editar Esportes. Os rodízios não agradavam a todos; geravam tensões e algumas disputas internas. E Murilo adorava tudo aquilo. Divertia-se com os movimentos da corte para conquistar prestígio junto ao novo editor-chefe.

Não demorou para que ganhasse um apelido maldoso que o acompanharia pelo resto da vida entre os jornalistas daquela fase. Ninguém jamais se dirigiu a ele pela alcunha, nem mesmo teve coragem de perguntar se ele tinha conhecimento dela. Pelas costas, porém, todos só se referiam a ele como "Rainha". O nome do criador da brincadeira caiu no esquecimento. Alguns acreditam que tenha sido Flávio Márcio; outros juram se tratar de obra de Fernando Portela, mas ele sempre negou a paternidade.

\* \* \*

Murilo teve algum trabalho para repor as baixas provocadas por Mino Carta. Embora tenha convidado apenas os homens de confiança em sua saída, Mino jamais negou vaga a quem o procurasse na Editora Abril pedindo emprego. Em pouco tempo, haviam partido mais dois editores, Renato Pompeu e Carmo Chagas. Para interromper a sangria de quadros, Murilo implantou uma política de constante valorização profissional com promoções e aumentos espontâneos de salários.

Para repor os cargos de repórter, voltou a procurar talentos dentro e fora de São Paulo. Nessa leva de contratações, chegariam quatro jovens que fariam história no *Jornal da Tarde*: o gaúcho Marcos Faermann, o mineiro Mário Marinho e os paulistas Valdir Sanches e Anélio Barreto.

# 19. Os reforços da Rainha

Fanático torcedor do Grêmio, Marcos Faermann nascera na pequena cidade de Rio Pardo, no Rio Grande do Sul, em 1943. Tornara-se jornalista por acaso, em 1960. Tinha apenas 17 anos e fora à redação do *Última Hora*, em Porto Alegre, para entregar um manifesto do grêmio estudantil da escola em que estudava na capital do estado, o tradicional Colégio Júlio de Castilhos. O jornalista que o recebeu, Flávio Tavares, chefiava a reportagem e achou o texto bom demais para ter sido escrito por estudantes. Quis saber quem era o autor:

— Eu mesmo, tchê. Tem algum problema?

— Não, pelo contrário. Quer trabalhar como repórter da Geral? — convidou Tavares. — Pode começar agora mesmo, naquela máquina de escrever ali no fundo.

Com exceção de um curto intervalo em 1963, quando tentou ganhar a vida vendendo enciclopédias de porta em porta, Marcos Faermann permaneceu no *Última Hora*, mais tarde rebatizado de *Zero Hora*, até 1968. Nesses anos, além de jornalismo, cursou direito na Universidade Federal do Rio Grande do Sul, onde aprofundou sua militância política no Partido Comunista Brasileiro, o Partidão. Chegou ao *Jornal da Tarde* por indicação de colegas militantes em São Paulo e virou editor de Esportes quando Carmo Chagas também seguiu os passos de Mino Carta.

Como editor, Marcão não fez carreira no *JT*. Foi, sim, um excelente repórter e produzia um verdadeiro vendaval de pautas, todas sempre tão inovadoras quanto urgentes. Sem conseguir se manter parado no mesmo lugar por mais de quarenta minutos, ele circulava pelas demais editorias em flagrante excitação, dando ideias e sugerindo matérias. Seria transferido poucos meses depois para a editoria de Internacional, antes de se firmar como o repórter especial de algumas das melhores matérias da história do *Jornal da Tarde*, como "Nasce o primeiro brasileiro pelo método Leboyer" (1974) e "Os habitantes da arquibancada" (1975).

\* \* \*

Da nova safra de mineiros, Mário Lúcio Marinho chegou sem muito cartaz em fevereiro de 1968. Ele havia iniciado na profissão em agosto de 1966, aos 23 anos. Gostava de escrever contos e poemas e uma tarde resolveu pedir emprego num jornal de Belo Horizonte. Entrou na redação do *Diário da Tarde* sem ser anunciado, calhamaço de escritos debaixo do braço, e foi bater à porta do diretor de redação, Fábio Doyle. Explicou que procurava emprego, deixou seus escritos com Doyle e voltou na semana seguinte.

— Nós aqui não temos espaço para literatura — explicou o diretor.

— Mas eu quero ser repórter, jornalista — respondeu Marinho.

— Você conhece o *Jornal da Tarde*?

O foca respondeu a verdade: não conhecia aquele jornal paulistano que acabara de ser criado, seis meses antes. Doyle abriu a gaveta, tirou três exemplares do *JT*, entregou-os a Marinho e passou a lição de casa:

— Leia estes jornais todinhos e depois volte aqui — orientou. — Você vai aprender como se faz jornal.

Marinho fez o que o diretor mandou, voltou e começou a trabalhar como repórter de Geral e de Cultura no *Diário da Tarde*. Mas gostou tanto do *JT* que passou a comprá-lo todas as noites na capital mineira, onde ele chegava com um dia de atraso — e em número tão reduzido que, ao retirar o exemplar, já deixava pago o da noite seguinte, para não correr o risco de ficar sem. Alimentava o sonho de, um dia, escrever para aquele diário.

Da Geral, passou para Esporte e, no ano seguinte, se transferiu para o *Última Hora*, ainda em Belo Horizonte. Lá, conheceu Marco Antônio Rezende, que pouco depois foi contratado pelo *JT*. Foi Rezende quem o chamou, em janeiro de 1968, para visitar a Major Quedinho num fim de semana.

Pagando a passagem de ônibus do próprio bolso, Marinho viajou para a capital paulista, onde foi apresentado a Murilo Felisberto. Outro conterrâneo, Kléber de Almeida, lhe encomendou uma matéria de teste. Três dias depois, recebeu um novo telefonema de Rezende:

— O Murilo disse que é para você vir para São Paulo. Ele gostou do seu texto.

Ao se despedir da noiva, Vera, Marinho explicou seu plano:

— Vou passar um ano em São Paulo para adquirir bastante experiência. Depois, volto para seguir minha carreira aqui e nos casamos.

No *JT*, Marinho foi designado para a editoria de Esportes por causa de sua experiência na cobertura de jogos do Atlético Mineiro para o *Diário da Tarde*. Como os grandes clubes de São Paulo já tinham seus repórteres quase cativos, Marinho passou a se oferecer para cobrir os jogos realizados no interior, que eram desprezados pelas estrelas em ascensão da equipe. Ninguém queria cobrir aquelas partidas porque as viagens, sempre por terra, eram extremamente cansativas. Marinho agarrou a oportunidade e praticamente se especializou na cobertura de longa distância, dominando todos os processos para o envio das matérias.

Murilo Felisberto resolveu então premiá-lo, já em maio, com uma cobertura internacional. Liderado por Ademir da Guia, o Palmeiras havia chegado à final da Copa Libertadores da América daquele ano. Fora derrotado por 2 a 1 pelo Estudiantes de La Plata no primeiro jogo, na Argentina, e vencera por 3 a 1 a segunda partida, no Estádio do Pacaembu. Não havia desempate por saldo de gols e a regra da competição determinava a realização de uma terceira partida em campo neutro, que foi marcada para o Estádio Centenário, em Montevidéu, no Uruguai.

Além de ser a final de um torneio internacional, disputada fora do Brasil, o evento era também importante porque *O Estado* havia investido em novos equipamentos de transmissão por radiofoto e pretendia estreá-los nessa partida. O sistema, mais moderno que o da telefoto, utilizava ondas de rádio para a transmissão de imagens e textos. Era o primeiro jornal brasileiro a ter equipamento próprio desse tipo.

* * *

Marinho viajou para Montevidéu dez dias antes do jogo para cobrir o clima na cidade e estabelecer todos os contatos necessários para garantir a cobertura. Viajaram com ele o repórter d'*O Estado* Milton José de Oliveira, os fotógrafos Reginaldo Manente e Oswaldo Palermo e o técnico de comunicação Alaor Martins, responsável por operar o equipamento de radiofoto.

Quando a grande noite chegou, o Estudiantes entrou disposto a praticar o futebol no melhor estilo portenho. As entradas fortes dos argentinos intimidaram os jogadores do Palmeiras, o time brasileiro se encolheu e foi derrotado por 2 a 0.

Assim que o juiz apitou o final do jogo, o repórter d'*O Estado* correu para o hotel para transmitir sua matéria. Mário Marinho, que tinha mais tempo para fechar, foi fazer o clima nos vestiários, personagens de ambos os lados, a revolta dos poucos torcedores palmeirenses que haviam viajado ao Uruguai e a alegria dos uruguaios que apoiavam o time argentino. Voltou tranquilo ao hotel às 2 da manhã, para descobrir que a equipe estava em pânico.

A matéria que deveria ter sido enviada para o fechamento d'*O Estado* não havia sido transmitida. Um forte nevoeiro em algum ponto do Sul do Brasil impedia a propagação das ondas de rádio e os técnicos não conseguiam estabelecer contato. Alaor Martins ouvia São Paulo chamando, respondia, mas São Paulo não o ouvia.

A equipe insistiu até as 5h, quando o repórter d'*O Estado* desistiu. Não haveria mais tempo de colocar a matéria do jogo no jornal do dia seguinte. Marinho, que tinha mais tempo, desceu à recepção do hotel, apurou o endereço do escritório da agência de notícias UPI e foi até o local. A sala estava fechada, mas um porteiro forneceu o telefone da casa do correspondente. Marinho acordou o colega às 6h, explicou o que estava acontecendo e pediu ajuda.

O jornalista uruguaio tinha uma máquina de telex em casa e se prontificou a ajudar, mas também não conseguia comunicação com São Paulo. Conseguiu contato apenas com a redação da agência em Lisboa. Marinho então transmitiu sua matéria por telex para o escritório de Lisboa, que o retransmitiu, também por telex, para o *Jornal da Tarde*. O texto só chegou às mãos do editor Marcos Faermann às 9h, mesma hora em que o repórter estava indo para a cama em Montevidéu.

Às 16h, Marinho foi acordado pela recepção. Havia um telegrama urgente de São Paulo para ele. Levantou-se da cama com a certeza de que estava sendo demitido. Mas estava enganado. A mensagem, assinada por Faermann, o parabenizava pelo esforço para transmitir a matéria. O repórter voltaria de Montevidéu com a moral em alta e em pouco tempo estaria na cobertura do Santos, onde brilhava a estrela de Pelé.

Marinho manteve a promessa feita à noiva e voltou para Belo Horizonte um ano depois. Casou-se e levou Vera com ele para São Paulo. O ano que ele pretendia passar na capital paulista nunca terminou.

\* \* \*

Outra equipe reforçada assim que Murilo Felisberto assumiu a chefia da redação foi a de polícia. Desde o início das atividades, o *JT* vinha criando uma nova forma de tratar as notícias dessa seção. Até aqui, a praxe nas redações era considerar a área quase como uma extensão da própria delegacia.

Em outras redações, os repórteres da velha guarda, em sua maioria, acreditavam-se detetives e se confundiam com os tiras em todos os sentidos. Metiam-se a investigar os casos e andavam armados, geralmente na condição de fiéis depositários. Amigos dos delegados, eram designados por eles para cuidar de revólveres apreendidos com bandidos e que, em algum momento, poderiam ser requisitados pela Justiça como provas de crimes.

Todos sabiam da corrupção que grassava solta no Departamento de Investigações, o DI. Ninguém publicava uma linha e muitos ainda participavam da caixinha formada por dinheiro tomado de banqueiros de jogo do bicho, de cafetões e de pequenos bandidos. Ela era distribuída todas as sextas-feiras pelos policiais nas diversas delegacias especializadas que compunham o departamento.

Ficou famoso, na época, o caso do delegado titular de uma dessas delegacias que pagava uma gorjeta a todos os repórteres que escrevessem o nome dele nos textos. E que aumentava o valor da gratificação a quem grafasse corretamente o sobrenome, que costumava causar confusão por causa de uma letra dobrada.

Os textos que essa turma produzia, em geral, eram cópias fiéis dos boletins de ocorrência. Escrevia-se "decúbito dorsal", "meliante" e mesmo expressões inteiras que só constavam dos boletins por formalidades legais. O melhor exemplo deste último caso era "o linhas acima citado meliante", a que recorriam os escrivães sempre que precisavam mencionar novamente o criminoso que já havia sido identificado por nome completo no início do B.O.

Os repórteres jamais escreviam a palavra homossexual, que era proibida. Se um crime envolvesse um gay, isso era sutilmente insinuado no texto com uma construção padronizada que dizia: "segundo seus vizinhos, era uma pessoa de hábitos reservados".

Murilo Felisberto se preocupou em mudar tudo isso desde o princípio do *JT*. Ele julgava a polícia uma das áreas mais promissoras. Cobria casos de altíssimo interesse e permitia a construção de textos mais saborosos, no melhor estilo dos romances policiais de Agatha Christie, Conan Doyle e Rex Stout. Sua equipe de repórteres era formada, em 1968, por Inajar de Souza, Percival de Souza, Moacir Bueno e Antônio Carlos Fon. E foi a Percival que ele recorreu quando achou necessário reforçar o grupo:

— Perci, tem algum amigo seu que poderia se encaixar no nosso perfil?

— Tem sim, Murilo: a Fada Loira.

O dono da alcunha era amigo de Percival desde os tempos do *Notícias Populares*, onde ambos haviam trabalhado juntos alguns anos antes. O apelido divertiu tanto Murilo que ele quis imediatamente conhecer o indicado.

\* \* \*

A Fada Loira, ou melhor, o repórter Valdir Sanches, era um rapaz alto, magro e loiro quando iniciara na profissão em 1963. Tinha 18 anos e fora designado setorista do *Notícias Populares* no Departamento de Investigações. Desde o início decidiu que não participaria das caixinhas pagas pelos policiais aos jornalistas, nem aceitaria ser nomeado fiel depositário de armas apreendidas. Intrigado, o delegado que pagava para ver seu nome nas matérias resolveu que encontraria um ponto fraco daquele repórter.

Mandou chamá-lo certo dia para acompanhar uma revista que havia determinado na carceragem. Quando chegou à delegacia, Valdir encontrou prostitutas, ladras, falsas domésticas, enfim, todas as mulheres detidas naquele dia, reunidas numa sala. O delegado entrou e ordenou:

— Tirem a roupa. Quero vocês peladas para a revista.

Valdir, além de perceber o objetivo do tira, achou aquela cena tão degradante que pediu licença e se retirou da sala. O delegado ficou ainda mais intrigado. Horas mais tarde foi comentar o caso com um dos setoristas da velha guarda.

— O rapaz não quer dinheiro, não quer arma, não quer ver mulher pelada... Qual é a dele?

— Pois é, doutor, ninguém sabe. É a Fada Loira.

O apelido espalhou-se rapidamente na sala de imprensa e o atingido não se esforçou em combatê-lo. De certa forma, era um atestado de idoneidade profissional.

Quando foi convidado para trabalhar no *JT*, Valdir já havia deixado o DI fazia dois anos. Atuava como repórter especial de Geral na *Folha*. A ideia de voltar a cobrir polícia, porém, não o desagradava. Principalmente porque Murilo explicou que pretendia aprofundar o estilo literário no jornal. Valdir era um apaixonado pela experimentação na escrita, sempre buscando novas formas de contar melhor uma história. O *Jornal da Tarde*, por sua vez, era o laboratório ideal para sonhadores que pretendiam revolucionar o texto jornalístico. Os dois formariam um par perfeito nos anos seguintes.

\* \* \*

Subordinada à editoria de Geral, a cobertura policial ganhava apoio esporádico de repórteres não especializados sempre que era necessário. E foi com uma matéria de polícia que se destacou outro recém-chegado. O paulista Anélio Barreto, então com 23 anos, começara a trabalhar como estagiário na editoria em março de 1968. Chegara por indicação de Miguel Jorge, que conhecera anos antes em Campinas, sua cidade natal. Foi em outubro, porém, que acabou contratado após impressionar seu editor, Fernando Mitre, com uma abertura de texto.

A matéria era aparentemente banal, o perfil de um menor de idade que se afundava no crime na periferia da Zona Norte de São Paulo. Anélio começou sua história assim:

Bananas, doces, bebidas, balas. É Marquinho começando a roubar.
Maconha, psicotrópicos, injeções. É Marquinho já viciado.
Dinheiro, revólveres. É Marquinho trabalhando.
Tiros. É Marquinho matando.
Música, meninas, um garoto de 18 anos dançando num salão. É Marquinho se divertindo.

Anélio entregou seu texto e saiu para jantar com um amigo de Campinas que estava em São Paulo. Voltou horas mais tarde e foi saudado por Mitre, de braços abertos:

— Olha ele aí, Pessoinha — disse o editor, dirigindo-se ao redator Nicodemus Pessoa, que havia editado o texto. — Rapaz, meus parabéns. Você escreveu uma matéria maravilhosa.

Mitre pessoalmente escreveu o título que encabeçava a matéria: "É Marquinho. Ele e seu revólver."

\* \* \*

Muitos outros jovens jornalistas entraram pela primeira vez na redação do *Jornal da Tarde* naquele ano de 1968. Para reforçar a reportagem da Geral, Murilo foi buscar um jovem paulistano na sucursal do *Jornal do Brasil*. Fi-

108  FERDINANDO CASAGRANDE

lho de imigrantes suíços, Ari Schneider começara na carreira trabalhando nas *Folhas*. Em 1965, mesmo ano em que se formou em jornalismo pela Fundação Cásper Libero, passou para a sucursal do diário carioca, que havia tido várias baixas com as contratações do *JT*. Finalmente, em 1968, recebeu um telefonema de Murilo, que queria conhecê-lo pessoalmente. Fora indicado por Miguel Jorge e por Sandro Vaia.

Os dois marcaram um encontro num bar nas imediações da Major Quedinho. Ao fundo, um pianista tocava bossa nova, acompanhado por um cantor. Como Murilo falava muito baixo, Ari passou o encontro inteiro sem escutar quase nada do que ele explicava. Mesmo assim, ao final do encontro, estava contratado como pauteiro da editoria de Geral.

Mas nem só de rostos novos era composto o grupo com que Murilo planejava reforçar a equipe. Havia entre eles um repórter que fizera parte do primeiríssimo time do jornal, recrutado em Belo Horizonte, e que se licenciara por decisão pessoal no ano anterior.

Filho de refugiados judeus do Leste Europeu, Moisés Rabinovici nascera em 1945 num Hospital da Cruz Vermelha em Vila Isabel, no Rio de Janeiro. Os pais haviam se conhecido no navio em que deixaram a Europa devastada pela Segunda Guerra Mundial. Vivera no Rio até os 13 anos, quando a família se mudara para Belo Horizonte. Virara jornalista por acaso aos 17, ao entrar na redação do *Última Hora* para protestar contra um erro numa reportagem que envolvia a sua turma de estudantes no Colégio Anchieta.

Interessados em arqueologia, ele e seus colegas haviam descoberto um crânio humano de 10 mil anos de idade numa exploração às cavernas da região de Lagoa Santa. Era um achado importante, mudava a história do ser humano nas Américas. Em reportagem a respeito, o *Última Hora* escreveu que o crânio tinha 1 milhão de anos. Era uma bomba! Mudava a história da humanidade, e as agências internacionais correram para reproduzir o material no mundo inteiro sem checar a informação. Arqueólogos de todas as partes do planeta começaram a ligar para o Colégio Anchieta em busca de mais detalhes.

Como havia sido escolhido para dar a entrevista, Rabino foi orientado pela escola a procurar o jornalista e exigir uma correção. Livros de arqueologia debaixo do braço, o jovem estudante entrou na redação do *Última Hora* aos brados:

— Exijo a verdade, a bem da ciência!

Foi encaminhado ao diretor José Wainer, que aceitou publicar a retratação. Desde que o próprio estudante escrevesse a nota com as informações corretas. Ele foi encaminhado a uma Olivetti, redigiu seu texto e, quando terminou, foi convidado para trabalhar no jornal como repórter de Polícia.

Em São Paulo, já na redação do *JT*, Rabino desenvolvera uma amizade especial com Murilo, que nutria apreço pelo trabalho dele. E tinha também um imenso prazer em irritá-lo com boatos que espalhava sobre sua vida amorosa. No início de 1967, por exemplo, Murilo inventou uma cobertura de festas da alta sociedade paulistana. Escalava Rabininho, como passou a chamar o amigo, a repórter Teresa Montero e o designer Osório Duque Estrada para frequentar os eventos.

Rabino fazia algumas entrevistas, Teresa analisava a festa do ponto de vista do estilo e Duque Estrada desenhava os vestidos que ela apontava como os mais requintados. A página ficava belíssima e fazia sucesso nas altas-rodas. Murilo gostava do resultado, mas se divertia mesmo espalhando a fofoca de que Rabino estaria apaixonado por Teresa, por isso não abria mão da cobertura.

Irritado com as picuinhas, Rabino perdeu a conta das vezes em que tentou se demitir do jornal ao longo de 1966 e 1967. Murilo jamais aceitara os pedidos. Anos depois, o repórter seria surpreendido pelo amigo com uma caixa cheia de papéis amarelados:

— Tome, Rabininho, isto lhe pertence — diria Murilo no futuro. — São todas as cartas de demissão que você me entregou naqueles primeiros anos.

Em junho de 1967, quando estourou a Guerra dos Seis Dias no Oriente Médio, Murilo finalmente entendeu que Rabino estava muito cansado da rotina da redação. Ele queria partir, por conta própria, para cobrir o conflito. Em lugar de demiti-lo, porém, Murilo concedeu-lhe uma licença sem remuneração.

Rabino tomou um navio e demorou mais de um mês para desembarcar em Tel Aviv. Quando chegou, a guerra já havia acabado. Foi morar então num kibutz, onde aprendeu a semear o deserto.

Dirigia um trator à noite para arar a terra. Do seu lado, ia sentado um druso armado de fuzil para garantir a segurança. Semeou o trigo, apaixonou-se por aquela vida de certa forma contemplativa e fazia planos de permanecer no kibutz pelo menos até que o trigo crescesse e atingisse a altura dele, mas não teve tempo para tanto. Pouco antes de completar um ano de licença, Rabino recebeu um telefonema de Murilo:

— Rabininho, chega de brincar de sabra — dizia Murilo do outro lado do mundo. — Ou volta para o seu lugar na redação, ou vai perder a vaga. A coisa aqui está explodindo. Literalmente!

Rabino decidiu voltar.

# 20. A escalada da ditadura

Ninguém sabia àquela altura, mas 1968 seria para sempre lembrado como um ano de ruptura comportamental e política, um marco na história mundial. A guerra do Vietnã recrudesceria com as primeiras ofensivas dos vietcongues em Saigon; o mundo assistiria estarrecido ao assassinato, nos Estados Unidos, de um prêmio Nobel da Paz, o ativista pelos direitos humanos Martin Luther King; estudantes incendiariam as ruas de Paris e colocariam a França em greve contra o governo de Charles de Gaulle; e os tanques soviéticos sufocariam a tentativa de abertura política na Tchecoslováquia, acabando com a Primavera de Praga.

O Brasil, apesar da ditadura militar no poder, também vivia uma efervescência criativa histórica. No campo cultural, a Tropicália se desenhava desde 1967 como um movimento não só musical, mas de revolução dos costumes. Na política, a ambiguidade de Arthur da Costa e Silva, o marechal empossado no ano anterior como presidente da República, alimentava esperanças em atores de todos os espectros ideológicos, dos políticos democratas reunidos sob a Frente Ampla criada por Carlos Lacerda, que conseguiu colocar no mesmo barco inimigos históricos como Juscelino Kubitschek e João Goulart, aos jovens intelectuais inspirados pelas utopias socialistas. Embora os objetivos finais fossem bem diferentes — o dos políticos era restabelecer a democracia anterior, enquanto o dos estudantes era implantar a ditadura do proletariado —, todos lutavam contra um inimigo comum.

A ambiguidade de Costa e Silva era calculada. Para chegar ao Palácio do Planalto, lançara mão do discurso que agradava à ala moderada das Forças Armadas, no poder desde 1964 com Castelo Branco. Enquanto falava em reabertura do diálogo com a sociedade e os políticos, não cedia em um milímetro nas restrições impostas às liberdades civis desde o golpe. As greves seguiam proibidas, os sindicatos, sob intervenção, e os movimentos estudantis, proscritos.

Os oposicionistas enxergavam as brechas abertas pelo discurso do presidente como oportunidades. Era a hora de agir, de se organizar, de protestar. A linha dura da caserna, porém, não ia entregar o jogo tão cedo. E esse conflito de interesses começou a ficar claro no dia 28 de março. Estudantes secundaristas organizaram uma passeata para protestar contra o aumento do preço da refeição do Restaurante Calabouço, no centro do Rio de Janeiro. A Polícia Militar foi chamada, houve confronto e o estudante Edson Luís de Lima Souto, de apenas 18 anos, foi morto com um tiro no peito.

Os colegas o carregaram em passeata até a Assembleia Legislativa, onde ele foi velado. E começou uma comoção contra a violência do Estado que geraria novos enfrentamentos entre PMs, apoiados por tropas do Exército, e jovens manifestantes estudantis. Os protestos ganharam as ruas em várias cidades do país.

Uma semana depois, no dia 5 de abril, o presidente Costa e Silva daria o primeiro indício de que o discurso, afinal, era só retórico. O ministro da Justiça, Luís Antônio da Gama e Silva, editou a portaria de número 177, que declarava proscrita a Frente Ampla criada por Carlos Lacerda. Ameaçava ainda com prisão qualquer pessoa que se manifestasse sob a bandeira da Frente e determinava a apreensão de quaisquer jornais e revistas que noticiassem pronunciamentos de políticos ligados ao grupo. O comando militar do país considerava decretar estado de sítio com o objetivo principal de censurar a imprensa, acusada de manipular os fatos para jogar a população contra o governo.

Aliada histórica de Carlos Lacerda desde os anos 1950, a família Mesquita estava na alça de mira dessa censura. Embora *O Estado* não apoiasse as manifestações estudantis de rua, que classificava em seus editoriais como "motins" inflamados por "agitadores profissionais", não as condenava abertamente.

O doutor Julinho, aliado de primeira hora do golpe de 1964, se afastara da ditadura já nos seus primeiros meses seguindo um dos mandamentos sagrados da família, que rezava: "Em política, toda solução é o início de um novo problema." Pesara naquele afastamento, também, uma descortesia de Castelo Banco. Logo após sua nomeação para a Presidência, o marechal fora visitado pelo doutor Julinho, que lhe trazia uma lista de nomes que considerava ideais para o ministério. Castelo Branco, porém, não quis ouvir as sugestões:

— Agradeço sua preocupação, senhor Mesquita, mas já temos uma lista de ministros de nossa preferência.

Quatro anos depois, se não chegava a ser um inimigo, o doutor Julinho era no mínimo um incômodo para os militares. Na tradicional seção "Notas e informações" da página 3, *O Estado* batia frequentemente nas mazelas do regime e acusava os generais de "traição dos ideais de 64".

Em seu editorial do dia 6 de abril de 1968, sob o título "Quem foi o responsável?", que abordava os protestos e confrontos nas ruas do país, *O Estado* acusava: "O responsável, em última análise, é o governo, porque o Brasil está sem comando e, em um país sem comando, tudo pode acontecer. O Brasil é um país sem instituições. Os três poderes, na verdade, são um só: o Executivo."

O mês de abril seguiria tenso e a crise se aprofundaria no dia 16, com a decretação de uma greve de metalúrgicos em Contagem, Minas Gerais, que duraria dez dias. Os metalúrgicos pediam aumento salarial, mas a paralisação, proibida pelos atos institucionais da ditadura, ganhou contorno político.

\* \* \*

No *Jornal da Tarde*, que também publicava as críticas do doutor Julinho aos militares, a maior parte da equipe não dava bola para editoriais. Embora se preocupasse com a situação do país — alguns eram até engajados em movimentos de esquerda e quase todos tinham corações e mentes alinhados aos dos jovens que protestavam nas ruas —, a rapaziada do *JT* andava às voltas com um drama particular naquele mês de abril. Uma questão prosaica, mas que pedia solução urgente.

Aconteceu que, por aqueles dias mesmo, uma das tradicionais peladas no Túnel do Tempo havia sido interrompida após um incidente trágico. Empolgado com a chance de marcar um gol, o repórter Sandro Vaia arrematara o lance com tamanho entusiasmo que o sapato se soltara do seu pé direito e voara pelo ar. Atingira em cheio o monóculo de Machado de Assis num dos quadros da galeria de notáveis que enfeitava o corredor. O quadro se espatifara e os responsáveis tentaram decidir em assembleia, ali mesmo, que medidas adotar.

Alguns defendiam que os restos imortais do retrato do fundador da Academia Brasileira de Letras fossem devidamente embrulhados em papel pardo e retirados clandestinamente do prédio, para serem desovados em alguma lixeira pública. Outros achavam que o certo era assumir o prejuízo e suas consequências quando, no dia seguinte, a diretoria cobrasse esclarecimentos. Como não houvesse consenso, o grupo escondeu o quadro numa das salas da redação até que se optasse por uma solução definitiva — ou que a diretoria desse pela falta da tela.

Os dias foram passando e ninguém notou, ou pelo menos questionou, o desaparecimento de Machado de Assis. Os envolvidos já quase haviam se esquecido do incidente quando, na madrugada do dia 20 de abril, o edifício d'*O Estado* foi literalmente sacudido por uma bomba.

\* \* \*

Fernando Mitre, então já como editor da Geral, era um dos últimos jornalistas na redação. Ele havia terminado o fechamento e se preparava para jantar em algum dos restaurantes do Centro em companhia de Nicodemus

Pessoa e de Guilherme Duncan de Miranda, dois colegas de editoria. Um dos diagramadores, porém, o alcançou na porta do elevador.

— Mitre, você esqueceu de fazer um título.

— Está faltando um título? — perguntou Mitre. — Vocês voltam comigo?

Os três voltaram para a redação, criaram o título, Mitre refez um corte para uma foto que não agradava e, quando deu o trabalho por terminado, todos ouviram o enorme estrondo que vinha de baixo e sentiram um leve tremor. Um dos diagramadores ligou para a oficina para saber o que havia acontecido.

— Mitre, uma bomba explodiu no saguão — informou. — Parece que o seu Mário está ferido.

Mário Rodrigues era o porteiro da noite e havia se machucado sem maior gravidade. Fernando Mitre mandou reabrir a editoria. Ia mudar páginas, rediagramar, precisavam publicar uma cobertura do atentado. Começou ele mesmo a apurar o que havia acontecido enquanto um dos diagramadores percorria os bares próximos em busca de jornalistas que estivessem pela região.

— Conte o que aconteceu e peça para que voltem para cá — orientou Mitre. — Vamos precisar de todo mundo que estiver disponível.

Os jornalistas começaram a chegar e foram recebendo tarefas. Fernando Portela, por exemplo, foi incumbido de percorrer todos os andares do prédio fazendo um inventário dos estragos causados pela explosão. Ninguém sabia, nem jamais soube com certeza absoluta, quem foi o autor do atentado. Se era verdade que os estudantes haviam feito alguns protestos na porta d'*O Estado* nas semanas anteriores, também o era que os militares se incomodavam cada vez mais com os editoriais do doutor Julinho.

No *JT* do dia seguinte, a manchete estampava: "Uma bomba neste jornal". Em meio à cobertura, Fernando Mitre encaixou um texto com a experiência que haviam vivido: "Fomos salvos por um título", dizia a chamada. Na matéria escrita por Fernando Portela com todos os danos materiais causados pela explosão, o tremor no quinto andar parecia ter sido bem mais forte do que haviam sentido as testemunhas daquela noite.

116  FERDINANDO CASAGRANDE

Estava lá no texto, listado entre os estragos, um quadro de Machado de Assis que o abalo causado pela explosão teria arrancado da parede. Na queda, explicava o inventário cuidadoso de Portela, a moldura se espatifara.

\* \* \*

Já promovido a chefe de reportagem da Geral, Fernando Portela seria incumbido, meses depois, de uma missão especial. A redação recebera a informação de que a proscrita União Nacional dos Estudantes, a UNE, realizaria em outubro o seu 30º Congresso. Seria um evento clandestino no interior de São Paulo. Todos os jornais estavam sendo avisados informalmente, mas ninguém ainda tinha detalhes sobre a data correta ou o local do encontro. Portela foi pautado para fazer contato com líderes estudantis e garantir a presença de um repórter do *JT* no evento.

O enfrentamento entre jovens oposicionistas e a ditadura militar havia crescido nos meses que se seguiram à explosão no saguão d'*O Estado*. Em maio, o governador de São Paulo, Abreu Sodré, havia sido apedrejado durante solenidade de comemoração do Dia do Trabalho na praça da Sé. Em junho, novas passeatas tinham terminado em confrontos com as forças de segurança no Rio de Janeiro e um novo atentado a bomba, no dia 26, fora executado contra o Quartel-General do Segundo Exército, localizado no bairro do Ibirapuera, em São Paulo.

Militantes do movimento clandestino Vanguarda Popular Revolucionária, a VPR, lançaram um carro carregado com 20 quilos de dinamite contra o muro do quartel. A explosão feriu seis militares e matou o soldado Mário Kozel Filho, um recruta de 18 anos que não tinha nada a ver com a ditadura, apenas cumpria o serviço militar obrigatório.

Bombas tinham voltado a explodir no Rio de Janeiro, na sede da Associação Brasileira de Imprensa, a ABI, em julho. Nesse mesmo mês, o presidente Costa e Silva proibira a realização de manifestações públicas e fora indiretamente criticado, dois dias depois, pela Assembleia Geral da Conferência Nacional dos Bispos do Brasil. A CNBB condenara em documento a falta de liberdade de expressão no país.

No final de agosto, a polícia prendera arbitrariamente Honestino Guimarães, líder estudantil da Universidade de Brasília, dentro das dependências da instituição, e no dia 2 de setembro o deputado federal pelo estado da Guanabara Márcio Moreira Alves, do MDB, provocara os militares com um discurso na tribuna do Congresso no qual chamava o Exército de "valhacouto de torturadores".

Moreira Alves convocava um boicote às paradas de 7 de Setembro, dia da Independência do Brasil. Implorava, ainda, às jovens brasileiras para que não namorassem oficiais das Forças Armadas. A tigrada da linha dura queria prender o deputado, mas a Constituição promulgada um ano antes pela própria ditadura determinava que qualquer sanção contra parlamentares precisava ser autorizada pela Câmara. O governo decidiu respeitar a Carta e apresentou pedido ao Legislativo de licença para processar o deputado. Estava instalada a crise institucional.

Com esse fundo negro no horizonte, Portela conseguiu marcar um encontro com um dos líderes da UNE no início de outubro. José Dirceu era um jovem estudante de direito da Pontifícia Universidade Católica de São Paulo e disse que aceitaria a presença de um repórter no encontro desde que o jornal fizesse uma contribuição em dinheiro para a entidade. Portela não se conteve.

— Ô meu querido, você consegue imaginar a família Mesquita financiando um congresso clandestino da UNE? — perguntou o jornalista.

— Mas nós precisamos do dinheiro para comprar lanches para os companheiros — explicou Zé Dirceu.

— Porra, Zé Dirceu, eu estou lhe oferecendo divulgação e você vem me pedir mortadela?

Zé Dirceu foi convencido pelo argumento e Fernando Portela pautou o repórter Sérgio Rondino para acompanhar o encontro que se realizaria num sítio em Ibiúna, a partir do dia 7 de outubro. Estariam presentes, além de Dirceu, os principais líderes do movimento estudantil: Luís Travassos, então presidente nacional da UNE, Vladimir Palmeira, Franklin Martins e Jean Marc von der Weid. A UNE contava reunir mais de seiscentos estudantes no local.

## 118  FERDINANDO CASAGRANDE

\* \* \*

Se a informação correra livremente pelas redações, que dirá pelos aparatos de inteligência da ditadura. A polícia soubera do evento e decidira deixar que ele acontecesse. Estouraria o encontro quando todos já estivessem em Ibiúna para prendê-los de uma só vez.

Durante os três primeiros dias, os estudantes barbudos não paravam de chegar, chamando a atenção dos poucos moradores do local. A chuva enlameara as estradas, dificultando o acesso ao sítio onde havia apenas uma casa de alvenaria — destinada ao abrigo das mulheres — e um barracão de lona para proteger os homens do mau tempo. Faltavam comida, banheiros e camas. Os jovens saíam para fazer compras vultosas nas mercearias locais, o que despertava ainda mais suspeitas.

A polícia começou a desenhar o cerco na quinta-feira, dia 10 de outubro. Esperava enfrentar forte resistência. Ninguém sabia ao certo quantos seriam os estudantes e falava-se que tinham armas pesadas, bombas e granadas. Quando finalmente cercaram o local, na madrugada do dia 12 de outubro, os 170 homens da Força Pública, acompanhados por dez agentes do Departamento de Ordem Política e Social, o Dops, encontraram um cenário desolador. Jovens enlameados, famintos e debilitados pela chuva e pelo frio se entregaram pacificamente, sem opor qualquer resistência. Os policiais tiveram de fretar vários ônibus para transportar os 720 delegados da UNE. Entre os presos havia dez jornalistas que faziam a cobertura do evento. Menos o repórter Sérgio Rondino, do *Jornal da Tarde*.

Avisado pelos repórteres policiais da operação em Ibiúna, Fernando Portela pautara Percival de Souza e Antônio Carlos Fon para a cobertura das prisões. Assim que chegaram ao sítio já cercado pelas tropas, os dois se posicionaram entre os soldados ao lado da imensa fila de estudantes, todos com os braços levantados, dedos trançados atrás da nuca, que caminhavam em direção aos ônibus.

Alto, esguio, sempre de terno impecável, bigode farto cobrindo os lábios e óculos de aros pretos, Percival passaria facilmente por um jovem tira. Ainda mais aos olhos dos policiais da Força Pública, que, por serem lotados num destacamento do interior, não o conheciam. Aproveitando-se desse fato, Percival salvou Rondino do xadrez. Assim que viu o colega na fila, deu-lhe um tapa e começou a gritar:

— Vagabundo, sem vergonha!

Rondino se desequilibrou e caiu no chão, fora da fila, onde continuou levando safanões e ouvindo os xingamentos de Percival. Quando Percival se abaixou para agarrar o "preso", Rondino tentou explicar:

— Perci, sou eu, o Sérgio.

— Eu sei. Cala essa boca que eu vou te tirar daqui — disse Percival ao colega, enquanto o arrastava em direção ao local onde estavam estacionadas várias viaturas — e também o carro da reportagem. Lá chegando, os dois entraram no fusca do *JT* e fugiram para a redação.

\* \* \*

A prisão dos estudantes de Ibiúna não foi o único fato político relevante no dia 12 de outubro. No bucólico bairro do Sumaré, na capital paulista, jovens intelectuais que haviam mergulhado na luta armada realizaram uma das ações mais ousadas — e também mais cruéis, até aquele momento — contra a ditadura.

Pedro Lobo de Oliveira, Diógenes José Carvalho de Oliveira e Marco Antônio Braz de Carvalho, todos militantes da VPR, assassinaram a tiros um capitão do exército dos Estados Unidos. Charles Chandler tinha 30 anos e vivia em São Paulo com a esposa, Joan, e quatro filhos pequenos — o mais novo deles, uma bebê de apenas 3 meses de vida.

Formado pela Academia Militar de West Point em 1962, Chandler combatera durante um ano no Vietnã. Ao retornar da guerra, recebera uma bolsa de estudos de uma organização americana para cursar mestrado de Sociologia e Política no Brasil. Mudara-se com a família para o país em 1966 e concluiria o curso em novembro de 1968, quando retornariam aos Estados Unidos.

A VPR iniciara suas ações clandestinas em 1967, com roubos a bancos para financiar a compra de armas — "expropriações do capital", como gostavam de classificar seus membros — e assaltos a unidades militares menos guarnecidas para roubar armamentos. Vinha se armando havia algum tempo e fora responsável pelo atentado ao QG do Segundo Exército.

A direção do grupo julgava, entretanto, que era hora de aumentar a visibilidade para a causa com ações de repercussão nacional e até internacional. Vinha bem a calhar a execução de um oficial do exército americano, inicialmente proposta pela Ação Comunista liderada por Carlos Marighella, embrião da Aliança Libertadora Nacional, a ALN.

Para justificar o crime, os militantes acusaram Charles Chandler de ser agente da Central Intelligence Agency, a CIA, o que nunca puderam provar. Mesmo assim, submeteram a vítima, em setembro, a um "julgamento" pelo que chamavam de "tribunal revolucionário", na prática um comitê formado por três dirigentes da VPR — Onofre Pinto, João Carlos Kfouri Quartim de Moraes e Ladislaw Dowbor.

Chandler foi condenado à morte e a execução foi marcada para o dia 8 de outubro, aniversário do assassinato de Che Guevara. Os guerrilheiros fizeram o levantamento dos hábitos do capitão, mas no dia marcado ele não saiu de casa. Finalmente, no dia 12, Chandler foi morto às 8h15, quando tirava o carro da garagem. Foi alvejado com seis tiros de um revólver calibre .38, disparados por Diógenes José Carvalho de Oliveira, e por catorze tiros de metralhadora INA calibre .45, disparados por Marco Antônio Braz de Carvalho. Pedro Lobo de Oliveira foi o motorista da ação.

O capitão morreu no local. Antes de fugir, os guerrilheiros espalharam panfletos com um manifesto em que acusavam a vítima de "crimes de guerra" no Vietnã. O filho mais velho do capitão, Darryl, que esperava para fechar o portão da garagem, assistiu ao assassinato do pai. Tinha 9 anos de idade.

Doze dias depois, a casa de Dom Hélder Câmara, arcebispo de Olinda e Recife, foi metralhada em Pernambuco. Dom Hélder era um dos maiores críticos da ditadura. A sequência de ações não deixava dúvidas: o Brasil estava mergulhado numa guerra suja. Em pouco tempo, os jornais e revistas seriam proibidos de publicar qualquer tipo de informação sobre esse conflito. A maioria cederia. Três grandes publicações, porém, se recusariam a praticar a autocensura.

Para calar a revista *Veja*, dirigida por Mino Carta, e os diários *O Estado de S. Paulo* e *Jornal da Tarde*, da família Mesquita, o regime seria obrigado a expor sua face ditatorial, implantando a censura prévia, com agentes trabalhando nas redações.

# 21. Censura na redação

A censura a *O Estado* e ao *Jornal da Tarde* começou horas antes de o presidente Costa e Silva assinar o Ato Institucional número 5, que dissolvia o Congresso Nacional, submetia o Poder Judiciário ao Executivo e dava ao presidente da República poderes extraordinários. Na madrugada do dia 13 de dezembro, a Polícia Federal invadiu a sede do jornal para apreender, nas rotativas, os exemplares d'*O Estado* que estavam sendo impressos.

A ordem partiu do chefe da Polícia Federal em São Paulo, general Silvio Correia de Andrade. O motivo era o editorial da página 3, intitulado "Instituições em frangalhos". No texto, escrito após a Câmara dos Deputados negar autorização para que o Executivo processasse o deputado Márcio Moreira Alves, o doutor Julinho criticava a figura do presidente da República: "Governar uma nação de 80 milhões de habitantes é coisa muito diferente do comando de uma divisão ou de um exército." E dispensava os habituais eufemismos para classificar abertamente o regime como uma ditadura militar.

Horas mais tarde, investigadores da PF voltaram ao edifício da Major Quedinho para apreender também o *Jornal da Tarde*, cuja impressão começava no final da manhã. Avisados do que estava acontecendo na oficina, alguns jornalistas desceram ao saguão para falar com os policiais. Estavam nesse grupo Ewaldo Dantas Ferreira, Carlos Brickmann, Inajar de Souza, Percival de Souza, Fernando Portela, Guilherme Duncan de Miranda, Sandro Vaia, Rolf Kuntz e Miguel Jorge — que, anos mais tarde, seria ministro do governo Lula. Brickmann iniciou o diálogo com os tiras.

— Quem é o senhor?

— Sou da polícia. Tenho ordem verbal para impedir que o jornal saia.

— E quantos homens o senhor trouxe para cumprir a ordem?

— Um.

— Vocês estão apenas em dois? — perguntou Brickmann, surpreso. — Então sinto muito, mas o jornal vai sair.

— Como vai sair? Vocês vão descumprir uma ordem policial?

— É uma questão matemática. Vocês são dois, nós estamos em maior número. Ou o senhor pede reforço, ou o jornal vai sair.

O policial ligou para a sede da PF explicando o que se passava. Enquanto esperavam por mais agentes, os policiais se posicionaram na porta de saída dos caminhões, na rua Major Quedinho. Os jornalistas e os engenheiros da produção mandaram a gráfica tirar o jornal por uma canaleta improvisada, que despejava os exemplares em caminhões estacionados na rua Martins Fontes, atrás do prédio.

Como o reforço demorava a chegar, um dos policiais pediu para usar o telefone do balcão de anúncios, que ficava bem na frente de uma janela com vista para a Martins Fontes. Por ali, ele poderia ver os caminhões sendo carregados. Ao perceber essa possibilidade, Guilherme Duncan de Miranda, todo cortês, se antecipou.

— Deixe-me fechar esta cortina para que o sol não o atrapalhe.

O reforço finalmente chegou, comandado pelo delegado Alcides Faro, oficial de gabinete do general Silvio Correia de Andrade, e bloqueou a saída dos caminhões pela Major Quedinho. O carregamento, porém, continuou pela Martins Fontes. Um cidadão que passava pelo local abordou os policiais.

— O que está acontecendo? — perguntou ao chefe da operação. — É contrabando, doutor?

— Não, é jornal apreendido mesmo.

— Apreendido coisa nenhuma. Vocês pensam que eu sou bobo? Então eu não estou vendo sair um monte de jornal do lado de lá, na outra rua?

Os policiais trocaram olhares e um dos agentes comentou com o chefe:

— Doutor Faro, aqui tem algum macete.

Os policiais foram para a rua Martins Fontes, mas já era tarde. Ao todo, 84.900 exemplares do *JT* haviam sido escoados pela canaleta improvisada. Foram distribuídos na capital, no litoral e nas cidades do interior num raio de 100 quilômetros.

Ao descobrir que fora ludibriado, o general Correa de Andrade ficou furioso e saiu pessoalmente recolhendo exemplares nas bancas da cidade. Ivan Ângelo presenciou a cena na rua Maranhão, bairro de Higienópolis, onde morava.

— Este jornal traiu a Revolução de 64 — explicava o general aos jornaleiros enquanto recolhia os exemplares.

★ ★ ★

Naquela mesma tarde, o governador Abreu Sodré, amigo da família Mesquita, marcou um encontro dos donos do jornal com o chefe da Polícia Federal no Palácio dos Bandeirantes. Doutor Julinho não compareceu, mas enviou seu filho, Julio Neto.

O general Correa de Andrade explicou que a apreensão havia sido uma decisão pessoal, por considerar que o editorial inflamava a opinião pública contra o presidente. E pediu que *O Estado* e o *JT* passassem a fazer autocensura das matérias publicadas. Julio Neto, imaginando que isso lhe seria pedido, já trazia a resposta:

— Nós não aceitamos fazer autocensura — avisou ao general. — Se o governo quer censurar nossos jornais, que coloque censores na redação.

Os primeiros censores chegaram ao prédio d'*O Estado* naquela mesma noite, às 22h. Eram funcionários da Divisão de Diversões Públicas da

Secretaria Estadual de Segurança. No *JT*, o censor tomou uma vaia assim que entrou na redação. Ainda sem entender o que estava acontecendo, foi se sentar ao lado de Ivan Ângelo. Revoltados com aquela situação, os jornalistas começaram a se retirar da sala. Quando percebeu o movimento, o censor perguntou a Ivan:

— Isso é comigo?

— Com certeza. Eu trabalho aqui há três anos e isso nunca aconteceu comigo.

\* \* \*

O AI-5 anunciado naquela mesma noite pelo ministro da Justiça, Luís Antônio da Gama e Silva, suspendia várias garantias constitucionais, como o habeas corpus para crimes contra a segurança nacional, o direito de realizar manifestações públicas de ordem política, o direito de votar e ser votado em eleições sindicais e o foro privilegiado em função do cargo — este último, mirando claramente no deputado Márcio Moreira Alves, que havia feito o discurso inflamado contra os militares na tribuna da Câmara dos Deputados no início de setembro. Também acabava com a liberdade de imprensa.

Revoltados com as medidas, os jornalistas do *JT* entraram em greve contra a edição do Ato. Ruy Mesquita, Murilo Felisberto, Ivan Ângelo e mais alguns editores tiveram de fechar a edição com a ajuda de contínuos e telefonistas.

\* \* \*

Foi mesmo por aqueles dias do final de dezembro, bem no meio da greve dos jornalistas, que Murilo Felisberto acertou mais um reforço para a equipe. Nascido em Jequeri, na Zona da Mata mineira, o repórter José Maria Mayrink era já um veterano com 30 anos de idade. Ex-seminarista com sólida formação humanística, Mayrink desistira da missão religiosa aos 23, quando faltavam apenas dois anos para sua ordenação como padre.

Em janeiro de 1962, de terno branco e sapato preto, gravata azul e um livrinho debaixo do braço, foi bater à porta de Guy de Almeida no 12º andar do velho prédio do jornal *O Binômio*, em Belo Horizonte. Ali estavam sendo recrutados jornalistas para o lançamento do *Correio de Minas*, e Mayrink foi pedir emprego. Levava como "carta de referência" o primeiro livro que havia publicado, *Pastor e vítima*, sobre a vida do missionário italiano Giustino de Jacobis.

Almeida folheou o livro, pequenas pausas para ler trechos, e decretou ao final:

— Essa história não tem o menor interesse, mas o estilo é de repórter. Está contratado.

A escola mineira durou até maio de 1963, quando Mayrink decidiu tentar a vida no Rio de Janeiro. Partiu incentivado pelo então correspondente do *Jornal do Brasil* em Belo Horizonte, José Maria Casassanta. Os dois almoçavam uma feijoada num sábado, num restaurante do Mercado Municipal, quando Casassanta, já empolgado pelas batidinhas de limão, prometeu ao colega:

— Vou abrir para você a porta mais difícil do Brasil.

Ali mesmo, no restaurante, ligou para Carlos Lemos, secretário de redação do *JB* no Rio, para avisar que estava mandando a ele um ótimo repórter da nova geração. Mayrink agarrou a chance. Pediu demissão no *Diário de Minas*, para onde havia se mudado dois meses antes, tomou um ônibus para o Rio e já na semana seguinte foi bater à porta de Carlos Lemos, no terceiro andar do prédio da avenida Rio Branco. Lemos ficou surpreso:

— O Casassanta sempre me liga dizendo que vai mandar um foca, principalmente depois de tomar umas batidas — explicou a Mayrink. — Eu aceito porque ninguém jamais apareceu. Você é o primeiro.

Lemos não tinha vaga para Mayrink, mas mandou-o para o *Correio da Manhã*, que estava sendo reformulado por Jânio de Freitas. Quando o projeto malogrou, três meses depois, Mayrink arrumou uma vaga de redator em *O Globo*, onde trabalhava durante a noite. De dia, dava expediente na revista *Aconteceu*, da Rio Gráfica Editora, empresa que pertencia à família Marinho.

A prometida vaga de repórter no *JB* só surgiria em agosto de 1964. E foi lá que Mayrink conheceu Murilo Felisberto, que o incluiu no time de repórteres especiais que formaria para o Departamento de Pesquisa, em 1965.

Murilo se lembraria novamente de Mayrink logo após assumir a redação do *Jornal da Tarde*. Em julho de 1968, ele mandara uma passagem de avião em nome dele, pedindo que viajasse a São Paulo para ouvir um convite. Mayrink viajaria em agosto, mas no meio do caminho fora interceptado por Mino Carta, que formava a equipe da *Veja*. Ouviu as duas propostas, e o salário oferecido pela Editora Abril era maior. Foi o próprio Murilo quem o aconselhou:

— Eles estão pagando melhor. Vai pra lá. Se não der certo, você se muda pra cá depois.

Mayrink foi, a revista foi lançada, começou a patinar nas vendas, e, na contenção de custos, ele acabou emprestado para a redação de *Realidade*. Quando voltou para a *Veja*, em dezembro, sua vaga não existia mais e seu nome havia sido tirado do expediente. Foi então bater à porta de Murilo na manhã de 16 de dezembro de 1968. Encontrou a redação vazia por causa da greve. Murilo o interrompeu assim que começou a contar o que estava acontecendo na Abril.

— Tire umas férias, passe o Natal com a família em Minas e comece aqui no dia 2 de janeiro.

Mayrink era um repórter nato e, nessa função, se consagraria nos anos seguintes como um dos maiores jornalistas brasileiros. Na sua chegada ao *JT*, porém, assumiu o cargo de redator na editoria de Internacional, na época comandada por Marco Antônio Rezende. Era a vaga que Murilo tinha disponível naquele momento e que ele aceitou sem discutir.

Assim como o bom repórter fareja a grande matéria, muitas vezes a notícia também procura os melhores repórteres. E, em menos de um ano, uma dessas grandes notícias viria tirá-lo de trás de uma escrivaninha para uma das coberturas mais pesadas daqueles terríveis anos na política brasileira.

## 22. O assassinato de Marighella

A notícia que tirou José Maria Mayrink da mesa bateu no *JT* no dia 4 de novembro de 1969. Era uma terça-feira, e o acontecimento mais esperado da noite era uma partida entre Corinthians e Santos, válida pela primeira fase do Torneio Roberto Gomes Pedrosa, precursor do Campeonato Brasileiro. O primeiro tempo corria já no estádio do Pacaembu quando o telefone tocou para informar que o líder da Aliança Libertadora Nacional, Carlos Marighella, acabara de ser baleado na alameda Casa Branca, nos Jardins. A redação estava quase vazia, mas o chefe de reportagem da Geral enxergou um redator que havia chegado mais cedo naquela noite na editoria de Internacional.

Enviado para o local, Mayrink foi o primeiro jornalista a chegar ao quarteirão coalhado de policiais. Havia certa disputa entre os tiras sobre quem, afinal, abatera o homem mais procurado pelo aparelho de repressão do Estado. O corpo de Carlos Marighella, já sem vida, estava caído no banco de trás de um Volkswagen, um pé do lado de fora, o sangue escorrendo pela boca.

Um oficial do Centro de Informações da Marinha, Cenimar, chamou o repórter de lado para reivindicar para si a organização do que classificava como uma operação militar. O delegado Sérgio Paranhos Fleury, do Departamento de Ordem Política e Social, o Dops, também havia participado da emboscada, que resultara ainda na morte de duas outras pessoas: uma investigadora do Dops, Estela Borges Morato, e um protético que passava pelo local, Friedrich Adolf Rohmann. Nada disso, porém, tirava o júbilo dos falcões do regime. O orgulho pelo assassinato do opositor era tanto que a notícia foi anunciada nos alto-falantes do estádio do Pacaembu durante o segundo tempo da partida entre Santos e Corinthians.

Enquanto apurava as informações sobre o assassinato, Mayrink começou a viver um drama pessoal. A versão oficial informava que a polícia havia localizado o líder da ALN graças à traição de frades dominicanos, amigos e aliados de Marighella. Os dominicanos estavam de fato envolvidos com organizações de esquerda, e o ex-seminarista Mayrink sabia bem disso. Ele morava no bairro paulistano de Perdizes e frequentava a missa no convento de São Domingos, localizado no mesmo bairro.

Dois dias antes, dois dos frades presos na operação, frei Fernando de Brito e frei Ivo Lebauspin, o haviam procurado pedindo que abrigasse um casal de pernambucanos da Juventude Operária Católica, a JOC. O casal estava em fuga para o Uruguai, mas precisava de um local seguro para uma noite em São Paulo.

Mayrink recusara o pedido por medo de se envolver demais. Mesmo assim, ele sabia que sua ligação com os frades era próxima o bastante para que os agentes do Dops o considerassem suspeito, caso ele fosse citado nos interrogatórios conduzidos nas sessões de tortura.

Ao voltar do trabalho, no início da manhã seguinte, Mayrink encontrou o convento ocupado pela polícia, o bairro patrulhado ostensivamente, e não quis se arriscar mais. Queimou nos fundos da casa todos os livros e papéis que poderiam ser considerados subversivos pelos agentes da repressão, caso viessem buscá-lo.

Foi parar na fogueira uma relíquia que Mayrink guardava com especial apreço: a cópia de uma carta assinada pelo então presidente João Goulart, solicitando em 1963 à Caixa Econômica Federal a aprovação de um financiamento de moradia. Graças àquela carta, Mayrink conseguira comprar sua primeira casa própria, no tempo em que vivia no Rio de Janeiro.

\* \* \*

A guerra suja em que o Brasil estava mergulhado era assunto proibido pela censura, mas os jornais foram autorizados a encher páginas e páginas com a versão oficial sobre a morte de Carlos Marighella. A ditadura se orgulhava de ter assassinado um opositor do regime, embora oficialmente sustentasse a tese de que ele havia resistido e fora abatido numa troca de tiros.

Àquela altura, o controle sobre o que poderia ser publicado já era feito à distância. Os censores que haviam se instalado na redação do *JT* na noite de 13 de dezembro de 1968 retornaram todos os dias até 6 de janeiro de 1969. Depois, haviam se retirado da Major Quedinho porque o Estado não dispunha de quadros para realizar turnos diários que entravam pela madrugada na redação.

Transferido para a Polícia Federal, o controle do que poderia ou não ser publicado passou a ser feito por um censor chamado Liz Monteiro. Subordinado direto do chefe do Estado-Maior da 2ª Região Militar, coronel Ribeiro, ele ligava diariamente fazendo gentis pedidos e recomendações para que fossem evitados determinados assuntos.

Era a oficialização de uma prática que começara em 1964. Desde aquela época, os jornais vinham sendo pressionados com telefonemas, bilhetes anônimos e ameaças de retaliações caso publicassem determinados assuntos. Até 1968, os jornalistas d'*O Estado* e do *JT* tinham por regra ignorar solenemente as pressões. A partir de 1969, quando a censura se tornou oficial, foram obrigados a atender as ordens. Todas as noites, uma radiopatrulha estacionava na porta da Major Quedinho para esperar a impressão do jornal. Se houvesse algum dos assuntos proibidos na edição, a tiragem era apreendida ali mesmo, na boca da rotativa.

Esse sistema de vetos por telefone gerava muitas confusões. Numa delas, o censor Liz Monteiro proibiu o jornal de publicar um discurso em que o papa Paulo VI fazia menção ao desrespeito aos direitos humanos no Brasil. O jornal seguiu a orientação, para ver o discurso estampado na íntegra no dia seguinte nos concorrentes. Questionado sobre o fato, o censor explicou que havia se confundido. A ordem era evitar apenas o trecho em que o pontífice mencionava os direitos humanos no Brasil.

A censura também enviava listas de assuntos proibidos, embora os documentos chegassem sempre sem timbre, data ou assinatura. Dessas listas, constava de tudo: de notícias políticas a peças teatrais, referências a determinadas músicas e mesmo a artistas. O compositor Chico Buarque de Holanda, por exemplo, era vetado. Nada do que ele fizesse deveria receber destaque nas notícias, fosse música, show ou teatro.

Em todos esses anos, a família Mesquita jamais determinou que os jornalistas adotassem autocensura. A ordem de Ruy Mesquita na redação do *JT* era clara:

— Façam as reportagens e escrevam aquilo que vocês apuraram. Os censores que cortem o que não gostarem.

Ao longo dos anos seguintes, Ruy aprofundaria seus antagonismos com a ditadura. Ninguém duvidava de que suas ideias, no espectro político, se situavam à direita. Muito mais próximas, portanto, do ideário defendido pelo regime. Apesar disso, ele não perderia uma única chance de apoiar seus funcionários envolvidos com organizações clandestinas contra o aparelho repressor do Estado.

Pesavam nessa sua postura duas questões fundamentais. A primeira, de ordem institucional, era a liberdade de expressão e de opinião, que Ruy julgava inegociável e que fora cerceada pelo AI-5. A segunda era de ordem pessoal: Ruy culparia para sempre os militares pelas mortes do doutor Julinho e do doutor Chiquinho, os acontecimentos mais trágicos enfrentados pela família Mesquita naquele ano de 1969.

## 23. A terceira geração de Mesquitas

A tentativa de apreensão d'*O Estado* e do *JT*, no dia 13 de dezembro de 1968, marcara o fim da era Julio de Mesquita Filho à frente de *O Estado de S. Paulo*. Como forma de protesto contra as arbitrariedades do regime, doutor Julinho decidira parar de escrever o editorial principal da página 3, sob sua responsabilidade desde que assumira a direção da redação, em 1927. Em seguida, começara a diminuir gradativamente sua presença no prédio da Major Quedinho. Tinha 77 anos e já não aparecia mais por lá havia algum tempo quando uma úlcera no estômago o levou para a mesa de cirurgia do Hospital Osvaldo Cruz. Durante a recuperação, sofreu uma hemorragia e foi operado novamente. Dois dias depois, em 12 de julho de 1969, o organismo debilitado foi derrotado por uma pneumonia contraída durante as semanas de internação.

No velório, realizado na casa de Ruy Mesquita, o segundo filho começou a culpar os militares pela morte do pai. Atribuía ao episódio do editorial "Instituições em frangalhos" a deterioração da saúde do doutor Julinho.

— Papai era um psicossomático. Ele estava bem de saúde até aquela apreensão do jornal. Aquilo e o afastamento dele, em seguida, o deprimiram. Culpo a ditadura pela morte de papai — afirmava, moldando o discurso que repetiria por anos dali para a frente.

A morte do doutor Julinho oficializou a sucessão que todos previam no comando editorial da empresa. Julio de Mesquita Neto herdou a direção de *O Estado de S. Paulo*. Menos de cinco meses depois, no dia 8 de novembro, faleceu também Francisco Mesquita, diretor administrativo, financeiro e comercial. Também estivera bem de saúde, mas se deprimira com a morte do irmão, de quem era muito próximo. Foi substituído no cargo pelo filho José Vieira de Carvalho Mesquita, o Juca, como era chamado pelos primos.

Ruy Mesquita não moveu um músculo para se opor ao processo de sucessão. Aceitou em silêncio o seu destino, o que não significava, em absoluto, que estivesse feliz. A insatisfação pressentida pelo pai não demoraria a aparecer. Em poucos anos, embora jamais tenham brigado abertamente, Ruy e Lili se distanciariam. Em pequenas rodas de amigos, ou para os funcionários mais próximos, Ruy não esconderia que se considerava melhor jornalista que o primogênito da família.

Para provar o que dizia, Ruy não media esforços nem custos na produção do *Jornal da Tarde*. Tinha sob seu comando uma das equipes mais criativas e mais bem remuneradas jamais reunida numa mesma redação no Brasil. O jornal estava cada vez melhor, era verdade, e também cada vez mais caro. Dava prejuízo, mas ninguém reclamava. Como típica empresa familiar, o grupo ainda tinha contabilidade única, e os números negativos do *JT*, diluídos na enxurrada de lucros provocada pelos classificados d'*O Estado*, não gritavam no bolso de ninguém.

Juca, ao assumir o comando administrativo da empresa, continuara a tratar o *JT* com a mesma benevolência que o pai tivera. A empresa era rica, não havia motivos para se indispor com um dos primos do ramo editorial da família. Principalmente um de gênio tão forte.

\* \* \*

Consciente de que o resultado final era positivo, Ruy deixava a redação livre para fazer quase tudo o que queria. Um episódio exemplar do seu estilo de liderança foi uma reportagem delicada sobre comércio levantada por Carlos Brickmann. A reportagem sustentava que a maior loja de departamentos da cidade na época, o Mappin, cobrava os maiores juros de São Paulo.

Brickmann provava a tese com números. Ele percorrera a sede do Mappin, localizada na praça Ramos de Azevedo, levantando os preços estampados nas etiquetas de vários produtos. Consultara o vendedor para saber quanto custaria se pagasse à vista. O vendedor dava um desconto, geralmente de 20%. Em seguida, ele perguntava o preço a prazo e o vendedor calculava os juros. O truque estava na base de cálculo: em lugar de aplicar os juros sobre o preço à vista, como seria o certo, ele os calculava sobre o valor estampado na etiqueta, que já era 20% superior. O resultado final era uma taxa de juros exorbitante. Brickmann pedira tudo por escrito, levara os valores para a redação e encomendara a um cunhado seu, que era engenheiro, o cálculo dos juros que estavam sendo cobrados.

A matéria prometia ótima repercussão ao jornal, mas se tornava especialmente delicada porque o Mappin, na época, era o maior anunciante d'*O Estado*. Ao perceber o terreno minado em que ia pisar, Ruy mandou chamar Brickmann à sua sala.

— Carlinhos, estes números aqui estão todos certos?

— Estão sim, doutor Ruy.

— Como você pode ter certeza disso se você não sabe fazer conta?

— Eu não sei, mas conheço quem sabe — e Brickmann explicou como seu cunhado engenheiro, munido de uma calculadora de manivela Facitt, calculara toda aquela usura.

— Tudo bem, vamos publicar. Mas antes peça ao seu cunhado para conferir essas contas — recomendou Ruy. — Se a matéria tiver um erro, amanhã eu te fodo.

A reportagem foi publicada, e as reclamações começaram a despencar na cabeça de Ruy. O primeiro a bater na sala dele no quinto andar, no dia seguinte, foi um diretor da área comercial que havia passado mais de uma hora ouvindo as reclamações do Mappin. Ruy interrompeu as queixas:

— A matéria tem algum erro?

— A questão não é essa, doutor Ruy. O Mappin é nosso maior cliente...

— Se nós erramos em algum dado, eu publico a correção e demito o repórter. Mas, se estivermos certos, não admito reclamação. Nem do Mappin, nem de ninguém.

A matéria estava certa, mas a associação dos varejistas não se deu por satisfeita. Marcou uma reunião de diretoria para formar uma comitiva com o intuito de pressionar o diretor do *JT* a demitir o repórter. Um dos presentes, que conhecia bem Ruy Mesquita, os dissuadiu da ideia:

— Se vocês não forem capazes de apontar erros na matéria, é melhor nem ir — advertiu. — Ele vai enxotar vocês de lá.

\* \* \*

A possibilidade não era remota. Ruy tinha um temperamento forte e não aceitava tentativas de enquadramento da liberdade do jornal. Nem quando elas partiam de amigos seus, como o então governador de São Paulo. Roberto de Abreu Sodré e Ruy Mesquita eram contemporâneos da Faculdade de Direito do Largo de São Francisco, onde ambos haviam estudado em meados dos anos 1940.

Certo de que sua proximidade com Ruy e a investidura do cargo o abalizavam, o governador certo dia ligou para o diretor do *JT* para reclamar das críticas que recebera em outra reportagem assinada por Carlos Brickmann. Antes de atender Sodré, Ruy mandou chamar o repórter à sua sala.

— Senta aí porque o governador está telefonando para pedir a sua cabeça — disse, assim que ele entrou. — Pode ser que eu precise de explicações suas.

Brickmann sentou-se um pouco tenso. Ruy pegou o telefone, mandou a secretária conectar o governador e iniciou a conversa:

— Olá, Roberto, como vai?... Não muito bem?... Você não gostou da matéria publicada no *JT* de hoje?... Você achou ofensiva?... Então você precisava ver o que eu cortei dela antes que fosse publicada.

A última frase, com a qual Ruy indiretamente atribuía a si próprio a versão final do texto, desarmou o governador. Se o amigo de quem ele esperava solidariedade afirmava ter revisado a matéria antes da publicação, qualquer reclamação seria inútil. Abreu Sodré mudou o rumo da conversa e o diretor sinalizou a Brickmann que ele podia se retirar.

# 24. Liberdade de imprensa

Assumir a autoria de textos ou títulos controversos se tornaria prática comum para os Mesquitas durante os anos pesados da ditadura. Eles chegaram a baixar uma norma para as redações e sucursais: nenhum texto sobre assuntos sensíveis ao regime deveria ser assinado. A medida preservava a identidade do autor e permitia que um dos donos do jornal se apresentasse como responsável pelo material sempre que órgãos de segurança exigissem um nome.

Fernando Portela jamais se esqueceu do dia em que apareceu na sua frente uma reportagem sobre suspeitas de corrupção contra o delegado Sérgio Paranhos Fleury, do Dops. Portela, então já editor da Geral, decidiu ousar e grafou no título: "Fleury acusado de corrupção. E ele se sai bem?"

Era uma provocação, ele bem o sabia. Tanto que fez questão de enviar o título em *letraset* para a gráfica. Quando composto nesse formato, o texto chegava na oficina como se fosse uma ilustração, e isso ajudava a driblar os censores. No dia seguinte, assim que entrou na redação, Portela foi chamado à sala de Murilo.

— Você ficou louco? Quer experimentar o pau de arara?

Dois dias depois, Portela foi intimado a prestar esclarecimentos na Polícia Federal. Apresentou-se sozinho a um delegado arrogante, terno preto brilhante, exemplar do *Jornal da Tarde* na mão, que lhe apontou o título.

— Quem escreveu isso aqui?

— Não sei.

— Como não sabe? O senhor é o editor e estava no jornal nesse dia.

— Sim, mas eu tenho cinco redatores trabalhando comigo, além do subeditor, e eu mesmo escrevo alguma coisa. São quinze páginas por dia, não dá para lembrar de tudo.

O delegado fez uma pausa calculada, um silêncio agressivo enquanto encarava Portela. Finalmente, decretou:

— Vou lhe dar um prazo para descobrir quem escreveu isso. Volte aqui na semana que vem, à mesma hora, e me conte.

Portela voltou para a redação preocupado e foi contar o que acontecera a Murilo.

— Eu não disse que você ia se foder? Se fodeu! — zombou a Rainha, dedinho indicador em riste, apontando para o editor.

— Vou precisar de um advogado da empresa, Murilo...

— Antes, vá contar essa cagada para o doutor Ruy. Mas vá sozinho.

Portela bateu à porta e entrou na sala. Ruy Mesquita levantou os olhos do texto que tinha à sua frente.

— O que aconteceu?

O editor explicou ao dono do jornal toda a história. Sem emitir qualquer juízo, Ruy Mesquita ditou as instruções:

— Faça o seguinte: vá até lá e diga que fui eu que escrevi o título.

— O senhor?

— Sim. Diga que nessa noite eu estava com insônia, aí peguei o carro e fui dar uma volta na redação. Você estava com muito trabalho, eu perguntei se podia ajudar, e você me disse: "Tem esse título do Fleury." Eu sentei e escrevi.

— Mas o homem vai ficar puto, doutor Ruy.

— Vai ficar, sim. Mas se ele o prender, vai ter de me prender também. Estamos conversados?

Estavam. No dia marcado, Fernando Portela se apresentou à Polícia Federal. O delegado, com certo sadismo no olhar, perguntou:

— E então? Quem escreveu o título?

— Foi o doutor Ruy Mesquita — respondeu Portela, e repetiu toda a história.

Ao final do relato, o delegado não fez questão de esconder a sua raiva.

— O senhor saia da minha frente! E saia já!

\* \* \*

Mesmo nas vezes em que não conseguiu livrar seus repórteres da prisão, Ruy os apoiou da melhor maneira possível. O repórter Antônio Carlos Fon, da equipe de polícia, foi preso pelo Dops no final de 1969 por causa de apurações que vinha fazendo sobre o esquadrão da morte, do qual participava o delegado Fleury. O fato de o irmão de Fon pertencer a um grupo político clandestino complicou a situação do repórter. Ele passou dois meses sendo torturado nos porões da ditadura.

Quando foi solto, Fon achou que seria demitido. Era prática comum em outras redações. Surpreendeu-se, porém, ao ser informado de que sua vaga estava mantida. De volta à redação, ele foi à sala de Ruy Mesquita para se explicar.

— Não precisa me dizer nada — cortou o diretor. — A polícia não provou nada contra você, a mim você não deve explicações.

Os salários dos dois meses que Fon passara preso no Dops estavam depositados na conta.

\* \* \*

A defesa da liberdade de imprensa não se restringia à proteção dos repórteres. Ficaram marcados na memória de vários jornalistas episódios em que Ruy explodiria com censores ou militares que tentavam impor algum ponto de vista. O episódio mais famoso, sem dúvida, ocorreria em 19 de setembro de 1972. Naquele dia, indignado com mais uma lista de assuntos proibidos, Ruy enviara um telegrama ao então ministro da Justiça do governo Médici, Alfredo Buzaid, desancando o governo.

O texto ganhou repercussão internacional e lhe rendeu uma visita de outro ministro, Delfim Netto, acompanhado de dois oficiais de Justiça. Delfim queria saber se Ruy havia escrito, de fato, o trecho que mais irritara o governo:

Sr. ministro, ao tomar conhecimento dessas ordens emanadas de V. Sa., o meu sentimento foi de profunda humilhação e vergonha. Senti vergonha, sr. Ministro, pelo Brasil, degradado à condição de republiqueta de banana ou de uma Uganda qualquer por um governo que acaba de perder a compostura.

Ruy confirmou a Delfim que escrevera o texto e chegou a pensar que seria preso, mas nada aconteceu.

* * *

O telegrama ao ministro Buzaid foi enviado no auge da irritação. Fazia menos de um mês que os agentes da censura haviam voltado a trabalhar dentro do prédio do jornal, na noite de 24 de agosto de 1972. A sucessão de Emílio Médici estava na pauta e correu um boato de que *O Estado* e o *JT* publicariam um manifesto militar com o lançamento da candidatura do general Ernesto Geisel. O boato era falso, mas os censores não quiseram arriscar. Foram monitorar a impressão pessoalmente e passariam os próximos dois anos e meio lá. Só deixariam as dependências d'*O Estado* em janeiro de 1975, quando a censura finalmente seria suspensa por Geisel.

Assim que chegou à redação do *JT*, o censor daquela noite avisou, arrogante:

— Quero ler tudo o que vai ser publicado. Não me escondam nada!

Um erro fatal, cometido por alguém que claramente não sabia com que tipo de gente lidava. Imediatamente, sem que combinassem entre si, os editores tiraram das gavetas todas as matérias frias que esperavam uma chance de serem publicadas.

Laudas e mais laudas de textos caudalosos foram sendo empilhadas sobre a mesa do censor. Ele passou a noite e a manhã lendo como louco para dar conta de tanta coisa. Na tarde seguinte, quando pegou o exemplar impresso, nada daquilo estava no jornal. Daquele dia em diante, os censores decidiram trabalhar na oficina, aonde só chegavam os textos a caminho da fotocomposição e que, portanto, estavam de fato sendo preparados para publicação.

Às vezes, os repórteres encontravam um dos censores no Mutamba, o restaurante que, depois de algum tempo, substituiu o Picardia no gosto da rapaziada do *JT*. Provas do jornal sobre a mesa, um copo de cerveja, jantava sempre sozinho um filé à cubana enquanto lia e canetava, com lápis vermelho, as matérias que pretendia ceifar das páginas.

Havia de tudo entre os tiras designados para o trabalho de censura. Um deles, quando chegava, colocava o revólver sobre a mesa que ficava ao lado da do secretário gráfico.* Outro bebia demais e censurava de menos, porque adormecia nos sofás da sala de espera da diretoria. Havia um que era espião infiltrado na Escola Paulista de Medicina, hoje Universidade Federal de São Paulo. E um novato, certa vez, provocou gargalhadas na turma da oficina ao chegar perguntando:

— Onde estão as entrelinhas, por favor?

— Entrelinhas?! — espantou-se o secretário gráfico d'*O Estado* na época, João Luiz de Andrade Guimarães.

— Sim, eu quero ver as entrelinhas. Meu chefe foi muito específico: "Leia as entrelinhas do jornal."

\* \* \*

Os cortes sugeridos nem sempre eliminavam reportagens completas das páginas. Muitas vezes, os censores mandavam tirar apenas uma foto, ou trechos de parágrafos. Em alguns casos, queriam cortar apenas uma frase ou um nome. Ruy Mesquita, porém, dera ordem para que os textos não fossem mutilados. Se o censor mandasse tirar uma linha, tirava-se a

---

\* Profissional responsável por comandar e revisar a montagem das páginas na oficina antes da impressão.

matéria inteira. Isso gerava um problema prático: com o jornal fechado e a redação vazia, o que colocar no lugar?

Ruy não queria colocar nada. Preferia deixar o espaço em branco, mas os censores não aceitaram aquela tentativa explícita de denunciar a censura. A ordem era preencher os espaços com outros textos e fotos. No início, a oficina lançou mão de anúncios de outros produtos da casa, conhecidos no jargão das redações como calhaus. Aquilo não agradava a Ruy, que acreditava que os leitores não perceberiam o que estava acontecendo. Ele estava certo.

Um calhau da Rádio Eldorado anunciando um programa sobre samba, publicado no lugar de uma foto ceifada da primeira página d'*O Estado*, foi elogiado em dezenas de cartas enviadas por leitores. Eles comemoravam o que acreditavam ser uma iniciativa para promover a música popular brasileira.

*O Estado* chegou a inventar uma campanha fictícia em defesa das flores da primavera na cidade, achando que aquilo despertaria a desconfiança do público. Os leitores, porém, adoraram a ideia e passaram a enviar cartas apoiando a campanha.

Nove meses depois da volta dos censores, Ruy teria uma das ideias mais originais da história da imprensa brasileira. Uma iniciativa que, além de ser a cara do diário que dirigia, se transformaria num marco da luta pela liberdade de expressão: o *Jornal da Tarde* combateria a censura com receitas culinárias.

# 25. Receitas culinárias

O fechamento já caminhava para o final na manhã do dia 15 de março de 1973 quando o secretário gráfico ligou da oficina. O censor de plantão estava estripando a página 4 do *Jornal da Tarde*. Ele havia acabado de riscar com seu lápis vermelho toda a terceira coluna. Retalhar partes de matérias era comum, muito mais frequente do que cortar textos ou páginas inteiras.

Até aquela data, Ruy Mesquita não havia achado uma solução que lhe agradasse para situações como aquela. A redação fizera sugestões, *O Estado* vinha testando algumas fórmulas, mas nada que realmente fosse a cara do *JT*. Por isso, quando havia tempo para o início da impressão, a redação tinha por norma esperar a chegada de Ruy ao prédio, às 9h, para decidir o que colocar no lugar. Naquele dia, o diretor chegou com uma nova ideia e convocou Murilo Felisberto para saber o que ele pensava a respeito.

— Pensei em publicar receitas culinárias no lugar das matérias cortadas.

Murilo ficou em silêncio por alguns instantes.

— É uma ideia genial, doutor Ruy — respondeu com um sorriso nos lábios. — Se o censor for estúpido o suficiente para deixar isso passar, vamos fazer história.

Ruy havia considerado a hipótese de os censores rejeitarem a publicação de receitas, mas achou que tinha boas chances. Chegou a imaginar um diálogo em que ele pediria ao censor que explicasse o que havia de subversivo num prato de frango a passarinho ou de polenta de milho.

Murilo voltou para sua mesa na redação e pediu ajuda a Flávio Márcio.

— Flavinho, arruma rápido um livro de receitas culinárias e escolhe um prato.

— Vai para o fogão a essa hora, Murilo?

— Não, vamos cozinhar a censura.

Flávio Márcio apareceu com um livro da Nestlé, Murilo escolheu aleatoriamente uma das receitas e mandou alguém bater numa lauda para encaminhar para a diagramação. O texto não cabia, então ele mandou cortar pelo pé. Alguém ponderou que o prato não daria certo se a receita fosse mutilada.

— Se não der certo, melhor ainda — respondeu Murilo.

Ruy não teve de convencer os censores de que culinária não era subversão. Nenhum deles se opôs à publicação da primeira receita, na edição daquele dia. Nem da segunda, impressa na página 10 da edição de 31 de março seguinte. A primeira receita, como era de se esperar, causou estranhamento aos leitores. Alguns chegaram a telefonar para a redação para reclamar que o prato não dava certo.

Foram informados de que se tratava de texto aleatório, usado para completar o espaço deixado por um artigo censurado pela ditadura. O mesmo aconteceu com a segunda, e, a partir daí, nos dias de publicação de receitas, os telefones da redação não paravam de tocar. Eram leitores querendo saber qual matéria havia sido censurada.

\* \* \*

Nem sempre os jornalistas precisavam cortar as receitas pelo pé. Em algumas ocasiões, o espaço aberto pela censura era tão grande que o problema se invertia: não havia banquete, por maior que fosse, que preenchesse tantos centímetros. Um caso assim aconteceu na edição de 3 de janeiro de 1974, quando o censor mandou cortar uma página inteira. Nesse dia, a redação copiou uma lista de cinco quitutes que se repetiam pelo espaço, escancarando o absurdo daquela situação. O texto começava por uma sugestão de "Docinho de abóbora e coco", e o editor ainda se divertiu escrevendo o título "Salgados" no alto da página.

Como os censores não reagiam contra as receitas, os jornalistas começaram a se empolgar. Carlos Brickmann, que não desperdiçava uma chance de aprontar uma boa molecagem e desde o primeiro dia enxergara enorme potencial nas receitas, procurou Ruy depois de algum tempo para propor uma ousadia.

— Nós podemos editar os títulos dos pratos, Ruy. Podemos inventar nomes que cutuquem os nossos algozes.

Ruy gostou da ideia e autorizou a brincadeira. Nasceu assim a série de receitas inventadas, com títulos que faziam referências a políticos e autoridades da época. Uma das mais famosas era motivo de orgulho para o próprio Ruy, que se gabava de ter criado o título "Lauto Pastel", em referência ao então governador Laudo Natel, outro inimigo da família Mesquita.

Os ministros também ganhavam homenagens em pratos como "Aves à Passarinho", "Steak à Delfim" e "Filé à Gaminha", por exemplo. O ministro da Justiça, Alfredo Buzaid, considerado o chefe e mentor intelectual da censura, mereceu uma página inteira intitulada "Receitas do Alfredo's".

Os censores deixavam passar os textos culinários, mas não aliviavam nos cortes. Entre os assuntos proibidos em 1973 constaram a importação de uma duvidosa carne congelada do Uruguai, o envenenamento de crianças numa escola do interior, notícias sobre o surto de meningite que começava a crescer em São Paulo e qualquer reportagem sobre a atuação do Esquadrão da Morte que citasse o nome do delegado Sérgio Paranhos Fleury.

O fato político mais importante varrido das páginas do jornal foi a renúncia do então ministro da Agricultura, Cirne Lima. O jornal só pôde noticiar a substituição por José de Moura Cavalcanti, sem explicar aos leitores que Cirne Lima deixava o governo por discordar do então todo-poderoso ministro da Fazenda, Delfim Netto. No total, o *JT* foi proibido de publicar duzentas reportagens completas naquele ano. O número de cortes de parágrafos, trechos, frases e nomes foi muito maior, mas se perdeu na memória.

\* \* \*

A redação não se vingava apenas nos títulos das receitas. Em pelo menos uma ocasião, os jornalistas planejaram uma sabotagem concreta contra um dos censores que todos os dias mandava o porteiro reservar a vaga bem na frente da entrada do jornal para que ele estacionasse seu Simca vermelho-tufão. O plano era simples, quase infantil. Consistia em murchar os pneus do carro para que o censor, ao sair do fechamento depois de retalhar o jornal, tivesse de voltar a pé para casa. No meio da noite, o esquadrão designado para o ataque desceu à rua e executou a ação. Foram para o bar exultantes após deixar o Simca com os quatro pneus vazios. Nem desconfiavam que a missão havia sido um completo fracasso.

# 26. Os trotes da rapaziada

Carlos Brickmann nunca compartilhou das utopias comunistas da maioria de seus colegas de redação. O que não significava que concordasse com a ditadura militar ou com a praga da censura que os afetava. A seu modo, sem saber que os colegas planejavam uma ação contra o censor, também ele havia decidido cometer uma pequena desforra naquele dia. Como chegara um pouco mais cedo, Brickmann decidira ocupar a vaga reservada na porta da Major Quedinho.

Satisfeito com a pequena sacanagem contra o censor, Brickmann nem se lembrou de comentar a proeza com os colegas do quinto andar. Seu carro também era um Simca, e também era vermelho-tufão. Na ação noturna, os sabotadores esvaziaram, por engano, os pneus do carro de Brickmann. Foi ele, no final da madrugada, quem teve de recorrer a um táxi para voltar para casa.

O fracasso da ação decepcionou os sabotadores, mas no final todos se divertiram. Por justiça divina, o atingido era um dos maiores pregadores de peças daquela redação, que era um covil de gozadores de marca maior. Se houvesse um concurso para determinar quem era o pior, a disputa seria bem acirrada. Brickmann, porém, estaria com certeza entre os quatro finalistas, fazendo companhia a Sandro Vaia, Fernando Portela e Percival de Souza.

148 FERDINANDO CASAGRANDE

\* \* \*

A tradição começara ainda nos tempos de Mino Carta. Ficou famosa uma peça pregada em Judith Patarra, em 1967. O mundo vivia a tensão de mais um conflito entre israelenses e árabes no Oriente Médio, que ficaria conhecido como a Guerra dos Seis Dias. Judith chegava cedo todas as manhãs para editar os telex das agências internacionais com notícias dos combates entre soldados de Israel, de um lado, e do Egito, da Jordânia e da Síria, de outro.

Ali pelo terceiro dia de conflito, ao perceber que a jovem redatora judia estava emocionalmente envolvida com o conflito, alguns de seus colegas tiveram a ideia de fabricar notícias. O primeiro sentou-se numa máquina de telex e despachou para a Internacional do *JT* um boletim "assinado" pela agência Reuters com a informação de que tropas árabes haviam descoberto campos de concentração numa área dominada por Israel. O segundo telex ampliou a história, informando que os campos não apenas confinavam, mas também exterminavam militares e civis palestinos, repetindo com os árabes as atrocidades que os judeus haviam sofrido durante a Segunda Guerra Mundial.

A cada telex enviado, os autores da piada ficavam observando as reações da colega. Judith estava estarrecida e foi logo avisar a primeira página. Como não podiam correr o risco de que aquilo afetasse o fechamento, Fernando Portela foi até a mesa de Mino Carta logo em seguida para comunicar o que estava acontecendo. Mino entrou na brincadeira.

Chamou Judith e avisou que estava mudando a primeira página para dar o assunto na manchete. Depois, foi para o telex a fim de escrever um telegrama com detalhes minuciosos da crueldade com que eram humilhados e assassinados os palestinos enviados para os tais campos.

A redação simulou um clima de tristeza, Judith ficava mais abatida a cada novo telex e a brincadeira só parou quando a redatora começou a chorar sobre a máquina de escrever. Ninguém sabia o que fazer, e coube a Mino Carta chamá-la à sua mesa para explicar que ela havia sido vítima de um trote dos colegas.

* * *

Todos concordaram que haviam ido longe demais com Judith, mas gostaram tanto do resultado que o artifício do telex falso entrou para o rol de ferramentas dos arquitetos dos trotes. A jornalista Yole di Capri, que cumpriu a função de separar telegramas das agências durante algum tempo, no final dos anos 1960, caiu duas vezes no golpe. A primeira quase causou um incidente político.

Alguém teve a ideia de inventar uma nota sobre uma pretensa queima de livros em Curitiba, perpetrada pelo Comando de Caça aos Comunistas, pela Sociedade Brasileira de Defesa da Tradição, Família e Propriedade (TFP) e pela Liga das Senhoras Católicas. Yole havia morado em Curitiba e escrevera um livro intitulado *E o analista disse não*, que obviamente foi incluído na pretensa lista de obras consideradas pornográficas e queimadas em praça pública.

Para dar mais veracidade à história, o autor do trote ainda teve o cuidado de grafar incorretamente o título como *E o anarquista disse não*, e o nome da autora como Yole Castro.

Naquele dia, por coincidência, o governador do Paraná na época, Paulo Pimentel, fazia uma visita ao jornal. Yole, indignada, não se conteve.

— Ô Paulo, mas aquilo lá é uma terra de índios mesmo, hein? Veja o que estão fazendo com o meu livro!

Surpreso, o governador pediu desculpas e prometeu providências. E a redação, chocada com a saia justa, teve de eleger uma comissão para explicar a Paulo Pimentel que tudo não passara de uma brincadeira.

Yole ainda cairia mais uma vez no mesmo trote do telex falso. O segundo que ela recebeu noticiava a invasão da Bolívia por estranhas bolotas voadoras. Yole ficou agitada e foi correndo avisar o chefe de reportagem da Geral, que já sabia da armação e fingiu acreditar em tudo.

150    FERDINANDO CASAGRANDE

Imediatamente, passou a pautar uma cobertura especial. Repórteres e redatores eram incumbidos de entrevistar autoridades que pudessem falar sobre o assunto na Força Aérea Brasileira e no Instituto Nacional de Pesquisas Espaciais. Todos sabiam que o telex era falso, mas aceitavam as pautas, fingiam telefonemas para as fontes e simulavam entrevistas sobre o assunto.

Cada redator ou repórter, ao terminar a matéria do dia, era chamado pelo chefe de reportagem e "pautado", como se estivesse sendo enviado para cobrir o assunto. Alguns foram despachados para São José dos Campos, onde ficava o Inpe, outros chegaram a ser pautados para embarcar para a Bolívia. Na verdade, estavam indo para casa. Ouviam as pautas e aceitavam as tarefas porque participavam daquele teatro armado para enganar Yole.

A redação foi ficando vazia, os telex sobre as bolotas voadoras pararam de chegar e, lá pelo meio da madrugada, Yole se viu sozinha no quinto andar do prédio da Major Quedinho. Não desconfiou do que estava acontecendo, nem mesmo quando folheou a edição do dia seguinte. Não havia uma linha sobre o assunto nas páginas do jornal, e Yole foi reclamar com os chefes:

— Que vergonha! Vocês fizeram autocensura e esconderam a invasão da Bolívia pelos extraterrestres.

* * *

Yole di Capri era vítima frequente dos colegas porque era a mais ingênua das almas daquela redação. E, para aquela turma, quase tudo podia ser perdoado num jornalista, menos a ingenuidade. Os autores diziam que, além de divertidos, os golpes cumpriam um papel educativo na formação dos novos repórteres.

Se na época já existisse o termo, o que os veteranos de 20 e poucos anos faziam com os focas no *Jornal da Tarde* poderia ser facilmente classificado de bullying. E mobilizar uma redação inteira contra um único integrante do grupo se tornou tão banal que eles resolveram aperfeiçoar os golpes.

Fernando Portela, que respondia pelo sugestivo apelido de Satanás, e Sandro Vaia — quando já eram, respectivamente, chefe de reportagem e subeditor da Geral — passaram a usar notícias verdadeiras em trotes contra os focas.

Um desses novatos, que tinha o hábito de chamar todo mundo de bicho e cujo nome providencialmente se perdeu na memória de todos os envolvidos, foi pautado certa vez por Portela para fazer uma reportagem em São José dos Campos. A notícia era sobre uma menina que havia sido encontrada vagando pelas ruas da cidade acompanhada por um coiote.

— Olha que história! — explicava Portela ao foca. — A menina sozinha, abandonada, acompanhada por um coiote! Nós estamos mandando você porque acreditamos no seu potencial. O nosso correspondente lá, o Stipp Júnior, mandou uma notinha fraquinha. Vai lá e conta essa história direito. Ah, mas cuidado com esse Stipp, viu. O cara é um velho nazista, surdo de tudo. A gente desconfia até que ele seja colaborador do Dops, então fica com um pé atrás, ouviu?

O foca foi enviado ao setor de transportes, onde o funcionário que administrava o dinheiro de viagens já estava avisado. Ele deu ao repórter uma quantia baixíssima, que mal dava para pagar a passagem de ônibus até São José e uma hospedagem numa pensão barata. O dinheiro havia sido arrecadado em vaquinha pelos colegas da Geral apenas para o trote.

Assim que o foca partiu, Sandro Vaia ligou para Stipp Júnior.

— Stipp, vai chegar aí um foca metido que resolveu refazer sua matéria sobre a menina e o coiote — avisou. — Não tinha nenhum problema com a sua matéria, mas o cara é metido, filho de amigos dos patrões, sabe como é? Não conseguimos evitar que ele fosse. Recebe ele aí e fica de olho nele, por favor.

O foca se apresentou aos berros no escritório do correspondente:

— VOCÊ É O STIPP JÚNIOR?

— Está gritando por que, rapaz? Pensa que eu sou surdo?

O repórter já perdeu ali qualquer ajuda que pudesse receber do correspondente local. Mas não se abalou. Trabalhou direito, descobriu onde ficava a delegacia que registrara o caso, foi falar com o delegado, entrevistou todo mundo que podia e, por volta, de 21h, telefonou para Portela.

— Olha só, bicho, a menina não é abandonada, ela só estava perdida — explicou o foca. — Tem família e já encontraram os pais dela.

Portela não se deu por vencido.

— E o coiote?

— Então, bicho, parece que não é coiote. É só um cachorro mesmo.

— Parece que não é ou não é?

— Então, coiote e cachorro são muito parecidos. Mas o delegado disse que é um cachorro.

— Você não sabe a diferença entre um coiote um cachorro?

— Não sei não, bicho.

— Os dois são muito parecidos, mas o coiote tem o saco branco.

— Como é?

— Isso mesmo: as bolas do coiote são brancas. E então? É um coiote ou um cachorro?

— Eu não reparei nesse detalhe...

— Detalhe? Isso é a coisa mais importante nesse momento para sabermos se você tem ou não uma matéria. Volte lá, verifique se o animal é um coiote ou um cachorro e só me ligue quando tiver a informação precisa.

— Mas o cachorro está na delegacia, que já fechou...

— Você já está assumindo que é um cachorro? — Portela exagerava no tom de bronca. — Como você vai se virar é problema seu. Eu quero a informação precisa.

Portela desligou o telefone e o foca foi tirar o delegado de casa para abrir a delegacia. Duas horas mais tarde, ele ligou de novo para a redação Dessa vez, tinha a informação precisa.

— É cachorro mesmo, bicho.

— Então não precisa escrever nada. Amanhã você se apresenta no horário normal aqui na redação.

No dia seguinte, assim que pisou no quinto andar, o foca foi ovacionado por todos os colegas. Alguns uivavam, em referência ao coiote. No jornal mural, que era pendurado numa das colunas da redação, uma matéria de página inteira, diagramada e com fotos, contava a saga do foca que fizera um delegado abrir as pernas de um cachorro para se certificar de que ele não era um coiote. Claro que a página jamais foi publicada. Fora produzida apenas para fechar o trote aplicado ao repórter, que não gostou nada da brincadeira. O que talvez explique por que, afinal, todos acabaram esquecendo o nome dele.

\* \* \*

A irreverência dos jovens do *Jornal da Tarde* não poupava nem o alto escalão da empresa. Um dos diretores da área administrativa, Cesar Costa, descobriu isso da pior maneira possível.

A sala dele ficava dentro da redação do *JT*, e, quando chegava para trabalhar todas as manhãs, Cesar se incomodava com o excesso de bolinhas de papel, laudas rasgadas e telex descartados que encontrava espalhados pelo chão e pelas mesas. Um dia, resolveu combater aquela falta de modos com uma placa educativa, pregada na parede da redação, que determinava: "É proibido jogar papel no chão."

Na manhã seguinte, quando chegou ao trabalho, Cesar Costa não encontrou uma única bolinha de papel no chão. Estavam todas coladas com fita adesiva nas paredes e no teto da redação. O diretor desistiu de tentar disciplinar aqueles "vândalos", como dali por diante passaria a chamar seus colegas de andar.

\* \* \*

Quando os trotes eram organizados pela equipe policial, o chefe da quadrilha era um rapaz acima de qualquer suspeita, oficial da Igreja Metodista. Percival de Souza organizava golpes que contavam não só com a participação de jornalistas, mas também de delegados e investigadores — como descobriu na própria pele o jornalista Randau Marques, em 1968.

Randau havia acabado de chegar à redação, foca e cheio de vontade de mostrar serviço, quando foi pautado para fazer uma reportagem sobre um tenente do Exército que matara a esposa. A pauta trazia o nome do delegado que estava cuidando do caso e foi a ele que Randau se apresentou na Delegacia de Homicídios.

— Estou aqui para ver o caso de um tenente do Exército que matou a mulher — explicou Randau.

O delegado, avisado por Percival de que receberia um foca, fingiu espanto.

— O senhor pode repetir, por favor?

O foca obedeceu e o delegado, em tom ameaçador, respondeu.

— Meu amigo, só há dois grupos que conhecem essa história: o Exército e os terroristas. Do Exército o senhor não é, então...

— Eu sou do *Jornal da Tarde*! — respondeu Randau.

— Sua credencial, por favor — exigiu o policial.

Randau havia acabado de começar, não era contratado ainda e não tinha credencial.

— Então o senhor está preso.

Dada a voz de prisão, Randau foi levado para o xadrez, apesar dos berros de que era jornalista, repórter, não terrorista. E passou um bom par de horas numa cela cheia de malandros e batedores de carteira.

Ao contrário de Yole di Capri, Randau perdeu a ingenuidade depois daquele episódio. E entrou para a quadrilha de Percival, se transformando num dos terrores dos focas do *JT*.

\* \* \*

Com um currículo daqueles, era de se esperar que o casamento de Percival de Souza se transformasse no evento mais esperado de 1972. As brincadeiras começaram já no templo metodista da rua Rangel Pestana, com Percival provando um pouco do próprio veneno. Policiais acionados por outros repórteres da área aceitaram participar do trote e prenderam o noivo ao final da celebração no templo.

Algemado, Percival foi colocado dentro de uma viatura da Polícia Civil que seguiu escoltada por dezenas de radiopatrulhas com sirenes abertas. Os policiais fingiam prender o noivo, mas, na verdade, apenas o levavam para o local da festa. Ali, Percival logo desconfiou quando Carlos Brickmann chegou com dois copos na mão e ofereceu um a ele:

— Um brinde aos noivos, Perci!

— Eu brindo, Carlinhos. Mas só se eu tomar do seu copo.

— Melhor não, Perci. O meu está batizado.

— Ah, sei. E no que você encheu pra mim, claro, não tem nada de errado?

— Claro que não.

— Você acha que eu vou acreditar nisso? Só brindo se eu beber do seu copo.

Por medida de segurança, Percival adotou esse cuidado com todos os colegas da redação que lhe ofereciam drinques. E dessa maneira foi devidamente dopado com bolinhas de anfetamina. Os colegas as colocavam nos próprios copos, já sabendo que ele pediria a troca. Segundo a lenda, o noivo teria passado os três dias seguintes sem pegar no sono.

Ao final da festa, Percival e a esposa seguiram direto para o litoral, onde passariam a lua de mel. A Polícia Rodoviária os parou no caminho porque havia recebido uma denúncia anônima com modelo e placa do carro em que eles estavam. A denúncia dizia que os recém-casados estariam transportando maconha no veículo, mas alertava os patrulheiros para serem muito corteses na abordagem, pois se tratava de gente importante, e não havia certeza absoluta da posse do entorpecente.

Os policiais que os pararam foram extremamente gentis, mas os seguraram por mais de uma hora no acostamento enquanto reviravam o carro.

Por alguma razão, a autoria intelectual e o planejamento dos trotes aplicados em Percival foram atribuídos a Carlos Brickmann, que passaria a vida negando o crime. Ele admitia apenas ter dopado o amigo, mas, ainda assim, involuntariamente.

— Eu avisei que o meu copo estava batizado, mas ele não acreditou — divertia-se. — Que culpa eu tenho nessa história?

Brickmann se preocupava em negar os trotes porque ele mesmo estava com casamento marcado para o final daquele ano. Seria a ocasião ideal para uma vingança à altura. E a gangue de Percival não desperdiçou a chance.

No dia do casamento de Brickmann, as escadas da tradicional sinagoga judaica Beth-El, na rua Martinho Prado, no centro de São Paulo, amanheceram repletas de urubus que a equipe de repórteres policiais havia capturado nas redondezas da marginal do rio Tietê e levado para o local. Perto da hora da celebração, viaturas de polícia foram enviadas para a porta do templo, mas os policiais não chegaram a prender Brickmann. A grande peça da noite estava planejada para acontecer durante a celebração religiosa.

Enquanto Brickmann e a noiva ouviam as palavras do rabino sob o dossel em que se realizam os casamentos judaicos, um menino invadiu a sinagoga gritando:

— Papai, não faz isso! Não abandona a minha mãe! — e disparou pelo corredor central em direção ao noivo, que não teve alternativa a não ser abraçá-lo quando ele pulou para o seu colo.

Desfeita a cena, que havia sido armada pessoalmente por Percival, o casamento seguiu em paz. E, ao final da união, os convidados deixaram a sinagoga estourando traques que haviam sido espalhados pelas escadas, com todo o cuidado para não pisar em nenhum urubu que porventura tivesse sobrado por ali.

Os jornalistas da redação se divertiram com as molecagens durante os dois casamentos, mas as namoradas e noivas não gostaram nem um pouco daquilo. Pelo menos um deles, o repórter Vital Battaglia, teve de concordar com uma condição imposta pela noiva para que ela aceitasse o seu pedido de casamento: ninguém da redação poderia ficar sabendo das bodas.

Battaglia aceitou a condição, a noiva aceitou o pedido e os dois se casaram em segredo.

* * *

Mais ou menos por essa época, o repórter José Maria Mayrink resolveu levar a sogra para conhecer a redação. Casada com um ferroviário que pegava duro no batente, das 7 da manhã às 7 da noite, dona Aurora implicava com o emprego do genro, que às vezes passava dias em casa, de bermuda, só escrevendo laudas e mais laudas. Depois de passear algumas horas pelo quinto andar da Major Quedinho, ela chegou em casa explicando ao marido o que vira.

— Engraçado esse emprego do Zé Maria — começou. — Tem um monte de gente lá. Uns conversando, outros falando ao telefone, outros lendo jornal... Agarrado no serviço mesmo, não vi quase ninguém.

A frase de dona Aurora ganhou fama e virou piada interna na redação.

* * *

Os rostos novos não paravam de chegar naqueles primeiros anos da década de 1970. De Minas, de onde viriam focas como Humberto Werneck, Nirlando Beirão, Tales Alvarenga e Sérgio Vaz, por exemplo. Ou mesmo de São Paulo, com reforços como Paulo Moreira Leite, Elói Gertel e Júlio Moreno. Todos jornalistas que ocupariam cargos de direção nos maiores veículos brasileiros nas décadas seguintes. Dois deles se destacariam permanecendo na redação do próprio *JT*.

O mineiro Sérgio Vaz chegou em 1970 como foca da Geral, sem nenhuma experiência prévia em jornalismo. O bom texto, porém, o qualificaria para o fechamento já em 1971 e, no ano seguinte, ele se tornaria copidesque da editoria de Resumo, que por um tempo abrigava no *JT* as histórias que não encontravam lugar nas demais editorias. Voltaria para a Geral em 1975, para trabalhar sob o comando de Sandro Vaia, Anélio Barreto e Ari Schneider.

O paulista Júlio Moreno iniciara a carreira na *Folha de S.Paulo* em 1971, logo após ser aprovado no vestibular de jornalismo da Universidade de São Paulo. Começou a despontar como repórter de urbanismo, com pautas que enfocavam todos os problemas enfrentados pela metrópole em crescimento desordenado — a crise habitacional, a expansão da periferia, o crescimento das favelas, as obras do metrô e de grandes avenidas, como a Radial Leste. Chamou a atenção de Miguel Jorge, então pauteiro da Geral do *JT*, com uma matéria em que comparava os conjuntos habitacionais de Carapicuíba a caixinhas de fósforo: eram retangulares, frágeis e com alto teor de combustão. Foi convidado a trocar de redação em agosto de 1972, por um salário quatro vezes maior. Aceitou e, logo no mês seguinte, deu um furo ao antecipar, no *JT*, o primeiro Plano Diretor da capital paulista. Nos anos seguintes, se transformaria num dos melhores repórteres de urbanismo do país.

Essa confluência de talentos acontecia porque o *Jornal da Tarde* se transformara em sonho profissional de todo aspirante a jornalista. Apesar da implicância da sogra de Mayrink e das brincadeiras e trotes, a rapaziada trabalhava duro para consolidar o vespertino como um dos melhores veículos do jornalismo brasileiro. Mino Carta já disse muitas vezes que a sua criatura havia atingido a melhor forma exatamente naquele período, depois de sua saída da equipe.

Em setembro de 1971, a revista *Bondinho* faria uma reportagem de capa sobre o sucesso do *JT*. No lide, Woyle Guimarães, autor da matéria, registraria: "É uma bagunça, uma desordem, um barulho, uma confusão danada: estão fazendo um jornal. O mais bem-feito da cidade." O elogio não era mera troca de afagos entre coleguinhas. A *Bondinho*, na época, era editada por Sérgio de Souza e Narciso Kalili, dois dos criadores da revista *Realidade*, uma das melhores da história do jornalismo brasileiro.

Os prêmios comprovavam a tese da *Bondinho*. Depois do Esso de Reportagem em 1966 pela manchete sobre o casamento de Pelé, o *JT* seguiria sendo reconhecido pela comissão julgadora da maior honraria do jornalismo brasileiro quase todos os anos. Em 1967, pela cobertura da tragédia de Caraguatatuba; em 1968, pela série especial que culminou no primeiro transplante de coração do Brasil; em 1970, pelas reportagens de Fernando Morais, Ricardo Gontijo e Alfredo Rizzutti sobre a construção da rodovia Transamazônica; em 1971, pela série especial "Receita para São Paulo", assinada por José Maria Mayrink e Ricardo Gontijo, publicada em sete cadernos de quatro páginas cada um, reportando os problemas e soluções para a metrópole paulista. Um dos resultados práticos dessa série foi a criação do Código de Endereçamento Postal, o CEP, que ainda não existia no Brasil.

A grande matéria da história do *JT*, talvez a mais importante de todas, seria escrita mesmo em 1972. E o furo de reportagem mundial, além de ser premiado com o Esso, provocaria repercussão em grandes jornais e tevês do mundo todo, colocando o vespertino de Ruy Mesquita no centro do noticiário internacional.

## 27. Furo internacional

Ruy Mesquita recebeu a informação que colocaria o *JT* no cenário internacional em abril de 1972. Era coisa quente, ele sabia. Confiava muito na fonte, cuja identidade manteria em sigilo até a morte. Só precisava decidir a quem atribuiria a tarefa. Tinha ótimos repórteres naquela redação, alguns dos melhores textos da imprensa brasileira. Para aquela pauta, porém, precisava de um profissional altamente determinado, mas absolutamente discreto, que conseguisse trabalhar em silêncio. Ele tinha uma ideia de quem seria, mas decidiu consultar Murilo Felisberto antes de tomar a decisão.

— O homem certo é o Ewaldo — aconselhou Murilo. — É o repórter mais tarimbado que temos aqui, com várias experiências de coberturas internacionais.

Ewaldo Dantas Ferreira fora um dos primeiros repórteres brasileiros a viver exclusivamente da profissão numa época em que quase todo jornalista tinha um outro emprego e a redação era um bico. Nascido em Catanduva, no interior de São Paulo, ele foi criado no Rio, onde frequentou o primeiro curso de jornalismo do Brasil, na Faculdade Nacional de Filosofia. Nunca se formou, porém. Mudou-se antes da conclusão para São Paulo, para começar a trabalhar, em 1950, nos Diários Associados. Desde então, onde houvesse uma notícia quente, lá estava Ewaldo. Em qualquer lugar do mundo. Ele cobriu o golpe de Estado que derrubara Juan Domingo Perón do poder na Argentina, a Guerra do Canal de Suez, e cruzou a pé a terra de ninguém entre a Jerusalém jordaniana e a israelense no tempo em que a cidade ainda era dividida entre árabes e judeus.

Para o *Jornal da Tarde*, conquistou o Prêmio Esso de 1968 ao saber que uma equipe do Hospital das Clínicas de São Paulo se preparava para realizar o primeiro transplante de coração da América Latina. Faltavam alguns detalhes e a equipe brasileira precisava fazer uma viagem à África do Sul. Lá, o cirurgião Christiaan Barnard havia sido o pioneiro desse tipo de cirurgia, no ano anterior. O HC precisava também importar alguns equipamentos. Tudo estava parado por falta de verbas e Ewaldo convenceu o jornal a doar o valor necessário. O transplante foi feito e a cobertura do *JT* foi a melhor de todos os veículos brasileiros.

Em 1969, após acompanhar o lançamento da Apolo 11 nos Estados Unidos, Ewaldo havia sido de fundamental importância na cobertura do derrame que vitimara o presidente Costa e Silva e lançara a ditadura numa crise interna. Os colegas perderam as contas de quantos furos ele deu ao *JT* durante os meses em que os militares decidiam o futuro do país.

Tinha tantas fontes e informantes que sequer conseguia escrever as tantas matérias que apurava. A solução para aproveitar todo o material foi terceirizar a redação. Carlos Brickmann e Fernando Morais foram destacados, na época, para receber todas as informações e bater os textos do colega.

Brickmann jamais se esqueceu do dia em que, em meio àquela cobertura, conversou com Ewaldo por telefone e quis saber onde ele estava.

— Estou na onça, esperando o macaco.

A resposta era divertidíssima e, para Brickmann, não queria dizer coisa alguma. Mais tarde, alguns colegas da concorrência, intrigados com os sumiços de Ewaldo, perguntaram onde ele estava e Brickmann reproduziu a frase em tom de piada, para divertimento geral. Ewaldo, porém, não gostou quando, ao se reunir ao grupo, ouviu a pergunta de um repórter concorrente:

— E aí, Ewaldo? O macaco apareceu lá na onça?

Ewaldo fechou a cara. Chamou Brickmann de lado e o cobrou.

— Nós não combinamos que não era pra dar informação nenhuma a ninguém?

— Mas que informação eu dei, Ewaldo?

— Você disse pra eles onde eu estava!

— E você pode me explicar, por favor, o que essa frase quer dizer?

Para Ewaldo, tudo era claríssimo: onça era o jargão para o centro dos acontecimentos, o lugar onde alguma decisão importante estava sendo tomada. E a fonte que viria informá-lo do que estava acontecendo na reunião era o macaco, numa alusão ao macaquinho do realejo que tira um papelzinho com a sorte.

* * *

Ewaldo foi chamado à sala de Ruy e ficou sabendo que embarcaria para a Bolívia. Sua missão era encontrar Klaus Barbie, um criminoso nazista da Segunda Guerra Mundial. Barbie chefiara o comando da SS de Hitler em Lyon durante a ocupação da França pelas tropas alemãs e desaparecera ao final do conflito. Carregava em sua ficha criminal a captura de Jean Moulin, o chefe da Resistência Francesa em território ocupado. Era acusado de tê-lo torturado até a morte, além de outros crimes bárbaros como a deportação de crianças judias para o campo de concentração de Auschwitz.

A suspeita de que Barbie vivia na Bolívia não era nova. Em janeiro daquele ano, um casal de caçadores de nazistas, Serge e Beate Klarsfeld, havia anunciado ao mundo que Barbie vivia tranquilamente na América do Sul com o nome de Klaus Altmann. Ele havia adquirido a nacionalidade boliviana, se tornara um empresário influente nos círculos políticos daquele país e tinha residência tanto em La Paz quanto em Lima, no Peru.

Na ocasião, Altmann fora localizado em sua casa em Lima e negara ser o criminoso de guerra. As autoridades peruanas, porém, o enviaram para a Bolívia. Temiam um sequestro ou um assassinato em território peruano. Na Bolívia, Altmann continuou negando que fosse Barbie, mas Beate Klarsfeld e a imprensa francesa mantinham o assunto na pauta.

A novidade que a fonte contara a Ruy era que Altmann confidenciara a alguns ministros do governo boliviano ser, de fato, o homem que a França caçava desde o fim da Segunda Guerra Mundial. Ele admitira ter chefiado o comando da SS em Lyon, mas a princípio pedira segredo daquela informação. Agora, porém, se sentia acuado. Achava que seria sequestrado por agentes do Mossad, o serviço secreto israelense, ou pela rede montada pelos Klarsfeld para levá-lo para a França. Tinha certeza de que morreria de forma trágica e queria contar ao mundo a sua versão dos fatos.

A missão precisava ser sigilosa. Se a informação de que Altmann daria um depoimento a um jornalista vazasse, as agências de notícias e a imprensa francesa desembarcariam em peso na capital boliviana e a apuração estaria comprometida. O repórter do *JT* embarcou imediatamente para La Paz sem revelar a ninguém para onde ia. Nem mesmo ao seu editor. Além de Murilo, ninguém mais na redação tinha ideia de onde ele estava, mas tampouco se incomodava. Ewaldo era famoso por gostar de trabalhar nas sombras.

* * *

Em La Paz, Ewaldo descobriu que não seria tão fácil encontrar Barbie. O ex-comandante da SS em Lyon havia se escondido para escapar do assédio da imprensa e também por temer atentados contra sua vida. Acionou a fonte de Ruy, conseguiu contatos em Cochabamba, onde Barbie mantinha negócios, e finalmente marcou um encontro noturno em La Paz. Foi orientado a ir sozinho, apenas com uma mala com roupas. No horário marcado, Barbie chegou também sozinho num fusquinha e explicou que teriam de pegar a estrada.

— Para onde vamos viajar? — quis saber Ewaldo.

— Para lugar nenhum — explicou Barbie. — O plano é nos mantermos em movimento. Faz algum tempo que não durmo duas noites no mesmo lugar.

Ewaldo entrou no carro do ex-SS e eles passaram dez dias se deslocando pelo altiplano boliviano. Viajaram por estradas poeirentas que ladeavam precipícios nas encostas da cordilheira dos Andes. Quase não havia tráfego. Raramente encontravam algum caminhão ou ônibus muito velho que faziam rotas regulares entre La Paz e as cidades ao sul. Barbie dirigia de dia e à noite os dois pediam abrigo em vilarejos dominados por descendentes de índios aimarás.

Conversavam durante o tempo todo enquanto se deslocavam, tanto sobre a vida de Barbie quanto sobre outros assuntos. Mas era nas paradas que Barbie, oficialmente, concedia as entrevistas. Ewaldo fazia questão de tomar o depoimento sentado de frente para a fonte, observando suas expressões, reações, trejeitos. Queria compor um perfil psicológico do ex-oficial nazista. A primeira pergunta, antes de iniciarem as conversas, foi sobre as motivações dele.

— Você passou trinta anos em silêncio. Por que falar agora?

— Sou caçado como um prêmio. Meus perseguidores ou me matarão ou me sequestrarão para me levar a um julgamento duvidoso na França. Em ambas as hipóteses, não terei a chance de contestar as mentiras que inventam a meu respeito. Há muita fantasia nas histórias sobre o meu comando em Lyon.

— Num julgamento, você poderia expor sua versão dos fatos.

— Num tribunal francês? — Barbie ensaiou um sorriso irônico. — Os franceses não vão gostar das coisas que vou revelar. Eles não querem a verdade, querem revanche. A França perdeu a guerra e agora quer salvar a história.

Nos dias que se seguiram, Barbie contou em detalhes as principais operações de que participou como chefe de um comando da SS em Lyon. Sua missão principal era desbaratar a Resistência Francesa, muito forte naquela região. Para cumpri-la, ele organizou uma rede de espionagem infiltrando gente sua na organização inimiga. Barbie deu nomes de franceses que colaboraram com a SS e revelou quem havia traído Jean Moulin, o chefe da Resistência, preso por ele durante um encontro de líderes do movimento no dia 21 de junho de 1943: o traidor fora René Hardy, codinome Didot, chefe de sabotagem do grupo.

Os próprios franceses haviam desconfiado de Hardy, porque ele fora o único entre os presentes no encontro a conseguir escapar dos alemães.

Nos dois julgamentos a que fora submetido após a guerra, porém, Hardy fora inocentado das acusações de colaboracionismo.

Barbie reabriu velhas feridas ao dar nomes, ao afirmar que as intrigas internas da Resistência haviam facilitado a traição de Moulin e jurou que, ao contrário do que afirmavam as versões sobre o caso, jamais torturou o herói francês. Demonstrava, inclusive, certa admiração pela força de caráter de seu prisioneiro.

Contou também como caíra na clandestinidade na Alemanha ao fim da guerra, até ser capturado pelo Counter Intelligence Corps, o serviço de contrainteligência americano, em 1947. Jamais confirmou ter trabalhado para os americanos, como suspeitavam os franceses, mas insinuou que sua fuga, em 1948, fora facilitada por seus captores.

Ao final dos relatos, Ewaldo sabia que tinha uma bomba gigantesca nas mãos. Sua preocupação, então, era cercar-se de todos os cuidados para evitar que ela explodisse em seu colo.

— Tudo o que você me contou é de extrema gravidade e vai causar um terremoto político internacional. O meu problema: eu não tenho como averiguar o que me disse. Preciso de garantias de que nada vai ser desmentido.

— Não tenha ilusões. Os franceses vão se empenhar em desmentir quase tudo.

— Os franceses podem desmentir, os americanos também. O mundo inteiro pode chamá-lo de mentiroso. A única pessoa que não pode desmentir nada é você. Porque se isso acontecer, eu passo a ser o mentiroso.

— Você tem a minha palavra.

— Posso ter também a sua assinatura?

Ewaldo explicou o que tinha em mente. Escreveria o depoimento completo de Barbie e o traria para que ele o lesse. Se concordasse com a veracidade de tudo o que estava escrito, assinaria em todas as páginas. Barbie concordou e assim fizeram.

O encontro dos dois acontecera em absoluto sigilo até aquele ponto. Depois que Barbie assinou seu depoimento datilografado, a notícia de que contara tudo a um jornalista brasileiro vazou para as agências internacionais. Ewaldo nunca soube como isso aconteceu. Ele entregou seu texto pronto aos editores do *JT* no dia 5 de maio de 1972. Na madrugada do dia 6, recebeu um telefonema em casa da radiotelevisão de Luxemburgo. Queriam confirmar se ele havia de fato se encontrado com Klaus Barbie e queriam entrevistá-lo ao vivo sobre a reportagem.

A notícia de que Barbie havia rompido o silêncio já estava fervendo na Europa e o telefone de Ewaldo não parou mais de tocar naquela madrugada.

Pela manhã, ele pegou suas coisas e foi se refugiar em sua casa de praia em Ubatuba, no litoral paulista, onde não tinha telefone. Acreditava que ali estaria mais protegido do assédio, mas se enganou. No dia seguinte, havia um carro da radiotelevisão francesa parado na porta. Queriam gravar com ele uma entrevista.

* * *

A reportagem ainda não havia sido publicada e toda a repercussão prévia levou Ruy Mesquita a adiar seu lançamento. Com a notícia no ar de que o *JT* tinha um furo internacional, a Agência Estado começou a receber contatos de diários e revistas do mundo todo interessados em comprar os direitos de publicação simultânea do depoimento de Barbie. As negociações com os veículos internacionais levaram duas semanas. Quando finalmente foram acertados os valores, estabeleceu-se a data de 23 de maio para início da publicação. O depoimento foi transformado numa série de dez reportagens, com um capítulo publicado a cada dia.

Na França, as matérias de Ewaldo Dantas Ferreira foram publicadas pelo *France Soir*. Houve uma comoção pública, as autoridades francesas se revoltaram com o fato de um jornal dar espaço para as versões de um criminoso nazista. Como Barbie previra, seu relato foi contestado e o *France Soir* chegou a cortar trechos dos textos. O governo francês pediu a extradição de Barbie ao governo da Bolívia, ele chegou a ser preso, mas a Justiça negou o pedido alegando que não existia um acordo entre os dois países que previsse a extradição de um cidadão boliviano.

No Brasil, o *JT* não publicou sozinho os depoimentos do carrasco nazista. Ao aceitar negociar os direitos do material com publicações estrangeiras, Ruy avaliou que não faria sentido deixar de fora justamente *O Estado*, principal jornal do Brasil e carro-chefe da empresa. Passou por cima das picuinhas internas e ofereceu o material ao irmão, que aceitou prontamente publicar as matérias de Ewaldo na íntegra, em conjunto com o *Jornal da Tarde*.

Era a coisa certa a fazer, Ruy sabia disso, mas acabou custando ao jornal que ele dirigia a primazia da glória pelo furo. No mundo todo, publicações e programas de televisão passaram a atribuir a *O Estado*, internacionalmente mais conhecido, a autoria do feito. Uma pequena gota, mais uma, no oceano de frustrações que só fazia aumentar a distância entre Ruy e seu irmão mais velho.

O *Jornal da Tarde* era um dos melhores do país, um sucesso de crítica, mas continuava sendo menor que *O Estado*, menos importante, e financeiramente deficitário. Este último ponto, por sinal, acabaria por empurrar Ruy para uma rota de colisão também com os primos que administravam a empresa. E as desavenças começariam em pouquíssimo tempo.

## 28.  A nova sede

— Eu não sou empresário, não sou homem que saiba fazer negócio. Nem sei o que é marketing, não sei nada sobre isso.

Qualquer pessoa mais próxima já ouvira pelo menos uma vez essas frases na boca de Ruy Mesquita. Como o pai, ele se gabava de ser jornalista, não homem de negócios. A busca pelo melhor jornalismo transformava o *Jornal da Tarde* num dos diários mais caros do país. Pagava os melhores salários, mais elevados do que os pagos pelo próprio *Estado*, e não economizava gastos com reportagens especiais e coberturas importantes. Era o preço de se fazer uma revista diária, como Ruy gostava de classificar o jornal que dirigia.

Para ficar em um único exemplo de como a estrutura gastava, em outubro de 1969 dois membros do Movimento Revolucionário 8 de Outubro, o MR-8, sequestraram um avião da Cruzeiro do Sul que decolara do Rio de Janeiro. Pretendiam desviá-lo para Havana, onde pediriam asilo político. A aeronave, porém, não tinha autonomia de voo. Precisaria fazer uma escala de reabastecimento.

Os aeroportos prováveis eram Manaus, no Amazonas, ou Belém, no Pará. Como ninguém sabia ao certo para qual das duas cidades o voo seria desviado, o *Jornal da Tarde* enviou os repórteres Valdir Sanches e Percival de Souza, respectivamente, para Manaus e Belém. Ambos acompanhados por fotógrafos.

O voo sequestrado parou em Manaus, Valdir fez a matéria. Percival teve de permanecer em Belém por falta de opção para retornar a São Paulo. Hospedou-se no melhor hotel da cidade, como era de praxe em viagens na época, para voltar apenas no dia seguinte sem ter tido a chance de produzir uma linha.

Sem preocupação com os gastos e sem circular aos domingos, melhor dia para a venda de classificados, não havia milagre que tirasse um vespertino do vermelho. O *Jornal da Tarde* era deficitário desde sua criação e continuaria assim por muitos anos. Ruy lutava dentro da empresa para antecipar ainda mais os horários de distribuição, para ampliar sua circulação para mais praças, para vender assinaturas, mas enfrentava resistências. Temia-se que ele fosse tirar leitores d'*O Estado*. Além disso, nos primeiros anos do *JT* não havia motivos para tantas preocupações. As receitas sempre crescentes dos classificados d'*O Estado* continuavam pagando a conta com folga. Esse quadro, porém, começaria a mudar em 1973.

Nesse ano, os Mesquitas finalmente decidiram colocar em prática uma ideia que andava no horizonte desde a década anterior: construir uma nova sede, com mais espaço para rotativas melhores, que permitisse a modernização da empresa e o crescimento do negócio. Foi encomendado ao escritório Rino Levi Arquitetos um projeto ambicioso de três edifícios, com um total de 40 mil metros quadrados, construídos na avenida Otaviano Alves de Lima, a marginal do rio Tietê.

Um dos prédios serviria como depósito com capacidade para até 13.500 bobinas de papel. Outro abrigaria as salas dos diretores, um auditório, um museu, um salão de exposições e a administração. O prédio principal abrigaria o parque gráfico e a produção nos andares inferiores, as duas redações no sexto andar e um restaurante na cobertura, com capacidade para servir até 3 mil refeições diárias. O preço também era audacioso: 50 milhões de dólares, que correspondiam a pouco mais de 300 milhões de cruzeiros (o equivalente, em valores de hoje, a 1,125 bilhão de reais).

Três quintos desse total o grupo planejava pagar com recursos próprios. Outros 20 milhões de dólares, porém, precisariam ser financiados. Os cerca de 120 milhões de cruzeiros eram um valor tão alto, na época, que nenhum banco privado brasileiro estava apto a emprestá-lo. O único capaz de oferecer tal quantia era o governo brasileiro, por meio da Caixa Econômica Federal.

O projeto foi apresentado, a área técnica da Caixa aprovou tudo em tempo recorde, mas o empréstimo parou na mesa do ministro da Fazenda. Juca Mesquita, que cuidava da administração da empresa, pediu então audiência com Delfim Netto para saber o que estava acontecendo. Delfim não fez rodeios.

— Olha, a ordem do governo é cozinhar esse negócio aí em banho-maria — revelou a Juca. — É melhor o senhor falar diretamente com o presidente da República.

— Senhor ministro, não estou aqui para fazer barganha política — esclareceu Mesquita. — O financiamento é um negócio como outro qualquer. Se a Caixa não empresta o dinheiro porque o senhor não deixa, nós vamos buscar em outra fonte.

Juca abreviou a conversa porque entendeu o que estava por trás da recomendação de Delfim. Com *O Estado* e o *Jornal da Tarde* fazendo oposição à ditadura, trabalhando inclusive sob censura prévia, um encontro com Médici só poderia significar uma coisa: ele tentaria comprar a mudança na linha editorial com o financiamento. Algo que um Mesquita, por questão de princípios, jamais aceitaria.

A nova sede do jornal, porém, precisava ser construída. A intenção era comemorar o centenário, em janeiro de 1975, no novo prédio. Juca foi bater à porta de bancos estrangeiros. Acabou assinando, no dia 4 de janeiro de 1974, data do aniversário do jornal, um empréstimo de 20 milhões de dólares com o First National Bank of Boston. Não poderia ter escolhido pior momento para contrair uma dívida tão alta em moeda estrangeira.

O primeiro choque do petróleo havia acabado de acontecer, em outubro de 1973. O preço do barril subira de 3,29 dólares para 11,58 dólares, em valores da época. Nenhum dos Mesquitas foi capaz de prever que aquela crise não era passageira e mergulharia o mundo na primeira recessão séria desde o fim da Segunda Guerra Mundial.

Nos anos que se seguiriam, todas as economias seriam atingidas, em especial as dos então chamados países em desenvolvimento, que haviam acumulado enormes dívidas internacionais para financiar a instalação da infraestrutura que pudesse alavancar o crescimento econômico. O Brasil, em particular, mergulharia num processo de estagnação inflacionária que derrubaria o valor da moeda e tornaria impagáveis as dívidas contraídas em dólares.

Em dois anos, o prédio novo d'*O Estado* estaria pronto, mas a riqueza acumulada durante décadas havia sido drenada. O grupo tinha uma dívida enorme em moeda estrangeira no mesmo momento em que a crise econômica mundial derrubava as receitas publicitárias e aumentava o preço do principal insumo da indústria de jornais, o papel, que era importado. A operação deficitária do *Jornal da Tarde* já não poderia ser mantida nos patamares anteriores.

Aos dez anos de vida, o *JT* enfrentaria pela primeira vez cortes no orçamento, redução de gastos com viagens e grandes reportagens e suspensão nos aumentos de salários e nas promoções, as principais ferramentas de Murilo Felisberto para manter a equipe altamente motivada.

Era o fim de uma era para *O Estado*. E a nova realidade começaria a provocar mudanças radicais na empresa como um todo, e em especial na estrutura de comando do *Jornal da Tarde*.

# 29. Grandes reportagens

A primeira crise financeira séria do Grupo Estado depois da criação do *Jornal da Tarde* apanhou o vespertino no auge. Após o furo internacional de Ewaldo Dantas Ferreira com o depoimento de Klaus Barbie, que rendera ao jornal o Esso de 1972, o *JT* seguira faturando o melhor prêmio de jornalismo do país anualmente.

Em 1973, Vital Battaglia conquistara o primeiro lugar na categoria Informação Esportiva com a reportagem "As aventuras de um rei do futebol", sobre Pelé. Em 1974, foram duas vitórias: Esso de Equipe por "A tragédia de São Paulo", cobertura do incêndio no Edifício Joelma, e o de Informação Científica pela reportagem "Nasce o primeiro brasileiro pelo método Leboyer", de Marcos Faermann. Mais duas vitórias em 1975, nas categorias Informação Econômica (com "A agricultura no Brasil", de José Eduardo Faria) e Fotografia ("Mirandinha quebra a perna", de Domício Pinheiro, conquistada em conjunto com *O Estado*), além de uma menção honrosa por "Os habitantes da arquibancada" (de Marcos Faermann). Em 1976, Márcio Guedes seria laureado na categoria Informação Esportiva com a reportagem "Assim se fez o craque: Zico".

Os editores estavam na melhor forma. Murilo os mantivera em constante rodízio pelas editorias para que ninguém se acomodasse a um único assunto e todos desenhavam páginas belíssimas. Entre eles destacavam-se, como alguns dos mais criativos, Fernando Mitre, Sandro Vaia, Anélio Barreto, Moisés Rabinovici, Kléber de Almeida e Fernando Portela.

Ousar na criatividade era o padrão, mesmo que em alguns casos isso resultasse em "erros" gráficos que só eram percebidos por Murilo. Portela se divertiria durante anos com a história em torno de um desses erros que ele próprio cometeu à frente da editoria de Variedades.

A reportagem de moda, assinada por Inês Knaut, contava quem eram os alfaiates finos de São Paulo. Portela, que havia acabado de assumir a editoria e, como gostava de dizer, estava aprendendo a fazer "viadagens", decidiu imprimir, no centro da página, de alto a baixo, uma foto de uma tesoura aberta. O texto corria pelo centro da tesoura e deu um enorme trabalho de fechamento para Humberto Werneck, o redator designado para editá-lo. Na hora de baixar a página para a impressão, Portela recomendou à fotocomposição que usasse a imagem da tesoura em alto contraste. No dia seguinte, assim que entrou na redação, Murilo se dirigiu à Variedades e, dedinho em riste, deu a bronca.

— Alto contraste nunca! Aquela tesoura, no máximo, era retícula* a 30%!

E se retirou. Portela pegou a página impressa em preto e branco e constatou que a Rainha, como sempre, tinha razão. Em alto contraste, a imagem ficara muito escura e a página, pesada. Em retícula, teria ficado mais nítida, em cor cinza, resultando num layout mais leve. Ninguém mais além de Murilo percebeu aquele detalhe. E a página fez tanto sucesso na redação que todos tinham certeza de se tratar de obra da Rainha.

Depois de levar bronca, Portela se divertiu com a procissão de colegas que passaram o dia indo até a mesa de Murilo para cumprimentá-lo por aquela ideia tão incrível. Houve até quem enxergasse mensagem política subliminar naquela tesoura gigante estampada numa página em plena era da censura na redação. A cada elogio que recebia, Murilo fulminava Portela com o olhar.

---

* Técnica de acabamento artístico que melhora a qualidade da imagem impressa.

\* \* \*

Mesmo com as dificuldades financeiras se avizinhando, essa foi a época de ouro das reportagens especiais. As pautas eram ousadas, os repórteres viajavam para onde queriam e os textos eram experimentalismo puro. Nesse campo, dois repórteres se destacaram como cronistas do Brasil profundo. Fosse nas ruas das grandes cidades ou nos sertões de florestas, cerrados, no chão rachado pela seca, Marcos Faermann e Valdir Sanches traziam sempre histórias humanas, tocantes, que retratavam a vida no país real.

A notícia, em si, estava no pano de fundo. As grandes matérias eram construídas sobre pequenos detalhes, em que um olhar perdido no horizonte, uma angústia na fronte, uma narrativa oral peculiar reproduzida literalmente no texto eram usados para compor uma história.

Faermann, ou simplesmente Marcão, como era chamado pelos colegas, se consagrou como repórter depois do início errante. Havia tido passagens atribuladas pelas editorias de Esportes e Internacional nos cargos de editor e redator. Sua intensidade e a tendência de mergulhar de cabeça nos assuntos de seu interesse, porém, o levavam muitas vezes a ignorar o restante do noticiário, o que não combinava com as necessidades daquelas duas funções.

Na reportagem, Marcão podia perder o tempo que fosse preciso no que lhe interessava. Ali, ele se encontrou e passou a se destacar. Não era o tipo de repórter que se enquadrasse em prazos rígidos de fechamento, cronogramas, datas para entrega de textos. Para ele, a reportagem era liberdade e, cada produção, uma viagem extraordinária. Quando mergulhava numa pauta, deixava-se perder, aparentemente, em todos os pormenores da história.

Levava dias, semanas, às vezes meses revirando um assunto. Lia tudo o que podia, entrevistava especialistas que depois jamais apareceriam nos textos, buscava mais e mais personagens — esses, sim, os protagonistas de suas histórias. Não sossegava enquanto não aprendesse tudo sobre o tema, não parava enquanto não soubesse exatamente onde estava o lide, a abertura da matéria.

Por conta desse aparente descontrole, os editores odiavam Marcão durante a fase de apuração. Pensava em voz alta o tempo todo, virava monotemático nas conversas de cafezinho, todos sempre sabiam sobre as pautas em que estava envolvido. Combinava prazos para em seguida descumpri-los solenemente e, quando se apaixonava por um tema, não largava do pé do chefe até convencê-lo de que precisava de todas aquelas páginas para contar sua história direito.

Quando surgia em sua cabeça a primeira frase da matéria, porém, tudo mudava. Sentava-se à máquina e escrevia, em questão de horas, textos primorosos, de puro experimentalismo, que apagavam a má vontade dos editores com ele.

Marcão logo passou a ter status de repórter especial. Também cumpria pautas do dia, eventualmente, mas só quando era muito necessário e se a notícia fosse quente, com dramas humanos como acidentes de trens, incêndios, enchentes, por exemplo. Gostava mesmo de contar história de gente, e mandá-lo para um gabinete era perda de tempo.

De perfil completamente diferente, Valdir Sanches era quieto, tímido e infinitamente mais organizado. Mas também sabia contar uma história como poucos, fosse ela sobre o primeiro homicídio registrado numa cidadezinha de colonização italiana do interior do Rio Grande do Sul, sobre o assassinato do padre italiano João Calleri pelos índios uaimiris-atroaris, no interior da Floresta Amazônica, ou então um simples relato intimista sobre um grupo de retirantes miseráveis de Maringá, num trem, a caminho da redenção que nunca encontrariam na voraz metrópole paulistana.

Assim como Marcão, Valdir era o repórter dos detalhes, da observação da cena. E também começou a experimentar em suas matérias com grande sucesso. Aos poucos foi eliminando as aspas, depois os travessões, e as falas dos entrevistados passaram a se integrar ao texto como se as personagens interrompessem o fluxo da narrativa do repórter para acrescentar detalhes ao que estava sendo contado. Foi ele também quem introduziu nas reportagens a voz do leitor onipresente, incluindo no meio do texto perguntas que imaginava que o leitor se faria ao longo da leitura, para respondê-las em seguida.

Como eles, muitos outros repórteres viajavam pelo Brasil todo e traziam reportagens de altíssima qualidade. Muitos inovavam no texto e criavam novas aberturas. Marcão e Valdir, talvez por jamais terem passado para a edição como outros grandes repórteres fizeram, acabariam por se transformar em duas lendas da reportagem brasileira. Suas assinaturas viraram marcas registradas do *Jornal da Tarde*. Bem como a de outro jornalista que chegara tímido à redação, em 1971, para transformar a coluna social que assinava no assunto mais comentado da cidade.

# 30. Telmo Martino

Telmo Martino parecia deslocado em seu primeiro dia de trabalho naquela redação tão cheia de juventude. Completara 40 anos em janeiro de 1971 e para qualquer lado que olhasse não enxergava quase ninguém que aparentasse mais de 30. Nem mesmo Murilo Felisberto, o editor-chefe, havia chegado aos 32.

A editoria de Variedades, onde assinaria uma coluna de notas sobre cultura e sociedade, fervia em agitação no início da noite. De todos os que tentavam enturmá-lo, um dos mais empenhados era Flávio Márcio. O colega o chamou para sentar-se ao lado dele enquanto diagramava uma página. Puxou conversa sobre os assuntos mais variados, mas Telmo parecia intimidado, contido. Ali pelas tantas, pensando numa forma de impressionar o colunista, Márcio soltou uma frase aleatoriamente.

— Sabe, Telmo, eu queria mesmo era ser uma puta internacional...

E Telmo, rápido no raciocínio, respondeu:

— Ué, viaja!

\* \* \*

Esse humor cáustico distribuído pela coluna assinada com o pseudônimo de Daniel Más no *Correio da Manhã*, no Rio de Janeiro, havia despertado

178   FERDINANDO CASAGRANDE

a atenção de Murilo Felisberto meses antes. Ele se divertia com as hila-
riantes notas e quis saber quem era o autor. Descobriu que o jornalista
se chamava Telmo Martino, era amigo de Paulo Francis e estivera com
Ewaldo Dantas Ferreira na primeira turma de jornalismo do Brasil, aberta
na Faculdade Nacional de Filosofia.

Nascido no Rio de Janeiro em 1931, Telmo crescera no bairro de Copa-
cabana e fora contemporâneo de Paulo Francis no Colégio Santo Inácio,
no vizinho bairro de Botafogo. Cursara o primeiro ano de direito na Pontifícia Universidade Católica do Rio, mas se entediara. Prestara vestibular
para o curso de jornalismo, que era uma novidade, e concluíra a faculdade
desiludido. Não se dera o trabalho de voltar para buscar o diploma.

Encantava-o mesmo o teatro. Experimentara, em 1953, a vida de ator
amador no grupo Studio 53. Durante um ano, apresentou-se em três peças
de um único ato, sempre às segundas-feiras, no Teatro de Bolso da praça
General Osório, em Ipanema. Ali, conheceu Ivan Lessa e reencontrou Paulo
Francis, que trabalhava na bilheteria. Os três tornaram-se grandes amigos.

Depois de algum tempo nos palcos, decidiu cair no mundo. Arrumou
uma bolsa de estudos e se mudou para Paris. Mas foi em Londres, onde
começou a trabalhar em 1955 como redator no serviço radiofônico da BBC
para o Brasil, que Telmo se realizou. Chegou a se transferir para a Voz da
América, em Washington, mas não se adaptou ao que classificava de vulga-
ridade americana e retornou ao glamour majestático da capital britânica.

A carreira internacional terminou em 1967. De volta ao Rio de Janeiro,
foi convidado por Paulo Francis a integrar a equipe da revista *Diners*. Dois
anos depois, com o fechamento do título, passou pelo *Última Hora* antes
de se mudar para o *Correio da Manhã*, onde iniciou a coluna assinada por
Daniel Más até ser recrutado por Murilo Felisberto.

\* \* \*

Aquele jornalista tímido rapidamente se transformou em sensação no
mundo das artes e da alta sociedade paulistana. No auge da coluna, nenhum cantor, compositor, artista plástico, ator ou diretor de teatro podia

se considerar importante se não fosse citado por Telmo Martino. Por mais dolorosas que fossem as citações.

Rompendo com a tradição provinciana das colunas sociais da época, que se limitavam a elogiar famosos e bacanas com mais de quatro sobrenomes, Telmo destilava veneno. Suas notas, com apelidos jocosos inventados por ele, eram muitas vezes pura provocação.

Rolando Boldrin, por exemplo, era "o ator agropecuário"; Caetano Veloso era "o Mallarmé do afoxé", "o Cocteau do agogô", "o Rimbaud do bongô"; Elba Ramalho era "a frajola do flagelo"; o nome de Elis Regina vinha sempre acompanhado do qualificativo "a melhor cantora"; Franco Montoro era "o último fã de Zazus Pitts"; Othon Bastos era "o ator que poderia ter sido Johnny Carson, mas preferiu ser Ferreira Netto"; o artista Patrício Bisso, ele classificava como "uma mistura de Betty Boop, Bette Davis, Betty Grable, Betty Ford e Lady Macbeth".

Fantásticos também eram os nomes que ele inventava para rotular os diferentes grupos da sociedade paulistana. Em plena Era de Aquário, ele colocava os hippies na turma do "poncho-e-conga" ou da "barba-e-bolsa". Os endinheirados das diversas colônias paulistanas também ganhavam apelidos próprios. Os italianos formavam o grupo do "scala-e-escarola", os judeus integravam o "kosher-e-kibutz", os japoneses eram do "tempura-e-mesura" e os descendentes de libaneses, sempre glutões e exibidos, eram o bando do "quibe-e-quilate".

As tiradas divertiam os leitores, mas o mesmo não se podia dizer de suas vítimas. Na melhor das hipóteses, Telmo gerava indignação em suas personagens. E, na pior, despertava rancores que às vezes se transformavam em tentativas de agressão física.

Numa delas, Telmo foi salvo pelo repórter Vital Battaglia, da vizinha editoria de Esportes. Battaglia trabalhava em sua mesa quando começou a ouvir uma gritaria. Na mesa em frente, que era ocupada por Telmo, um homem magro e alto berrava com o colunista, que não reagia. Os berros foram aumentando e o homem se exaltava ainda mais diante do silêncio do jornalista. Achando que aquilo não acabaria bem, Battaglia resolveu interferir.

180  FERDINANDO CASAGRANDE

Tirou os óculos, o relógio, agarrou a pesada Olivetti que ficava na escrivaninha ao lado e partiu para cima do agressor. Assim que percebeu a aproximação, o homem saiu correndo pela redação. E Battaglia correu atrás. Só soube depois que acabara de espantar o cantor e compositor Jards Macalé.

\* \* \*

Telmo não poupava nem mesmo os colegas de editoria. Numa de suas notas, certa vez, deu uma ligeira cutucada em Flávio Márcio, que então já estreara como dramaturgo com sucesso. Notas plantadas em jornais da época festejavam um pretenso interesse da atriz Romy Schneider em encenar a peça *Réveillon*, de Flávio Márcio, em palcos franceses. Telmo não perdoou: "Devem ser notícias enviadas por via marítima. Por telegrama, as notícias que chegam falam apenas de seu casamento, ontem, em Berlim Ocidental, com seu secretário particular, Daniel Biasini."

Outro caso recorrente de fogo amigo era dirigido à atriz Irene Ravache, que morria a cada citação negativa na coluna de Telmo. Irene era casada com Edison Paes de Melo, que trabalhava em Variedades. Nunca se soube que Edison tivesse, alguma vez, se manifestado a respeito com seu subordinado. Nem todos, porém, tinham a mesma classe do colega.

O crítico de arte Olney Krüse, que, além de jornalista, se considerava artista, promovia exposições de objetos kitsch. Um dia, cansado das estocadas que levava de Telmo na coluna, Olney resolveu agir. Entrou nervoso na redação, caminhou com passo duro até a mesa de Telmo e estancou, raiva estampada no rosto, encarando o colunista. Parecia tentar se decidir se iria esbofeteá-lo ou não. Por fim, agarrou os óculos de Telmo, que repousavam sobre a mesa, atirou-os ao chão e os pisoteou, antes de se retirar com ar triunfante.

Agressão, de fato, Telmo sofreu apenas uma em público. Foi surpreendido, numa festa, por um chute no traseiro desferido pelo poeta Mario Chamie, sempre criticado em suas notas.

\* \* \*

A coluna não se limitava, claro, a espezinhar egos do *jet set* paulistano. Telmo era um jornalista culto, apaixonado por teatro, literatura, cinema e música. Com suas notas sempre antenadas com o que acontecia nas artes no restante do mundo, ele conectava São Paulo a Nova York, Paris, Milão e Londres.

Era jornalismo requintado, que não perdia tempo com demasiadas explicações. Dirigia-se a leitores que frequentavam os musicais da Broadway ou do West End, as óperas do Scala e do Opéra National de Paris. Telmo se firmaria como mais uma marca registrada da época de ouro do *Jornal da Tarde*, uma fase que estava prestes a terminar.

## 31. A saída de Murilo

Telmo manteria sua coluna por quinze anos, as grandes reportagens continuariam sendo produzidas e os repórteres seguiriam viajando — Valdir e Marcão ainda escreveriam muitas e muitas belíssimas histórias pelos anos vindouros. A partir da construção da nova sede, porém, com a dívida do grupo estruturada em dólares, o cinto da redação começou a apertar. Os gastos precisavam ser contidos e o *JT*, que nunca dera lucro, teria de diminuir os prejuízos.

Aumentos de salários foram suspensos, reposições de vagas abertas teriam de ser discutidas caso a caso e os orçamentos anuais passaram a sofrer reduções constantes. Pela primeira vez em sua vida, o vespertino dirigido por Ruy Mesquita teria de lidar com a falta de dinheiro, com a perda de talentos para concorrentes e com cortes naquela equipe diligentemente treinada desde 1966.

A nova realidade era difícil para todos, inclusive para Ruy, mas acabaria se revelando especialmente pesada para o artista que conduzira aquela revolução até ali. Murilo Felisberto jamais lidara com dificuldades financeiras, e os apertos do Grupo Estado acabariam por colocá-lo em rota de colisão com a equipe e a diretoria.

Mu, Murilinho, Rainha. Os apelidos eram todos carinhosos porque Murilo Felisberto era, antes de mais nada, um grande sedutor. Não tinha nenhum dos atributos físicos de um galã, mas sua inteligência transformava em armas de sedução as aparentes fragilidades, como a baixa estatura (por volta de 1,60 metro), os franzinos cinquenta e poucos quilos e os cabelos precocemente brancos cedendo lugar a uma calva igualmente precoce. Era uma personalidade magnética, que encantava a todos que o cercavam.

Tinha terríveis arroubos de mau gênio, é verdade, e nesses momentos infernizava a vida de suas vítimas com cobranças desmedidas, muitas vezes injustas. O pior de todos os castigos era o ostracismo. Jamais levantava a voz para dar uma bronca. Não era preciso. Seu habitual tom baixo conseguia produzir mais estragos na vítima do que qualquer berro seria capaz.

Era comum, também, que usasse o silêncio como fonte de angústia. Em diversas ocasiões, na reunião de pauta do dia, Murilo interrompia o editor que queria repreender:

— Não quero estragar meu dia, mas não pense que eu não vi o que você fez!

Na maioria das vezes, o editor nem sabia do que ele estava falando. Porque tanto podia ser um erro cometido na edição do dia como apenas algum detalhe gráfico que desagradara ao chefe. Como ninguém tampouco queria estragar o dia da Rainha, raramente o repreendido perguntava sobre o que falava Sua Majestade. Podia não receber resposta e, depois disso, passar dias sem que ele lhe dirigisse novamente a palavra.

Talvez o que mais afligisse as vítimas nas fases de ostracismo não fosse tanto o fato de serem hostilizadas por um chefe, mas, principalmente, a agonia de serem desconsideradas por aquele homem brilhante. A opinião dele tinha tanto peso que os repórteres batizaram de "Prêmio Murilo de Jornalismo" a forma como ele reagia quando gostava muito de alguma reportagem. Nessas raras ocasiões, ele se aproximava do autor da matéria com o dedinho indicador em riste e exclamava:

— Brilhante!

Dono de um humor mordaz, era rápido nas respostas ferinas. Entraram para o anedotário da redação dois casos que demonstravam bem essa presença de espírito. Num deles, um editor tentava convencê-lo a contratar um colega que acabara de ser demitido em outra empresa. Murilo não admirava o trabalho do indicado, mas o editor insistiu:

— Precisamos nos mexer, Murilo. A concorrência está reforçando a equipe.

— Então indica esse seu amigo lá. Resolvemos os dois problemas: ele não fica desempregado e nós damos um salto na frente da concorrência.

No outro, um repórter de quem Murilo não gostava recebera uma oferta de suborno enquanto apurava uma matéria de polícia. O editor da Geral foi contar o caso ao chefe e chegou explicando:

— Murilo, estão tentando comprar o fulano.

— Vende, vende!

Fora da redação, Murilo era um amor de pessoa. Cheio de manias, um tanto hipocondríaco, mas de uma cultura inesgotável, dono de ótimo papo nas mesas dos mesmos restaurantes que metodicamente frequentava. Estiveram nessa lista o Sirocco, o Gigetto, mais tarde o Giovanni Bruno, às vezes o bar do Hotel Jaraguá, onde o ex-presidente Juscelino Kubitschek fazia questão de cumprimentá-lo quando o encontrava.

Nesses lugares, gostava de sentar sempre à mesma mesa para ser atendido pelo mesmo garçom, que já sabia os pratos que mais lhe agradavam, qual era o ponto da carne, o tempero ideal da salada de alface (apenas algumas gotas de vinagre e um fio de azeite) e o vinho importado que fazia questão de tomar — para desespero dos repórteres que o acompanhavam e com quem dividiria a conta ao final do jantar.

Não convidava muita gente para sua casa, primeiro um amplo apartamento duplex na rua Cristiano Viana, em Pinheiros, mais tarde um outro de tamanho respeitável nos Jardins. Era reservado quanto à vida pessoal. Sabia-se que fora casado, tivera uma filha, se separara, mas nomes e datas eram informações apenas para amigos selecionados. Vivia jornalismo em tempo integral. E, nas horas vagas, gostava de namorar um pouco, desde que a moça fosse uma artista como ele ou tivesse bom texto. Era a primeira pergunta que fazia sempre que algum amigo lhe contava que ia se casar com uma jornalista:

— A moça tem bom texto?

Era um apaixonado pela beleza feminina e todas as redações que chefiava sempre tinham uma musa.

Não tinha em casa louças finas ou taças de cristal importado, mas colecionava toneladas de revistas de arte estrangeiras, jornais e livros raros do mundo todo. Tinha também um piano de cauda que tocava com talento, embora poucos o tenham realmente escutado. Não gostava de se exibir, tocava mais quando estava só.

Era apaixonado por música clássica e, dono de ouvido absoluto, perseguia à exaustão o aparelho de som perfeito que reproduziria, sem o menor chiado, as peças de Mozart e de Vivaldi. Usava os dois compositores eruditos, por sinal, como senha para avisar quando estava irritado. Se a Rainha entrasse na redação assobiando melodias de suas obras, todos saíam de perto porque significava que ele estava possesso.

O piano de cauda, em casa, era branco. Como o tapete da enorme sala em que estava instalado o instrumento. Tinha loucura por essa cor naquela fase. A sala que ele ocupava no *JT* era totalmente decorada em branco, paredes e móveis. Seu carro, um Opala, também era todo branco, por dentro e por fora. Nas páginas do *JT*, era o branco que reinava sobre a mancha negra do texto.

Gostava de alimentar a curiosidade a seu respeito, exagerava em algumas das manias só para causar frisson, estimulava as fofocas verdadeiras e inventava outras quando não havia boatos suficientemente saborosos circulando pela redação. Sua paixão por fofocas era tão intensa que, certa vez, não resistiu à tentação de, num restaurante, sair de sua mesa e atravessar o salão para contar a última que andavam dizendo sobre Mino Carta para o próprio Mino Carta. Brigaram feio naquele dia e jamais se reconciliaram.

* * *

Murilo reinara absoluto até a crise bater às portas do *Jornal da Tarde*. Daí por diante, lidou mal com a escassez de dinheiro para continuar sua obra de arte.

Em 1977, teve de elaborar uma lista de cortes na qual incluiu gente de sua cota pessoal, como o amigo Moacir Japiassu, que considerava um dos melhores textos da imprensa brasileira e a quem contratara em 1970. Era verdade que os dois haviam brigado tempos antes por causa de uma reportagem enviada pela sucursal do Rio. Estavam sem se falar já fazia algum tempo. Por isso, Japiassu entendeu a inclusão do nome dele nos cortes como uma decisão pessoal de Murilo. O que ele não perdoou foi o fato de sua mulher, a jornalista Márcia Lobo, também ter sido demitida da editoria de Variedades. Rompeu relações com Murilo, que sentiu o golpe e ainda saiu do episódio com a imagem arranhada perante os colegas.

A pressão a que a Rainha estava submetida fez aumentar a frequência de melodias de Mozart e Vivaldi na redação. Os arroubos de mau humor e atritos com os editores aumentaram e as insatisfações veladas de seus subordinados começaram a ganhar corpo, a se somar, até transbordarem para os ouvidos dos dois herdeiros de Ruy Mesquita que já trabalhavam na redação.

O primogênito Ruy Mesquita Filho, o Ruyzito, e o terceiro filho, Rodrigo, levaram o caso ao pai no final de 1977. Quase dez anos haviam se passado desde que a Rainha subira ao trono. Os editores estavam insatisfeitos, os desgastes eram grandes. Talvez fosse hora de uma substituição.

Ruy Mesquita resistiu a princípio, por lealdade e por conhecer o valor de Murilo. Seus filhos, porém, tinham o apoio do braço administrativo da família. Aos olhos do resto da diretoria, Murilo vivia estourando os orçamentos e se rebelando contra novos cortes. A pressão sobre Ruy aumentou e ele acabou concordando parcialmente com o que lhe pediam. Jamais demitiria Murilo Felisberto, como lhe propunham, mas chegara a hora de mudar o comando da redação.

## 32. Fernando Mitre

— Quem o senhor vai colocar no meu lugar?

Murilo Felisberto recebeu a notícia de que deixaria o cargo de editor-
-chefe com essa pergunta. Não aparentava contrariedade, não pretendia
fazer cena alguma, muito menos pedir demissão. Em lugar de ultrajado,
sentia certa gratidão por Ruy Mesquita não o demitir, como seria o esperado naquela situação. O patrão explicara ter avaliado que ele passara
tempo demais na chefia, estava cansado, e seria melhor que se aliviasse
um pouco de toda aquela pressão.

— Você sempre nos serviu com extrema lealdade. Pode escolher o cargo
que quiser dentro do jornal, se aceitar seguir conosco.

Murilo estava disposto a permanecer e aceitaria de bom grado o comando da editoria de Variedades. Antes, porém, insistia em saber quem
o patrão pretendia promover para substituí-lo. As opções mais óbvias
estavam no Mesão* do jornal: Ivan Ângelo, o secretário de redação,
Laerte Fernandes, que chefiava a pauta geral e abria o jornal todas as
manhãs, e Fernando Mitre, o subsecretário que fechava o jornal com
Murilo todos os dias. Ivan e Mitre, por sinal, eram dois dos melhores
amigos de Murilo.

---

\* Nome dado ao grupo de mesas no centro da redação na qual se sentavam os editores
da Primeira Página e onde eram tomadas as principais decisões do jornal.

— O Ruyzito defende que seja o Laerte, o Rodrigo acha que deve ser o Mitre. Eu gosto dos dois... — explicou Ruy.

— Então promova os dois, doutor Ruy — opinou Murilo. — Mantenha o Laerte na abertura pela manhã e coloque o Mitre para fechar. Ele domina melhor o espírito da primeira página do *JT*.

Ruy aceitou a sugestão e dividiu o comando entre Mitre e Laerte. Assim, não desagradava a nenhum dos filhos. Na prática, Laerte abriria o jornal, como sempre fizera, e Mitre fecharia a edição todas as noites com Ivan Ângelo.

A redação recebeu a notícia com alívio. Os boatos sobre a possível saída de Murilo já circulavam havia alguns dias e todos especulavam sobre quem o substituiria. Temiam a vinda de alguém de fora, que não entendesse o espírito do *JT*. A escolha de Laerte para continuar o trabalho que já fazia e a de Mitre para o fechamento, porém, mantinha a chefia nas mãos de dois dos fundadores. Com o tempo, Mitre se destacaria como principal editor-chefe.

* * *

Nascido em 1941 na cidade de Oliveira, em Minas Gerais, Fernando de Lima Mitre havia cursado direito e economia, mas trocara os dois cursos por uma vaga de estagiário no *Correio de Minas* em 1963. Passara pela revista *Binômio* e pelo *Diário de Minas* e trabalhara com Fernando Gabeira e Moacir Japiassu em BH antes de chegar ao *JT*, onde fora alocado como redator na editoria de Internacional.

De lá, fora promovido a editor especial, ainda por Mino Carta, e assumira a edição da Geral sob a gestão de Murilo. Assim como os demais editores, em permanente rodízio pelas editorias, Mitre editara a Geral e a Internacional antes de ser promovido. O talento que demonstrara na diagramação de páginas inspiradas o credenciara para o cargo de subsecretário de redação, atuando no fechamento da primeira página ao lado de Ivan Ângelo e de Murilo.

Sempre teve o hábito de circular entre as editorias sugerindo pautas, títulos, dando opiniões sobre layouts diferentes e oferecendo ajuda para o que fosse necessário. Era extremamente político, amigo de todos e respeitado não só pelos colegas, como também pelos patrões.

Não seria errado afirmar que, naqueles anos desde a fundação, o *Jornal da Tarde* fora a sua vida. Mitre era genuinamente dedicado e fazia questão de participar de todas as etapas do jornal. Aparecia na redação aos sábados, dia em que não havia expediente, e, não raramente, nos tempos da Major Quedinho, era visto na porta da gráfica, perto do horário de encerramento da impressão, esperando para pegar um dos primeiros exemplares antes de ir para casa dormir.

Com perfil conciliador, Fernando Mitre iniciaria uma nova fase que também seria marcante na história do *Jornal da Tarde*. Estavam para surgir, sob o seu comando, algumas das melhores primeiras páginas do jornalismo brasileiro.

# 33. A equipe de Mitre

Com Fernando Mitre e Laerte Fernandes ao leme, a redação seguiu no mesmo rumo de pautas criativas e layouts ousados, só que agora com orçamento mais controlado. Os aumentos de salários continuavam proibidos e a equipe começou a perder gente que partia em busca de melhores condições. Quando alguém saía, os editores muitas vezes fechavam a vaga para redistribuir o dinheiro e, dessa forma, conceder pequenos aumentos aos que estavam havia muito tempo sem promoções.

Apesar das dificuldades financeiras, Mitre resolveu fazer algumas mudanças na equipe. A mais ruidosa, sem dúvida, foi a troca do editor de Esportes. Vital Battaglia, que chegara ao cargo pelas mãos de Murilo, havia acabado de voltar da Argentina, onde comandara a cobertura da Copa do Mundo de 1978, quando Mitre decidiu promovê-lo a repórter especial. Para o lugar dele, nomeou Mário Marinho.

Mitre achava que Battaglia renderia mais no novo grupo de repórteres especiais que ele estava montando, que incluía Marcos Faermann, Valdir Sanches, Percival de Souza e Fernando Portela. Battaglia, porém, não gostou da promoção que o tirava do comando da equipe e não fez questão de esconder sua insatisfação.

Outra providência adotada por Mitre foi reforçar a Economia, tema que interessava cada vez mais a Ruy Mesquita. Nos primeiros anos do jornal, os assuntos dessa área ficavam sob o abrigo da editoria de Política. A cobertura econômica começara a ganhar peso em 1974, quando Ruy decidira criar a editoria e contratara Celso Ming para chefiá-la.

Ming já era, na época, um dos melhores jornalistas econômicos do país. O cargo de editor no *Jornal da Tarde*, porém, exigia habilidades de diagramação e conhecimentos gráficos que ele não dominava. No seu primeiro dia de trabalho, ficou perdido na hora de diagramar as páginas. Murilo acabou deslocando Sandro Vaia para ajudá-lo no fechamento.

Ming seguira como editor, ajudando a pautar os repórteres, orientando as coberturas, fechando textos, mas o desenho das páginas era repassado para outro editor formado na cultura *JT*. Aos poucos, começou a ajudar nos editoriais de Ruy Mesquita e a editoria perdeu peso.

Assim que assumiu a redação, Mitre trouxe Kléber de Almeida de volta a São Paulo para comandar a Economia, com a missão de reforçá-la — ele havia sido deslocado alguns anos antes para cobrir o Itamaraty, em Brasília. Como não teria verba para grandes contratações, Kléber decidiu investir num jornalista especializado que desse peso à pauta da editoria. O escolhido por ele foi Luis Nassif, que trabalhava na *Veja*.

\* \* \*

Neto de libaneses, filho de um argentino, Nassif é mineiro de Poços de Caldas, onde nasceu em 1950, mas fez toda sua carreira em São Paulo. Cursou jornalismo na Escola de Comunicações e Artes da Universidade de São Paulo, onde ingressou em 1969, e iniciou na profissão como estagiário da *Veja* em 1970.

Começou cobrindo artes e espetáculos e teve a chance de se tornar crítico de música da revista em 1974, mas preferiu ir para a Economia, assunto de que gostava mais. Em 1978, se queimou com a direção da revista num episódio em que a redação se insurgiu contra o tratamento dado a um texto sobre a sucessão de Ernesto Geisel. Passou a ser apontado como líder da revolta e caiu no ostracismo.

Não foi demitido, mas não recebia pautas importantes ou textos para editar. Foi nesse clima que recebeu o telefonema de Kléber de Almeida e aceitou imediatamente o cargo de pauteiro da Economia que ele lhe oferecia.

Nassif pegou rapidamente o jeito. Passou a pautar assuntos importantes que seriam repercutidos nos outros jornais. O primeiro denunciava uma máfia que liberava irregularmente dinheiro do Fundo de Garantia por Tempo de Serviço, ficando com quase metade do valor. Em seguida, uma série publicada durante uma semana delatava construtoras que manobravam assembleias de edifícios recém-lançados. O objetivo era controlar o condomínio durante os primeiros seis meses, prazo previsto na lei da época para que os proprietários apresentassem queixas sobre problemas estruturais dos prédios.

As reportagens tiveram enorme repercussão e viraram pauta nos telejornais. Nassif era rápido nas ideias, orientava bem a equipe de repórteres e era extremamente criativo nas pautas de serviço.

Aos poucos, Mitre ia imprimindo seu estilo ao jornal, que ganhava mais peso editorial, ao mesmo tempo que mantinha o padrão de beleza gráfica. O primeiro grande teste de fogo do novo editor-chefe, porém, aconteceria apenas no ano seguinte, e não teria nenhuma relação com sua função editorial.

# 34. A greve de 1979

A liderança de Mitre seria colocada à prova durante uma greve de jornalistas em maio de 1979, a primeira tentativa de mobilização da categoria desde a paralisação vitoriosa comandada por Ewaldo Dantas Ferreira em 1961.

O Brasil era varrido por ventos de reabertura política. Lenta e gradual, como gostavam de classificar os militares no poder. Em 1978, um jovem metalúrgico barbudo chamado Luiz Inácio da Silva, apelidado de Lula, incendiara a região do ABC paulista com paralisações de sua categoria que desafiavam a ditadura. Inflamada pelo movimento do ABC, a direção do Sindicato dos Jornalistas do Estado de São Paulo começou a arquitetar uma greve no início de 1979. Queria aumento de 25% nos salários e imunidade no emprego para seus representantes. Os patrões ofereciam 16%, a título de antecipação salarial, a ser descontada do dissídio na data-base, em dezembro do mesmo ano.

No dia 17 de maio, a proposta foi levada a votação numa primeira assembleia na Igreja da Consolação, da qual participaram 1.500 jornalistas. A única voz destoante dos militantes de esquerda que dominavam o sindicato foi a do jornalista Emir Macedo Nogueira, então editor de opinião da *Folha de S.Paulo*.

— Os jornalistas não estão preparados para a greve.

Foi vaiado, insultado, mas metade da assembleia lhe deu ouvidos. Colocada em votação, a proposta não obteve maioria e a greve foi adiada.

Diante da situação, os jornalistas do *Jornal da Tarde* se reuniram para decidir o que fazer. A maioria era contrária à paralisação, mas todos concordaram que, se ela fosse aprovada pelo sindicato, teriam de aderir. Era uma questão de princípios. Depois de todas as arbitrariedades sofridas durante os anos de chumbo da ditadura, eles não poderiam virar as costas a um movimento que afrontava o regime. Ficou decidido também que a equipe adotaria uma posição única para dificultar futuras retaliações.

Antecipando-se à tempestade, Fernando Mitre propôs duas medidas preventivas: a primeira era avisar Ruy Mesquita com antecedência da decisão tomada naquele encontro, para que ele não fosse surpreendido por uma greve. Ele mesmo se propôs a fazer a intermediação com os patrões. A segunda era garantir o direito de trabalhar aos jornalistas em cargos de confiança da direção. Enquadravam-se nesse grupo ele próprio, Laerte Fernandes e Ivan Ângelo.

O que Mitre queria evitar a todo custo era um cisma entre patrões e jornalistas. Uma radicalização resultaria em demissões naquela equipe tão azeitada que recebera de Murilo Felisberto. No encontro com Ruy, Mitre levou com ele Ruyzito e Rodrigo. Após explicar o que havia sido aprovado pelos colegas, ele garantiu que os três homens nos cargos de confiança da direção trabalhariam para colocar o jornal nas bancas. Em troca, esperava que a empresa respeitasse o direito de greve dos colegas. Ao final da conversa, Ruy pareceu convencido.

— Nós não brigamos tanto pela democracia esses anos todos? — disse aos filhos. — Democracia é isso. Todos têm o direito de se manifestar.

\* \* \*

O presidente do sindicato, David de Morais, convocou uma nova assembleia geral no Teatro da Universidade Católica de São Paulo, o Tuca, localizado no bairro paulistano de Perdizes, para a noite do dia 22 de maio. A assembleia lotou o auditório do teatro com 1.692 jornalistas e entrou pela madrugada. Mais uma vez, a única voz dissonante foi a de Emir Macedo Nogueira. Ele pediu a palavra para falar contra a greve, foi vaiado novamente, acusado de ser a voz dos patrões, e terminou sua explanação com uma profecia:

— Os jornais vão noticiar a nossa greve.

Juca Kfouri, então do comando de greve, pediu a palavra para garantir que os jornais não conseguiriam chegar às bancas. Havia um plano secreto, segundo ele, para evitar a circulação. O plano não foi revelado à plateia, mas de alguma forma a convenceu. Colocada em votação, a greve foi aprovada e os jornalistas cruzaram os braços já no dia seguinte.

Como previra Nogueira, a paralisação não impediu a publicação dos jornais. Na redação do *JT*, Mitre, Ivan Ângelo e Laerte Fernandes trabalharam ao lado de Ruyzito, Rodrigo e Ruy para fechar o jornal com notícias de agências e matérias prontas que estavam engavetadas à espera de uma oportunidade para serem publicadas.

Na madrugada do dia 24, após um dia inteiro de piquetes em portas de redações, os jornalistas do *JT* se reuniram no Bar do Alemão, na avenida Antártica. Era o substituto do Mutamba depois da mudança da sede para a marginal do rio Tietê. Tomavam ali um chope e discutiam a paralisação quando viram entrar pela porta Ruyzito e Rodrigo. Traziam vários exemplares do *Jornal da Tarde* debaixo do braço e passaram a distribuí-los pelas mesas. A manchete do *JT* confirmava a profecia de Nogueira: "Jornalistas em greve."

Os dias seguintes foram perdidos com piquetes infrutíferos nas portas dos edifícios onde estavam instaladas as redações. Os jornais continuavam saindo. Alguém propôs que os piquetes fechassem a saída dos caminhões que faziam a distribuição na madrugada. O presidente do sindicato desautorizou a ideia. A Tropa de Choque da Polícia Militar vinha reprimindo os piqueteiros e uma tentativa de obstruir a passagem de caminhões poderia terminar em tragédia.

A arma secreta a que aludira Juca Kfouri nunca apareceu. Anos depois, ele confessaria, constrangido, que recebera a informação de um comando de greve incumbido de elaborar estratégias heterodoxas. Mais tarde, porém, ficou sabendo que o plano era derramar óleo nas avenidas para impedir a passagem dos caminhões de entrega. A ideia mirabolante foi abortada pelo sindicato.

No dia 28, o Tribunal Regional do Trabalho julgou a greve abusiva e deu sinal verde para demissões. Dois dias depois, a mobilização era encerrada em clima de frustração. A caça às bruxas começou em várias redações, com a demissão de quem havia cruzado os braços. Ruy Mesquita, ao final da paralisação, honrou a parte dele no acordo e não demitiu um único jornalista.

## 35. Flávio Márcio

Os profissionais do *JT* tiveram uma perda muito maior para lamentar naquele maio de 1979. Flávio Márcio, amigo de toda aquela equipe desde a fundação, morreu no primeiro dia da greve. Aos 35 anos de idade, ele havia sido submetido a uma banal cirurgia de extração de amígdalas. Sofrera uma hemorragia local na garganta durante a noite, perdera muito sangue, e quando foi encontrado pelos amigos, ainda com vida, era tarde demais.

Natural de Juiz de Fora, Flávio Márcio Vieira Salim iniciara sua carreira jornalística em Minas Gerais antes de se mudar para São Paulo para fundar o *Jornal da Tarde*. Havia deixado o jornal para se dedicar ao teatro, sua outra paixão. Vinha ensaiando, desde os anos 1960, uma carreira paralela de dramaturgo que só deslanchara a partir de 1974, com a primeira montagem de uma peça de sua autoria, *Réveillon*, encenada pelo Grêmio Dramático Brasileiro e dirigida por Aderbal Freire-Filho no Rio de Janeiro.

A peça chamou a atenção da atriz Regina Duarte, na época em busca de um papel forte que a descolasse da imagem de namoradinha do Brasil. Ela produziu nova montagem do texto no ano seguinte, em São Paulo, com direção de Paulo José, o que rendeu a Flávio Márcio o prêmio da Associação Paulista de Críticos de Arte (APCA) de melhor autor do ano.

*Réveillon* era a segunda peça de uma trilogia sobre as opressões do ambiente familiar, composta também de *À moda da casa*, que ele havia escrito em 1973 mas fora proibida pela censura, e *Tiro ao alvo*, que terminara em 1978 e seria montada em 1979 pelo diretor Ronaldo Brandão. *À moda da casa* só chegaria aos palcos dois anos depois da morte de Flávio Márcio, em 1981, dirigida por Nelson Xavier.

## 36. O repórter na Nicarágua

A greve mal terminara e os orçamentos continuavam apertados quando o repórter Valdir Sanches foi chamado à sala de Ruy Mesquita, no final de junho de 1979. Em todos aqueles anos, Valdir jamais entrara na sala do patrão. Ele estranhou a convocação, mas a notícia que Ruy tinha para lhe dar era boa.

— Nós vamos mandá-lo novamente para a Nicarágua, mas eu não quero que você entre no país — informou. — A guerra civil está muito grave por lá. Voe para a Costa Rica e faça a cobertura de San José.

Valdir havia se firmado como um dos melhores repórteres do *JT*. Era sempre requisitado para grandes viagens e pautas complicadas. Em todos aqueles anos, estivera inúmeras vezes na Floresta Amazônica e conhecera praticamente o Brasil inteiro. Já estivera inclusive na Nicarágua, cobrindo a guerra entre sandinistas e a ditadura de Anastásio Somoza.

Depois dele, *O Estado* havia enviado um correspondente de Washington para Manágua, mas o repórter nem saíra do aeroporto. Percebendo que a situação se agravara, ele embarcara no primeiro avião para San José e de lá cobrira o conflito até voltar para os Estados Unidos.

A ordem de desembarcar na Costa Rica foi cumprida, mas Valdir, o repórter das histórias humanas, dos detalhes, não conseguia cobrir uma guerra civil à distância. Assim que chegou a San José, alugou um carro branco, colou no para-brisa um papel com a palavra "Prensa" grafada em letras grandes e se mandou para a fronteira.

Quando se aproximava do posto policial costarriquenho, percebeu que os oficiais lhe acenavam. Temendo que tentassem impedir a sua entrada na Nicarágua, Valdir fechou o vidro, acelerou e cruzou a fronteira. Fez a mesma coisa na volta, quando os guardas gesticulavam para ele novamente, e continuou repetindo a estratégia pelos dias seguintes.

Voltava com matérias sobre a situação nas cidades fronteiriças, os corpos espalhados pelas estradas, o clima de colapso total no sul da Nicarágua. Conseguiu até uma entrevista com Edén Atanacio Pastora Gómez, mais conhecido como Comandante Zero, então líder da Frente Sul, que dominava aquela região e era a maior milícia anti-Somoza depois da própria Frente Sandinista de Libertação Nacional, a FSLN.

A estratégia de ignorar os soldados funcionou por quatro dias. No quinto, dando carona para uma equipe de TV e uma repórter da agência de notícias americana Associated Press, Valdir foi finalmente parado pela Guarda Nacional da Costa Rica quando voltava da Nicarágua. Os praças estavam irritados com a atitude dele naqueles dias todos e mandaram que dirigisse o carro, escoltado por duas viaturas, até o posto da polícia para uma conversa com o comandante local.

Enquanto se deslocava entre as viaturas, Valdir ouviu o ronco de um motor que rapidamente aumentava e parecia vir na direção deles. Olhou pela janela e viu um caça-bombardeiro da Força Aérea da Nicarágua, leal a Somoza. O avião iniciava um voo rasante, em posição de ataque e, de repente, liberou duas bombas de suas asas sobre o carro em que ele estava.

\* \* \*

Haydée Sanches foi acordada no meio da madrugada pelo toque insistente do telefone na casa onde morava com os três filhos e o marido, na cidade de Guarulhos, região metropolitana de São Paulo. Ela se acostumara aos períodos de ausência de Valdir, sempre em viagens pelo Brasil para mais uma reportagem do *Jornal da Tarde*. Jamais recebera, porém, um telefonema no meio da noite. Como o marido cobria uma guerra, teve certeza de que receberia uma notícia ruim. Reconheceu do outro lado a voz de Ari Schneider, companheiro de Geral de Valdir:

— Desculpe por ligar a esta hora, mas eu não queria que você soubesse amanhã pelos jornais — foi explicando o colega encarregado de contatar a família do repórter.

— O que aconteceu, Ari?

— O carro em que o Valdir estava foi bombardeado pela Força Aérea do Somoza, mas ele está bem — tranquilizou-a. — Não sofreu nem um arranhão. Como nós fizemos uma chamada forte na capa, "Nosso repórter sob as bombas", eu quis te tranquilizar pra você não tomar um susto amanhã.

— Bem, tomei o susto agora, Ari — Haydée estava aliviada. — Obrigada por me avisar, de qualquer forma.

Valdir Sanches escapara por pouco das bombas lançadas pelo caça. Ao perceber o que ia acontecer, ele e os jornalistas a quem dava carona saltaram do carro e correram para longe. As bombas não atingiram o alvo em cheio, mas o impacto das explosões causou danos ao veículo. Finalmente, Valdir entendeu por que a Guarda Nacional da Costa Rica tentava pará-lo todos os dias na fronteira. Os soldados queriam avisá-lo de que era temerário conduzir um carro daquela cor numa zona de conflito. O branco, em contraste com o preto do asfalto, se transformava em alvo perfeito para bombardeios aéreos.

\* \* \*

O episódio, porém, não intimidou o repórter. Valdir continuou sua cobertura, agora sem carro branco, até que circulou em San José a informação de que o regime de Somoza não duraria muito mais tempo. Os sandinistas estavam às portas da capital, Manágua. Ele tomou um avião para El Salvador e, de lá, conseguiu lugar no último voo a pousar na Nicarágua antes do fechamento do aeroporto. Na cidade, se incorporou a um grupo de jornalistas que, por precaução, circulava sempre em comboios. Para não correr novos riscos com carros alugados, contratou um taxista indicado pelo hotel.

Na véspera da queda de Somoza, todos os jornalistas foram para uma cidade próxima tomada pelos sandinistas. Entrevistaram os comandantes sobre a guerra, os planos para o assalto à capital e, na hora de ir embora, Valdir ficou retido. Os sandinistas desconfiaram do motorista que o servia. Achavam se tratar de um espião do regime.

Valdir finalmente conseguiu explicar a um comandante mais esclarecido que era jornalista e foi liberado para voltar a Manágua. Poucas horas depois, Somoza fugiu da Nicarágua. E, como último ato, mandou sabotar as comunicações. O repórter ficou isolado na capital, sem telefone para transmitir a São Paulo justamente a matéria da queda do ditador. A ansiedade era maior porque, àquela altura, o *JT* já deixara de ser um vespertino, pelo menos informalmente.

O horário de fechamento havia sido antecipado gradativamente ao longo dos anos. Em 1979, o jornal entrava em impressão por volta das 3h e chegava às bancas no meio da manhã. Valdir precisava fazer contato com a redação naquela mesma noite se quisesse sua matéria publicada no dia seguinte.

Depois de horas de tentativas frustradas, a madrugada já avançada, ele desistiu e foi dormir. Havia acabado de pegar no sono quando o telefone do quarto tocou. Ele atendeu meio atordoado uma moça que falava em português:

— Valdir, aqui é do jornal *O Estado de S. Paulo*, estamos tentando há horas um contato com você...

— Minha filha, como você conseguiu ligar aqui?! — exclamou Valdir.

— Eu também estava tentando falar com vocês! Chama o César Camarinha para mim, por favor!

César Camarinha era o secretário gráfico do *JT*, a quem Valdir perguntou:

— O jornal já rodou?

— Está rodando, mas bem devagar.

— Então manda parar. Caiu o ditador Somoza.

Valdir foi então transferido para a cabine, onde uma telefonista datilografaria o texto, ditou a matéria e o *Jornal da Tarde* conseguiu dar a queda do ditador na primeira página.

\* \* \*

No dia seguinte, Valdir ficou a pé. Ele nunca soube se o motorista, afinal, era ou não um espião, mas o fato é que tinha desaparecido junto com o ditador. Todos os jornalistas foram para o bunker que Somoza havia abandonado no dia anterior, entraram, fizeram fotos, Valdir até fez uma graça e se deixou fotografar sentado na cadeira do ditador, com um dos ridículos quepes militares que ele costumava usar. Depois, todos pegaram seus carros e partiram para a estrada, onde pretendiam encontrar as colunas de sandinistas marchando para a capital.

Valdir não tinha carro, ficou para trás. E dava uma volta pela rua, nas proximidades do bunker, quando viu um grupo de guerrilheiros sandinistas armados se esgueirando por uma rua lateral. Ele abordou o comandante, avisou que não havia mais tropas de Somoza e o guerrilheiro explicou que a patrulha dele fora enviada na vanguarda para checar como estava a situação da capital. Era o primeiro grupo sandinista a entrar em Manágua.

— Vocês já estiveram no bunker do Somoza? — perguntou Valdir.

— Não, acabamos de chegar — explicou o oficial.

— Então vamos lá, eu levo vocês.

O repórter do *JT* entregou o bunker de Somoza ao comando sandinista e reportou, no jornal do dia seguinte, como a primeira patrulha havia tomado o antigo refúgio do ditador sem disparar um único tiro. Tímido, ocultou sua participação nos fatos históricos. Só a relatou, tempos depois, numa matéria que escreveu como freelancer para a revista masculina *Status*. Guardou como suvenir daquela cobertura os carimbos trocados no passaporte. O de entrada em Manágua foi dado pelo governo de Somoza. O de saída, já pelos sandinistas no poder, era um rabisco de pincel atômico.

\* \* \*

O *Jornal da Tarde* continuaria sua trajetória vitoriosa nas edições do Prêmio Esso no final dos anos 1970. No último ano sob o comando de Murilo Felisberto, em 1977, Percival de Souza recebera menção honrosa pela reportagem "O caso Tino: O homem-chave". Em 1978, a equipe comandada por Vital Battaglia antes de sua substituição no cargo de editor de Esportes ganharia o prêmio de Informação Esportiva pela cobertura da Copa do Mundo na Argentina. Em 1979, Odir Cunha e Castilho de Andrade faturariam novamente o primeiro lugar em Informação Esportiva pela cobertura dos Jogos Pan-Americanos realizados naquele ano em San Juan, Porto Rico. Nos dois anos seguintes, os prêmios não viriam. Voltariam apenas em 1982, que seria um ano cheio de grandes emoções para a redação do *JT*.

# 37. A Guerra das Malvinas

O ano de 1982 começou quente para a editoria de Internacional. Após décadas de negociações diplomáticas infrutíferas, a Argentina decidira endurecer na disputa pela posse das Ilhas Malvinas, localizadas no Atlântico Sul e anexadas ao império britânico em 1833.

Os boatos de uma ação militar se intensificaram no dia 26 de março, quando uma expressiva força naval argentina partiu de Porto Belgrano sob o pretexto de realizar manobras com a frota uruguaia. A força-tarefa argentina era formada por dois destroieres, duas corvetas, um submarino e três navios de transporte de tropas, que levavam regimentos de infantaria, fuzileiros navais e blindados anfíbios.

Em Buenos Aires circulavam rumores de que os navios se dirigiam para as Malvinas. E a editoria de Internacional do *Jornal da Tarde* entrou em prontidão por ordem de seu novo editor, recém-promovido, Rodrigo Lara Mesquita.

\* \* \*

Terceiro filho de Ruy Mesquita, Rodrigo iniciara na carreira de jornalista em 1976 separando telegramas enviados pelas agências internacionais, sucursais e correspondentes. Num tempo em que não existiam computadores nem internet, os textos eram enviados por telex e caíam numa mesa com vários contínuos que os distribuíam, dependendo do assunto, por editoria. Rodrigo, aos 22 anos, escolheu chefiar os contínuos. Ele achava que aquele era um bom caminho para aprender o que era notícia. E, sendo filho do patrão, acreditava que precisaria aprender muito para conquistar o respeito profissional dos jornalistas que haviam criado aquele *Jornal da Tarde* empolgante dos anos 1970.

Como a família prezava a tradição do primogênito, Rodrigo achava que jamais teria a chance de comandar o *JT*. A primazia estava destinada a Ruyzito, seu irmão mais velho. No máximo a Fernão, o segundo irmão. Por isso, o projeto de Rodrigo era se transformar no que chamava de "repórter dos confins", fazendo questão de explicar que os confins poderiam estar nos fundões da Floresta Amazônica ou mesmo ali, na esquina da metrópole mais turbulenta da América Latina.

De separador de telegramas, Rodrigo foi promovido a copidesque da Internacional, depois subeditor da mesma área, e chegou ao cargo de editor pela primeira vez no comando do "Caderno de Leituras" que circulava aos sábados. Assim que terminou a faculdade de História, se mudou para Paris e trabalhou como correspondente por um ano e meio. Voltou em 1981 como repórter especial e foi encontrar sua pauta de entrada para a rotina do jornal justamente no lugar onde costumava se refugiar para descansar.

Quando criança, Rodrigo se acostumara a frequentar Cananeia, no litoral Sul de São Paulo, onde o pai mantinha uma casa. Anos depois, Ruy vendera a propriedade, mas Rodrigo tinha feito amigos caiçaras na região e continuava viajando para lá sempre que podia. Depois de voltar da França, pegou uma voadeira para visitar seu Acyr, um velho amigo, na Ilha do Superagui, no norte do Paraná. Ao chegar, deu de cara com a placa de uma empresa chamada Capela — Companhia Agropastoril Litorânea do Paraná. A empresa estava loteando irregularmente dois terços do litoral paranaense, num total de 60 quilômetros.

O repórter, que sempre tivera uma preocupação com a natureza, logo enxergou ali uma pauta e iniciou uma série de reportagens denunciando o processo de grilagem e a destruição da Mata Atlântica. Durante quase dois anos de reportagens, Rodrigo fez amigos em várias organizações não governamentais que cuidavam daquele ecossistema ameaçado. Desses contatos, surgiu a ideia da criação de uma entidade que as articulasse. Era o embrião da SOS Mata Atlântica, que seria fundada anos depois, em 1986.

A campanha movida por Rodrigo, com as denúncias de papéis rasurados e grilos de terra, acabou interrompendo os planos da Capela. Os caiçaras venceram a briga com a companhia e a insistência do repórter ecológico despertou a atenção do país para a destruição da Serra do Mar, um dos últimos redutos de Mata Atlântica no litoral brasileiro. O empenho acabaria por levar o Condephaat a tombar a serra em 1985, durante a gestão do governador de São Paulo Franco Montoro.

\* \* \*

Em 1982, no meio dessa campanha, Rodrigo fora promovido a editor de Internacional. E foi nessa função que ele atendeu, na madrugada do dia 2 de abril, a um telefonema do correspondente da Agência Estado em Buenos Aires.

— Rodrigo, os jornais argentinos estão indo para as bancas com a notícia de que as Ilhas Malvinas foram invadidas.

Era 1h30 da manhã quando Rodrigo recebeu aquela informação. Ele estava na redação justamente à espera de novidades sobre a força-tarefa da Marinha argentina que partira para o mar no dia 26. Àquela altura, o serviço de inteligência britânico já tinha a informação de que os argentinos iriam mesmo invadir as ilhas. O desembarque, porém, não havia acontecido ainda. O mau tempo atrasara a operação das Forças Armadas argentinas.

— Mas a invasão já aconteceu? Nós não temos essa informação de nenhuma agência aqui — respondeu ele ao correspondente.

— Ainda não aconteceu, mas vai acontecer nas primeiras horas da manhã. Você vai ter de decidir o que fazer.

Rodrigo mandou parar a impressão do jornal e mudou a editoria toda para publicar o que havia preparado sobre a história das Ilhas Malvinas. Na matéria de abertura, explicou que a imprensa portenha noticiara a invasão das ilhas porque as tropas estavam a caminho e a guerra começaria pela manhã. Graças à ousadia dele, o *Jornal da Tarde* foi o único diário brasileiro a noticiar a invasão no dia em que ela ocorreu. A manchete era: "A Guerra das Malvinas começou."

\* \* \*

Com a invasão consumada, o governo britânico iniciou os preparativos para enviar uma frota naval ao Atlântico Sul e combater os argentinos. A então primeira-ministra Margareth Thatcher enfrentaria eleições naquele ano e não pretendia dar sinais de fraqueza. Quando ficou claro que haveria guerra de verdade, o sangue de repórter de Rodrigo falou mais alto. Ele deixou a edição nas mãos da equipe e embarcou para Buenos Aires no final de abril.

Na capital argentina, Rodrigo percebeu que o correspondente estava mais bem posicionado do que ele, porque vivia no país havia anos e tinha todas as fontes. Ele, então, decidiu se deslocar para Comodoro Rivadavia, onde estava o quartel-general da Marinha para a guerra. Ali, cobriu apenas uma entrevista coletiva do comandante da Força Aérea, brigadeiro Lami Dozo, e decidiu seguir para Ushuaia, uma pequena cidade, então com 30 mil habitantes, na Terra do Fogo.

Após uma conexão em Río Gallegos, Rodrigo embarcou no avião de uma companhia chamada Lade, que pertencia à Força Aérea — antes de chegar a Ushuaia, porém, o voo teve de fazer uma escala forçada em Río Grande por causa do mau tempo. Rodrigo passou quatro horas no aeroporto e, como a continuação do voo fora adiada para a manhã seguinte, acabou se hospedando no único hotel da cidade, Los Yaganes, onde também estava instalado o centro de operações da Força Aérea da Marinha argentina.

Era uma quinta-feira, 22 de abril, e naquela noite Rodrigo começou a transmitir uma matéria para a redação sobre a movimentação de caças argentinos no aeroporto de Río Grande. Informava ós modelos, com detalhes técnicos de cada aeronave, mas o texto ficou pela metade porque a ligação caiu e ele não conseguiu mais contato com São Paulo.

Na manhã do dia seguinte, voou para Ushuaia e se hospedou no Hotel Albatroz. Visitou duas bases na cidade, uma da Força Aérea naval e outra da Marinha. Apresentou-se aos militares, pediu entrevistas e autorização para visitar áreas de segurança, o que lhe foi negado. Os militares o advertiram para que tomasse cuidado. A situação naquela região tão próxima do conflito andava muito tensa. Havia paramilitares em atuação, agentes de inteligência, toda sorte de gente acostumada a desconfiar de todo mundo e a se movimentar nas sombras.

Naquela noite, ao conversar com a redação, Rodrigo pediu aos colegas no Brasil que voltassem a telefonar para ele às 10h do dia seguinte.

— Se não conseguirem falar comigo, é porque deu alguma merda.

Às 23h30, quando fumava o último cigarro antes de dormir, ouviu batidas na porta. Eram dois homens que se identificaram como agentes da Polícia de Investigações. Mandaram que ele apagasse o cigarro e vestisse um casaco para acompanhá-los. No corredor, os dois se certificaram de que não havia mais ninguém presenciando a prisão antes de saírem levando o repórter pelo braço. Em vez de se dirigirem para a saída principal, optaram por uma saída de emergência. Nesse momento, Rodrigo teve certeza de que estava sendo sequestrado.

* * *

A redação só soube de desaparecimento de Rodrigo Mesquita na manhã do sábado, às 10h. Cumprindo o que havia sido combinado, os jornalistas em São Paulo ligaram para o hotel e receberam a informação de que ele havia sido detido. Ruy Mesquita foi avisado e ligou para a embaixada do Brasil em Buenos Aires. O embaixador na época, Claudio Duarte, se comprometeu a pedir esclarecimentos ao governo argentino e retornou às 10h50, para tranquilizar Ruy.

— As prisões de jornalistas se tornaram corriqueiras em função da guerra — explicou. — Deve ser só um interrogatório de averiguações, nada de mais.

Nesse intervalo, porém, a redação fizera contato com a polícia de Ushuaia e com autoridades militares e recebera uma informação alarmante: entre os detidos da noite anterior não havia ninguém chamado Rodrigo Lara Mesquita. O próprio hotel, no terceiro contato, mudara a versão inicial e dissera que havia se enganado. O repórter havia saído na noite anterior, provavelmente em busca de companhia, e ainda não retornara. Ruy estava bastante preocupado.

— Embaixador, o senhor há de convir que esse desencontro de informações e o fato de não admitirem uma detenção oficial são muito preocupantes.

Ruy decidiu acionar a sucursal de Brasília da Agência Estado. Ao meio-dia, toda a cúpula do governo João Figueiredo estava ciente do desaparecimento, na Argentina, de um dos herdeiros do jornal *O Estado de S. Paulo*. Às 14h, Ruy foi atendido por telefone por um oficial do Estado-Maior Conjunto da Forças Armadas Argentinas em Buenos Aires, que lhe garantiu: checara todas as possibilidades e Rodrigo não estava oficialmente sob custódia do governo daquele país. Ruy ficou intrigado.

— O que o senhor quer dizer com este "oficialmente"?

— A única coisa que posso lhe informar é que o almirante Menendez, chefe de Inteligência do Estado-Maior Conjunto, foi pessoalmente encarregado de encontrar o seu filho. Em breve lhe daremos notícias.

O oficial pediu a Ruy que não divulgasse o desaparecimento, em função das implicações políticas e diplomáticas que a notícia causaria. Ruy aceitou o pedido, mas com uma condição.

— Se não tivermos notícias sobre o paradeiro dele até 15h, o mundo inteiro vai ser informado do que está acontecendo na Argentina.

Às 15h30, Ruy Mesquita Filho finalmente conseguiu falar com o irmão no hotel Albatroz, em Ushuaia, e achou a conversa toda muito estranha. Rodrigo se limitava a dizer que estava tudo bem, sem dar maiores explicações.

— Eu só saí para me divertir à noite, foi isso. Preciso desligar porque estou atrasado. Tenho de pegar um voo de volta.

O irmão, então, fez uma pergunta cifrada.

— Você conheceu o Fleury aí? — numa alusão ao delegado Sérgio Paranhos Fleury, do Dops.

— Conheci sim, e muito!

* * *

Rodrigo havia vivido quinze horas de terror nas mãos dos sequestradores. Assim que saíram do hotel, ele fora amordaçado e vendado. Com um capuz preto sobre a cabeça, fora jogado no chão de um veículo entre os bancos dianteiros e traseiro, e passara um tempo que jamais soube precisar, mas lhe parecera interminável, dando voltas. Quando finalmente o tiraram do carro, os sequestradores o sentaram numa cadeira e mandaram que deitasse o tronco sobre as pernas. Com as mãos algemadas nas costas, Rodrigo teve certeza de que levaria um tiro na nuca. Mas nada acontecera. Fora levado em seguida para outro aposento e ficara horas jogado num colchão, até ser finalmente conduzido para um interrogatório. Ainda vendado, não chegou a ver o homem que lhe fazia as perguntas.

— Qual é o objetivo de sua viagem a Ushuaia?

— Sou repórter, seu país está em guerra.

— Como você conseguiu tantas informações técnicas sobre os aviões Super Étendard, Skyhawk e Tracker?

— Numa revista argentina chamada *Somos*. São dados básicos, os ingleses sabem sobre essas aeronaves muito mais do que eu.

— Como sabia que estes aviões estavam em Río Grande?

— Fiquei quatro horas parado naquele aeroporto. Os caças estavam todos lá na pista, para quem quisesse ver.

— Qual a sua instrução militar?

— Nenhuma.

— Não serviu às Forças Armadas em seu país?

— Sou míope e tenho pés chatos. Fui dispensado.

Rodrigo foi levado de volta ao seu catre. Alguns minutos depois, ainda vendado, voltou à sala de interrogatórios. O homem que o questionara, então, explicou o que ia acontecer.

— Você vai ser liberado dentro de uma hora. Vai voltar para o seu hotel, vai ligar para o seu jornal e vai dizer que não houve nada. Sumiu porque encontrou uma moça e partiu para uma aventura amorosa. Depois, vai pagar a conta, pegar o primeiro avião para Río Grande, e de lá para Buenos Aires, e de novo para o Brasil.

Um outro homem, à esquerda, se encarregou das ameaças.

— Você já ouviu falar nas loucas da Plaza de Mayo? Nos 2 mil desaparecidos argentinos? Nós somos os responsáveis por isso. Somos o esquadrão da morte. Para nós, uma vida não vale mais do que uma merda. Se você não seguir à risca as nossas instruções, sua vida não valerá mais nada.

\* \* \*

Uma hora depois, Rodrigo foi solto num bosque de *lenguas*, árvores típicas da região, apenas com dois cigarros que os sequestradores lhe deram. Orientaram-no a fumar ambos, sem pressa, antes de tirar a venda dos olhos. Chovia e fazia frio, e o repórter caminhou um tempo até aparecer um motorista que lhe ofereceu carona e que ele teve certeza se tratar de algum agente do mesmo grupo que o sequestrara. O homem quis saber o que ele fazia num lugar tão ermo como aquele. Rodrigo, com o rosto sujo de sangue que escorrera do ferimento causado pela venda, respondeu.

— Vim conhecer uma fazenda de trutas.

Os homens que o levaram jamais revelaram para quem trabalhavam, mas Rodrigo teve certeza, pela forma como atuaram, de que se tratava de algum serviço de inteligência das Forças Armadas. Depois de seguir todas as orientações, na hora em que entrou no táxi que o levaria ao aeroporto, deparou com dois agentes da Polícia Territorial Argentina que haviam pedido uma carona ao taxista. Um deles ia assobiando a mesma música que ele ouvira durante a noite toda no cativeiro. Quando ofereceu cigarros ao motorista e aos agentes, um deles aceitou com uma frase reveladora.

— Agora, fumaremos todos juntos.

\* \* \*

De volta ao Brasil, Rodrigo sentiu-se suficientemente seguro para contar toda a história num texto em primeira pessoa, que foi publicado na última página do jornal do dia 27 de abril. Na capa, Mitre publicou como manchete: "Uma história de terror. Nosso repórter é sequestrado na Argentina." Era uma primeira página limpa, sem nenhuma outra chamada na área central. Trazia sob a manchete uma foto de Rodrigo na chegada ao Brasil, dando uma entrevista coletiva, ao lado de um subtítulo que explicava o que acontecera. Na metade inferior, uma foto de fuzileiros navais ingleses comemorando a retomada da Ilha Geórgia do Sul, no início da contraofensiva britânica.

O assunto despertou grande interesse entre os leitores. A primeira grande capa histórica da era Mitre, porém, seria publicada em pouco mais de dois meses. E, por uma dessas ironias do destino, não era uma primeira página de autoria de Fernando Mitre.

## 38. A capa mais famosa

O Brasil estava em êxtase com as atuações da seleção nos gramados da Espanha. O time dirigido pelo técnico Telê Santana jogava um futebol bonito, marcava muitos gols e havia acabado de despachar a Argentina da Copa do Mundo, impondo aos eternos rivais um placar de 3 a 1, com direito à expulsão de Diego Maradona. Um empate contra a Itália no jogo seguinte bastava para avançar às semifinais.

A imprensa especializada, eufórica com o que chamava de futebol-arte apresentado pelos meninos de Telê, já analisava o time da Polônia, que conquistara uma vaga na fase seguinte após derrotar a Bélgica e empatar com a União Soviética. Ninguém se preocupava com a Itália, que chegara até ali quase por milagre. A Azzurra fizera uma vexaminosa primeira fase e classificara-se por saldo de gols depois de empatar com Polônia, Peru e Camarões. Conquistara sua primeira vitória no torneio apenas no jogo anterior, justamente contra a Argentina, por 2 a 1. Vencera, mas jogara mal. Não era páreo para aquele time formado por Valdir Perez, Leandro, Oscar, Luizinho e Júnior na defesa, Toninho Cerezo, Sócrates e Zico no meio-campo, Paulo Isidoro, Serginho Chulapa e Éder no ataque.

O desfecho, porém, surpreenderia até o mais pessimista dos brasileiros. O atacante italiano Paolo Rossi quebrou o jejum no torneio em grande estilo. Marcou os três gols da vitória da Itália por 3 a 2. Quando o juiz israelense Abraham Klein soprou o apito final no Estádio Sarriá, em Barcelona, o Brasil estava desclassificado. Reginaldo Manente, o fotógrafo que cobria a partida para o *Jornal da Tarde* e para *O Estado*, teve então um impulso inusitado.

Em lugar de fotografar a festa dos jogadores italianos e a tristeza do escrete brasileiro, como seria de praxe, ele se virou para as arquibancadas e começou a focalizar torcedores brasileiros. Fez algumas imagens de anônimos atônitos, estupefatos e tristes, todos com a camisa da seleção brasileira.

\* \* \*

A equipe de repórteres do *Jornal da Tarde* na Espanha era comandada pelo então chefe de reportagem da editoria de Esportes, Roberto Avallone. E ele foi a primeira pessoa para quem o editor Mário Marinho ligou assim que chegou à redação. Marinho assistira ao jogo em casa, na hora do almoço pelo horário de Brasília. A caminho da redação, ia pensando no problema que aquela derrota criara para ele. Precisava de uma capa forte para o caderno de Copa, à altura do tamanho da tragédia. Não poderia se limitar a estampar a notícia da derrota, que estaria velha demais no dia seguinte.

Avallone ouviu o pedido do editor em São Paulo e ficou de conversar com todos os repórteres para ver o que poderiam sugerir de lá. Na redação, Marinho se reuniu com seus subeditores e redatores e deu a mesma orientação: precisavam encontrar um lado não explorado daquela derrota para criar uma capa forte. A equipe estava reforçada com gente de peso. Na edição, trabalhavam com ele Sandro Vaia e Anélio Barreto.

Na chefia da reportagem em São Paulo, escalado para repercutir a tragédia, estava Elói Gertel, um jornalista que chegara ao *JT* em 1970, trazido por Murilo Felisberto para uma vaga de repórter no Esportes. Criado em família de jornalistas, Elói frequentava redações desde criança e interrompera o curso de Ciências Sociais na USP, em 1963, para começar a trabalhar como repórter de Geral no *Diário Popular*. Quatro anos depois, pulara para a editoria de Esportes da *Folha*, onde Murilo Felisberto fora

216    FERDINANDO CASAGRANDE

buscá-lo, em 1970. No *JT*, fora promovido a chefe de reportagem da mesma editoria após a Copa da Alemanha, em 1974, e no ano seguinte fora transferido para o mesmo cargo na Geral. Elói se firmara como pauteiro e, a partir da ascensão de Mitre, passara a integrar o grupo de elite formado pelo editor-chefe para reforçar editorias durante grandes eventos, como era o caso de uma cobertura de Copa do Mundo.

\* \* \*

A tarde já ia terminando quando o chefe da fotografia, Bento Lenzi, jogou sobre a mesa do editor de Esportes um punhado de radiofotos recebidas de Barcelona. Os editores se debruçaram sobre as imagens dos gols, dos jogadores festejando, de Zico sendo puxado pelo zagueiro italiano Claudio Gentile dentro da área. O meia brasileiro saíra do lance com a camisa rasgada, pênalti que o árbitro israelense não assinalara. Tudo aquilo era bom, mas não para a capa. Todo mundo havia visto tudo pela tevê e o material estaria ultrapassado no dia seguinte. Anélio e Sandro quebravam a cabeça sobre as imagens quando Marinho exclamou:

— A nossa capa está aqui!

Os dois foram conferir as imagens que ele analisava e viram várias fotos horizontais da torcida. Marinho se debruçava sobre uma que mostrava um casal e um menino na arquibancada, todos com camisas da seleção. Anélio não gostou, a princípio. Sandro ficou curioso.

— No que você está pensando, Marinho?

— Espera aí que você já vai ver — ele pegou o lápis vermelho que os editores usavam para marcar fotos, desenhou um pequeno retângulo vertical no meio da foto, enquadrando o menino, e mandou chamar o chefe da fotografia.

— Bento, faz esse corte aqui e amplia essa imagem o máximo que você conseguir, pra gente ver a quanto chega.

Quando Bento Lenzi voltou com a foto vertical ampliada, Anélio e Sandro não tiveram mais dúvidas. A imagem mostrava um menino de cerca de 12 anos, peito inflado com a camisa da seleção brasileira, no exato instante em que o choro que ele se esforçava para conter explodia. Marinho explicou:

— Vamos dar essa foto estourada na capa toda, sem texto nenhum.

— Vamos nos rebelar contra a ditadura da manchete — brincou Sandro.

* * *

O alívio de Marinho por ter conseguido uma capa forte para o caderno durou pouco. Menos de uma hora depois, o telefone tocou sobre a mesa dele. Do outro lado da linha, Fernando Mitre foi logo perguntando:

— Ô Marinho, que negócio é esse? Você está escondendo coisa de mim?

— Que coisa, Mitre?

— Fiquei sabendo que você tem uma puta foto aí e não mostrou para a primeira página.

— Tem sim, Mitre, mas não adianta nem você querer. A foto é a capa do caderno de Copa, não serve pra você aí.

— Espera que estou indo aí ver esse negócio.

Marinho não mostrara a foto para Mitre porque, por regra do bom jornalismo, se uma imagem fosse requisitada para a capa do jornal, não poderia ser usada novamente em outro lugar. Mitre foi até o Esporte e, ao ver a foto, decretou:

— Sinto muito, Marinho. Essa foto é minha.

— Mitre, você vai matar esse troço lá na primeira, espremido no meio das outras chamadas. Aqui, a foto ocupa a página inteira. Tem muito mais força.

— Desculpe, Marinho, eu me expliquei mal. Não quero a foto, eu quero a página inteira. Essa aí vai ser a capa do jornal.

Marinho não tinha como impedir o chefe de "roubar" a capa dele. Começou, então, uma segunda disputa. Sandro Vaia defendia que Mitre mantivesse, na primeira página, apenas a foto, sem chamada alguma. Mitre, a princípio, resistiu. Como admirador da semiótica, ele entendia que aquela foto dizia tudo sozinha. Mas a grande maioria dos leitores não tinha estudado as teorias de Charles Peirce e ele achava ousadia demais suprimir totalmente o texto.

— A primeira página do jornal precisa ter uma manchete.

Encomendou à diagramação um título naquela foto e começou a tentar chamadas, mas todas pareciam redundantes ou banais diante da força da imagem. Estavam nesse dilema quando Fernão Mesquita, segundo filho de Ruy, passou para ver o que o Mesão do *JT* preparava.

— Coloca só o local e a data, como num anúncio fúnebre — sugeriu Fernão.

— Como assim? — quis saber Mitre.

— No pé da foto, Mitre. Coloca uma tarja preta com a data: "Barcelona, 5 de julho de 1982".

Não era a primeira vez, na era Mitre, que a capa do *JT* publicava um único assunto, com uma única foto estourada. Em 14 de maio de 1981, ela noticiara assim o atentado a tiros contra o papa João Paulo II. Naquela ocasião, porém, a manchete era explicativa: "Dor. Balearam João de Deus". Desta vez, a aposta era muito maior. Com aquele jogo de imagem e uma data a título de manchete, Fernando Mitre apostava na capacidade dos leitores de atribuir significado a um conjunto não literal de informações. Apostou e ganhou.

A capa foi um sucesso absoluto de público e de crítica. Transformou-se num ícone daquela derrota na Espanha. Era uma primeira página de jornal tão surpreendente como fora a própria desclassificação da seleção brasileira.

O fato de ter sido criada por Mário Marinho não era demérito para Mitre. Marinho estava naquele posto por decisão do editor-chefe, que o promovera. Assim como Rodrigo Mesquita, o editor que dera o furo sobre o início da Guerra das Malvinas. A equipe montada por Mitre não tinha mais os melhores salários do jornalismo brasileiro, mas funcionava muito bem. E, em menos de um mês, outro dos reforços trazidos por ele ajudaria a criar um novo caderno que, ao longo dos anos, se transformaria no suplemento de maior sucesso comercial da história do *JT*.

Estava prestes a nascer o "Jornal do Carro".

# 39. "Jornal do Carro"

Em 1982, o horário de circulação do *Jornal da Tarde* já quase o caracterizava como um matutino. Chegava a 70% das bancas antes das 7h e, às 9h, já estava distribuído em toda a cidade. Seu melhor dia de vendas era a segunda-feira. Com a tiragem alavancada pela cobertura esportiva da rodada do fim de semana, o *JT* vendera, em média, 130 mil exemplares às segundas ao longo de 1981. De terça a sábado, a circulação média ficara em torno de 80 mil exemplares naquele mesmo ano.

Eram números baixos, se medidos com a régua a que estavam acostumados os executivos d'*O Estado*. O que preocupava nesses dados, porém, era o fato de registrarem queda em comparação a 1980, quando as segundas-feiras haviam tido média de 150 mil exemplares vendidos e os demais dias, 90 mil. Todos esses números eram auditados pelo Instituto Verificador de Circulação, o IVC, ao qual o jornal se filiara em 1980.

A retração aumentava as tensões entre os primos do setor editorial e os do administrativo. Os orçamentos permaneciam apertados, a crise financeira do final dos anos 1970 não fora equacionada e o vespertino dirigido por Ruy Mesquita, embora tivesse reduzido os gastos, não saía do vermelho. O *Jornal da Tarde* precisava decolar nas vendas e na receita publicitária. Um passo decisivo nessa direção seria dado com a implantação de mais uma das ideias de Luis Nassif.

Depois do sucesso inicial na pauta da editoria, Nassif vinha demonstrando grande talento para imaginar novos produtos. Apresentara uma proposta em 1980 para criar um caderno semanal sobre finanças pessoais. O conceito era aplicar à economia o jornalismo de serviço que o *JT* fazia tão bem desde a fundação na área de artes e espetáculos. O nome seria o mesmo de uma coluna semanal que o jornal já publicava sob o comando de Celso Ming e que se chamava "Seu Dinheiro".

Mitre gostara da ideia, mas os orçamentos enxutos não lhe deram folga para implantá-la. Em 1981, ele retomara a proposta, mas, em lugar de um caderno, o "Seu Dinheiro" começara a circular como uma página inteira, semanal. Continuara sob o comando de Ming e fora um sucesso.

Nassif não parava de ter ideias. E a maior de todas as contribuições que deixou ao *JT* começaria a nascer no final de 1980, quando ele ficou sabendo que a empresa tinha um grupo de pesquisadores no prédio administrativo. Criado por Francisco Mesquita Neto, filho do diretor-superintendente Juca Mesquita, o InformEstado estava ocioso desde que Chico se mudara para Nova York para cursar um mestrado na Universidade Columbia.

Ninguém passara novas tarefas ao setor e Nassif enxergou ali a oportunidade de criar um novo serviço para os leitores. O InformEstado poderia atualizar semanalmente uma tabela com os preços de carros usados. Era uma proposta bastante ambiciosa e, claro, enfrentou barreiras dentro da empresa. Havia uma infinidade de modelos de automóveis em circulação, cada um com três ou quatro diferenciações de acabamento e potência de motor. Cotar os preços de todos eles, divididos por ano de fabricação, era um trabalho considerado impossível. Ainda mais com periodicidade semanal, naqueles tempos de planilhas preenchidas à mão.

A ideia de Nassif, porém, ganhou um defensor de peso: assim que voltou dos Estados Unidos, em 1981, Chico Mesquita gostou daquela conversa. Faltava descobrir uma forma de fazer tudo aquilo em tempo hábil. E Nassif já tinha a resposta para o problema. Bastava criar um programa de computador.

Os computadores pessoais eram novidade no Brasil, haviam acabado de surgir. Nassif comprou um Dismaq 8000, com tela verde de fósforo, e criou ali um programa para efetuar o tabelamento dos dados. Mostrou o que fizera aos responsáveis pela informatização d'*O Estado* e eles reproduziram a programação para as máquinas mais potentes da empresa.

Resolvido esse impasse no início de 1982, ficou decidido que a tabela conteria os preços de 34 modelos de automóveis e de seis de motocicletas, num total de 3 mil cotações. Seria atualizada semanalmente e publicada sempre às quartas-feiras, num novo caderno dedicado aos automóveis.

\* \* \*

O *Jornal da Tarde* tinha tradição em coberturas do setor automobilístico. Começara logo na fundação, com Luiz Carlos Secco, por insistência de Mino Carta. Secco era um repórter incansável na busca por furos e fotos exclusivas de carros ainda mantidos em segredo pelas montadoras. As aventuras dele para antecipar os lançamentos entrariam para a história do jornal.

No final de 1966, quando dinheiro não era problema, ele alugara um helicóptero para sobrevoar com o fotógrafo Rolando de Freitas uma chácara em São Bernardo do Campo onde a Willys-Overland fotografaria os carros da sua linha 1967, entre eles o Itamaraty Executivo, a primeira limusine brasileira.

A ação fora planejada para que ele e Freitas sobrevoassem o local no exato momento em que a equipe do fabricante estivesse fotografando os carros. Os funcionários da Willys enlouqueceram quando viram os repórteres. Para impedir o trabalho dos jornalistas, alguns se deitaram sobre os veículos, outros faziam gestos obscenos e um mais ousado chegou a tirar a roupa e ficar completamente nu na frente do Itamaraty. De nada adiantou. Freitas clicou todos os modelos expostos e o helicóptero foi pousar no pátio de um laboratório nas redondezas.

Com o material já garantido, Freitas decidiu abusar e voltou à chácara usada pela Willys, desta vez por terra. Ele e Secco foram para lá num velho Oldsmobile de outro fotógrafo envolvido na operação, Luiz Manuel. Os funcionários da montadora se irritaram ainda mais com a ousadia. Tentaram tomar o equipamento de Freitas, começou um tumulto, e Secco,

no desespero, lembrou-se de que Manuel carregava um revólver no porta-
-luvas do Oldsmobile. Sacou a arma e, diante da ameaça de tiros, o tumulto
se desfez.

Um funcionário da Willys ainda tentou atropelar Freitas com uma picape em marcha a ré. O fotógrafo do *JT* percebeu a manobra e escapou da
investida, mas a picape acertou em cheio o Oldsmobile de Luiz Manuel.

Equipe embarcada no carro do fotógrafo, começou uma perseguição pela
rodovia Padre Anchieta, com os funcionários da Willys tentando interceptar
os repórteres. Nenhum dos novos modelos do fabricante, porém, foi páreo
para o velho Oldsmobile amassado. A vitória no "racha" virou título de
uma das reportagens que contavam a aventura da equipe.

Depois daquela, muitas outras perseguições aconteceriam ao longo
dos anos. O *JT* com frequência furava os concorrentes publicando fotos
exclusivas de carros que estavam sendo mantidos em segredo pelos fabricantes. A cobertura de automóveis ficava subordinada à Geral e, além
da indústria, abordava as competições, principalmente a partir de 1970,
quando Emerson Fittipaldi começou a despontar na Fórmula 1. Por essa
época, a seção passou a ter duas páginas, e Secco recebeu o reforço de
um repórter para cobrir os esportes a motor.

O jovem deslocado para ajudá-lo chegara naquele mesmo 1970 à Geral,
depois de começar no *JT* cobrindo esportes amadores. Não entendia nada
de automobilismo até ser pautado quase no susto para entrevistar Emerson
Fittipaldi, que vencera sua primeira corrida no Grande Prêmio dos Estados
Unidos, em Watkins Glen, no dia 4 de outubro daquele ano. O nome do
foca era Castilho de Andrade, que nos anos seguintes se transformaria
num dos maiores especialistas em automobilismo do jornalismo brasileiro.

* * *

Em 1982, quando Nassif mostrou que era possível montar a tabela de
preços, Mitre decidiu criar o caderno semanal com o nome consagrado
de "Jornal do Carro". A tabela atualizada seria o grande diferencial, algo
que nenhum outro veículo jamais havia tentado. A única comparável era a

publicada pela *Quatro Rodas*. Por ser mensal, porém, chegava ao mercado já defasada naqueles tempos de inflação alta.

O primeiro número do "Jornal do Carro" circulou no dia 4 de agosto de 1982 com dezesseis páginas em formato tabloide. Foi um sucesso editorial absoluto. Rapidamente, a tabela do *JT* seria referência para o então aquecido mercado de carros usados. As vendas das quartas-feiras, dia em que o suplemento era encartado, pularam para uma média acima dos 120 mil exemplares. Nos anos seguintes, atingiriam marcas ainda maiores e superariam os números da segunda-feira, alavancadas pela "Edição de Esportes". Mais importante ainda, os anúncios do setor automobilístico começariam a entrar em grande quantidade, aumentando a rentabilidade do *Jornal da Tarde*.

O editor do "Jornal do Carro", porém, não foi Luis Nassif. Mitre decidiu entregar o comando do suplemento a Nivaldo Nottoli, que era especializado no assunto. Nassif concordou com a decisão. Não se interessava muito por carros e o desafio fora criar a metodologia da tabela. Era o segundo produto idealizado por ele, porém, que acabava nas mãos de outros editores de confiança da empresa. O que o levou a concluir que o *Jornal da Tarde*, talvez, não fosse o melhor lugar para ele.

No ano seguinte, Nassif aceitaria um convite da *Folha de S.Paulo* para ser repórter especial de economia. A contratação dele, em 1983, estava entre os primeiros passos de uma reformulação que a *Folha* começava a colocar em prática e que causaria, num futuro próximo, grandes prejuízos ao *Jornal da Tarde*.

# 40. Capas inovadoras

A tradição de capas inovadoras não nasceu com Fernando Mitre. Desde a fundação, a primeira página do *JT* era diferente de tudo o que os leitores estavam acostumados a ver nas bancas. Trazia mais fotos, textos curtos e espaços em branco. Respeitava, em geral, a estrutura consagrada de estampar ali vários fatos importantes daquela edição, mas as exceções já existiam.

Em 21 de fevereiro de 1966, a capa chamava um único assunto. A foto ocupava a página toda e mostrava Pelé de costas, com os braços levantados, vestindo uma camiseta listrada e usando um chapéu num baile de Carnaval do Santos Futebol Clube. O título informava: "Pelé casa esta manhã".

Mas as capas conceituais começariam a ganhar mais espaço, mesmo, a partir de 1970, com uma primeira página feita por Murilo Felisberto no dia 6 de janeiro daquele ano. Sob o logotipo do jornal, uma grande moldura preta enquadrava um enorme vazio em branco. Na metade inferior do quadro, vinha a manchete: "1970!" A única chamada remetia a uma matéria com previsões de várias personalidades para aquele ano. Era metalinguagem pura: um quadro branco para representar um ano que começava e sobre o qual ninguém sabia nada.

Ainda em 1970, a Copa do Mundo realizada no México deu a Murilo farto material para capas diferentes. No dia 6 de junho, na edição que noticiava a partida entre as seleções brasileira e inglesa, ele inovou mais uma vez. Em lugar de imagens do jogo ou do único gol que deu a vitória ao Brasil, publicou uma sequência de seis fotos. Nelas, o rosto em close de um torcedor negro assistindo ao jogo num dos telões que haviam sido espalhados pela cidade. A manchete era "Toda a nossa emoção até o grande gol da vitória". No dia 22 daquele mesmo mês, a capa trazia uma única grande foto, ampliada além do limite, com as mãos de Pelé segurando a taça Jules Rimet, que o time havia conquistado em definitivo para o país, sob a manchete "Todos os nossos grandes momentos de gols e de paixão".

De todas as capas feitas por Murilo, a mais marcante, para muitos, foi justamente uma das últimas. Em dezembro de 1977, para noticiar a morte de Charles Chaplin, ele publicou uma foto vertical do filme *O garoto*, de 1921, que ocupava as quatro colunas à direita da página. No espaço preto da imagem, em letra branca, vinha a chamada: "A alegria deixa o palco da vida com Carlitos."

\* \* \*

Fernando Mitre conseguira, desde o início de sua trajetória como editor--chefe, manter essa tradição. Ainda em 1978, experimentara o deslocamento do logotipo do jornal para colocar a manchete no topo da página. Esse recurso passaria a ser usado com mais frequência a partir de 1979, quando o espaço acima do logo seria aberto também para outras chamadas menores, e não apenas para as manchetes. Foi ali que, em 1980, o *Jornal da Tarde* publicou a notícia da morte do ex-Beatle John Lennon, num dos episódios que se tornariam folclóricos na redação.

Lennon foi assassinado na porta do edifício onde morava, em Nova York, na noite do dia 8 de dezembro de 1980. A notícia só chegaria ao Brasil tarde demais para a maioria dos jornais. Mas não para o *Jornal da Tarde*. Embora já circulasse pela manhã, o *JT* ainda era o último diário a ser fechado, no meio da madrugada.

Assim que recebeu a notícia, Ivan Ângelo se preparou para trocar a manchete. Mobilizou os jornalistas que ainda estavam na redação para preparar o máximo de material que conseguissem sobre o músico no tempo que lhes restava e começou a imaginar a mudança nas páginas internas do primeiro caderno. No dia seguinte, porém, a morte do ex-Beatle não estava na manchete, e, sim, no alto da página. Ivan jamais revelou a ninguém a razão daquela decisão e imediatamente passou a circular uma história pitoresca.

Segundo a lenda, Ivan teria telefonado para Ruy Mesquita para avisá-lo de que estava mudando a manchete. O patrão teria resistido e, depois de idas e vindas, como Ruy não se convencesse, Ivan teria apelado.

— Mas, doutor Ruy, o senhor sabe quem é o John Lennon?

— Claro que sei. É aquele roqueiro casado com uma japonesa.

Ivan Ângelo, como bom mineiro, jamais confirmou a história. Assim como Fernando Mitre, que se divertiria por anos com ela, mas só guardaria a lembrança de, no dia seguinte, ter tentado publicar oito páginas sobre a morte de Lennon e ter sido proibido por Ruy Mesquita.

— Estão me pedindo que reduza os gastos com papel e você quer dar oito páginas para esse John Lennon?

\* \* \*

Outra inovação implantada por Fernando Mitre foi a utilização mais frequente de ilustrações na primeira página do *Jornal da Tarde*. Contando com o traço de humor afiado da dupla de artistas gráficos Haroldo George Gepp e José Roberto Maia, ou simplesmente Gepp & Maia, como assinavam suas obras, Mitre passou a encomendar ilustrações sempre que uma ocasião permitia uma irreverência. Um bom exemplo da estratégia foi a capa publicada no dia 28 de novembro de 1979.

A crise do petróleo havia se agravado e o Brasil, dependente das importações, estudava a adoção de um racionamento de combustíveis. Questionado sobre o assunto numa coletiva, o então presidente João Figueiredo deu uma resposta atravessada e Mitre não perdoou. Na capa do dia seguinte, uma charge mostrava o general montado num cavalo. A manchete, em letras garrafais, veio dentro de um balão de histórias em quadrinhos que saía da boca dele. Reproduzia a resposta de Figueiredo: "É botar o cavalo no arado e andar a pé. Que solução você queria?".

A charge de primeira página que entraria para a história, porém, seria de Paulo Maluf. Governador biônico de São Paulo entre 1979 e 1982, Maluf era o mestre das promessas vazias. Jogava com a falta de memória das pessoas para cobrar, no futuro, o que havia sido prometido. Durante o escândalo da Paulipetro, um consórcio formado por ele que estava enterrando 500 milhões de dólares em prospecção de petróleo no interior do estado, Maluf prometeu que encontraria gás natural num dos poços perfurados dentro de um ano.

Quando faltava um mês para o fim do prazo dado por Maluf, Ruy Mesquita chamou Fernando Mitre à sua sala:

— Encomende uma charge do Maluf para a capa — pediu. — Vamos fazer uma contagem regressiva até o fim do prazo dado por ele para encontrar o petróleo.

A contagem começou e, passados alguns dias, Mitre voltou à sala do patrão com a ideia genial.

— Doutor Ruy, e se nós fizéssemos crescer o nariz do Maluf? — propôs o editor-chefe. — Um pouquinho a cada dia, como se fosse o Pinóquio.

Ruy Mesquita se divertiu com aquilo e nasceu então o Paulinóquio, cujo nariz crescia diariamente, cruzando a capa do jornal pelo meio de outras chamadas. No dia 18 de abril de 1983, quando venceu o prazo, o desenho do nariz estava maior que a largura da primeira página. Mitre então invadiu o espaço da última página do primeiro caderno para que o nariz continuasse crescendo. Foi a primeira vez em que um assunto da primeira invadia o espaço da página espelhada. E não seria a última.

\* \* \*

Em matéria de capas inovadoras, 1983 seria um ano muito prolífico. Em agosto, o jornal anunciaria uma série de reportagens assinadas por Fernando Portela, Vital Battaglia e Rodrigo Mesquita sobre o peso do Estado na economia com a manchete "A República Socialista Soviética do Brasil". Sob o título, em lugar de fotos, um enorme bloco de texto, o que era completamente inusitado para o *Jornal da Tarde*. Alguns dias depois, na continuação da série, ele estamparia uma cédula de 5 mil cruzeiros na vertical, ocupando toda a extensão da primeira página. A manchete era "Um almoço de 33 trilhões" e, também contra as regras mais ortodoxas do design gráfico, foi grafada na vertical. O leitor precisava girar o jornal para ler o texto.

Finalmente, em novembro, Mitre chocaria o público com uma foto gigantesca logo abaixo do logotipo. Uma mão apontava um revólver na direção do leitor. A manchete era explícita: "São Paulo de mãos ao alto." Chamava para uma matéria sobre o aumento dos casos de latrocínio e de assaltos na cidade.

No dia 27 desse mesmo mês, a praça Charles Miller, no bairro do Pacaembu, seria palco de uma manifestação que reuniu 15 mil pessoas. Era a primeira, na cidade, de um movimento que começara tímido na pequena Abreu e Lima, interior de Pernambuco, onde um ato público reunira, no final de março, apenas cem pessoas. Pediam a volta das eleições diretas para presidente da República.

Começava a ganhar força o movimento das Diretas Já, que ajudaria a mudar o país e daria a Fernando Mitre, no ano seguinte, a inspiração para uma série de capas históricas de que o Brasil jamais se esqueceria.

# 41. Diretas Já

A ideia de realizar eleições diretas para presidente da República fora lançada pelo ex-senador alagoano Teotônio Vilela no início de 1983. Os brasileiros haviam elegido governadores e deputados estaduais em 1982. Para o cargo máximo do país, porém, a Constituição em vigor determinava eleição indireta. A escolha seria feita por um colégio eleitoral formado por deputados e senadores do Congresso Nacional.

Teotônio Vilela havia deixado o Senado em 1982 para lutar contra um câncer em estágio avançado. Estava fora da política, mas não da vida pública. Com o apoio do PMDB, ao qual se filiara depois de anos na Arena, começou a organizar uma campanha. O primeiro passo foi apresentar, no Congresso Nacional, uma emenda constitucional estabelecendo o voto direto para presidente. A proposta apareceu em março de 1983 tendo como autor o deputado Dante de Oliveira, do Mato Grosso. No dia 31 do mesmo mês, o movimento foi oficialmente lançado num ato com uma centena de pessoas em Abreu e Lima, Pernambuco. Nasceu, assim, a campanha pelas Diretas Já. Era a bandeira certa, na hora certa.

O presidente no poder, o general João Figueiredo, tinha uma rejeição altíssima. A economia ia mal, com o crescimento estagnado e a inflação acima de 200% ao ano. A ditadura abrandara a repressão e, desde 1979, com a anistia, os principais adversários do regime estavam de volta. Os brasileiros queriam mudanças e abraçaram com fervor a ideia de votar para presidente.

Na segunda manifestação pública, realizada em Goiânia no dia 5 de junho, 5 mil pessoas foram prestar apoio à proposta. Depois disso vieram atos no Piauí, em Pernambuco, e, quando finalmente chegou a São Paulo, no dia 27 de novembro, dia em que morreu Teotônio Vilela, o comício reuniu 15 mil pessoas na praça Charles Miller, em frente ao Estádio Municipal Paulo Machado de Carvalho, no Pacaembu.

O ano de 1984 começou com a campanha a todo vapor. Atos foram organizados em seis estados nos primeiros dias de janeiro. No dia 25, data de aniversário de São Paulo, 300 mil pessoas se reuniram na praça da Sé para pedir Diretas Já. Não havia mais dúvidas. O povo queria votar para presidente e estava indo às ruas para pedir isso.

* * *

Fernando Mitre entendeu de saída a importância daquele movimento. No dia 26 de janeiro, publicou uma primeira página inteira com uma foto aérea da praça da Sé tomada por manifestantes e a manchete: "Pelas Diretas". A família Mesquita, no entanto, tinha ressalvas. Não porque fosse contra o voto direto para presidente, mas porque queria entender, antes de declarar apoio ao movimento, a quem ele interessava e quem se fortalecia com aquilo.

Por isso, *O Estado* e o *Jornal da Tarde* não deixaram de noticiar o movimento, mas abriram mão de encampar a ideia e de tornarem-se os jornais das Diretas. Justamente os dois veículos que tanto haviam lutado contra a ditadura e pela volta da democracia. A *Folha de S.Paulo*, que durante os anos mais bravos do regime militar aceitara fazer censura prévia e colaborara com os generais, aproveitou a brecha.

O matutino da família Frias de Oliveira vinha trabalhando num projeto de modernização editorial influenciado pelo modelo do jornal americano *USA Today* e precisava de uma bandeira para se descolar da imagem de publicação alinhada à ditadura. A campanha das Diretas

Já era perfeita e o jornal abraçou com ênfase o papel de paladino da democracia.

Nas ruas, o movimento crescia cada vez mais. Segundo as estimativas da época, 400 mil pessoas participaram de um ato em Belo Horizonte no dia 24 de fevereiro. Quase um mês depois, em 21 de março, 200 mil caminharam da Candelária até a Cinelândia na primeira passeata no Rio. À medida que se aproximava a data de votação pelo Congresso da emenda Dante de Oliveira, que propunha a eleição direta para presidente, os números aumentavam. No dia 10 de abril, um novo ato no Rio reuniu 1 milhão de pessoas na Candelária.

As lideranças do movimento haviam marcado uma passeata em São Paulo para o dia 16 de abril. Os manifestantes percorreriam um trajeto da praça da Sé até o Vale do Anhangabaú e falava-se em repetir, no mínimo, o número de pessoas do Rio de Janeiro. Mitre sabia que não era mais possível manter aquelas coberturas enquadradas dentro do jornal, com chamadas ortodoxas na primeira página. Com uma ideia de capa na cabeça, conseguiu o sinal verde de Ruy Mesquita para alugar um helicóptero e fazer uma foto aérea do comício.

Na noite da passeata, São Paulo realizou uma das maiores manifestações da história do Brasil, com 1,5 milhão de pessoas. Na redação, Mitre escolheu uma das fotos horizontais que encomendara ao fotógrafo e mandou os diagramadores abrirem a imagem de ponta a ponta no espaço da folha de papel que compreenderia a primeira e a última página do caderno. Sem título, sem manchete, nada. Apenas o logotipo do jornal, em tamanho ampliado, sobre a foto. Estava criado o que ficaria conhecido no *Jornal da Tarde* como capa-pôster.

\* \* \*

A partir daquele momento, o *JT* assumiu a bandeira das Diretas. No dia 24 de abril, véspera da votação da emenda Dante de Oliveira pelo Congresso Nacional, Mitre publicou na primeira página uma reprodução da capa do dia 17, com a multidão de paulistanos no comício de 1,5 milhão. A chamada apelava aos congressistas: "Senhores deputados, lembrem-se desta imagem."

Na última página, o jornal publicava uma lista com os nomes de todos os deputados e senadores para que os leitores acompanhassem a votação. O título da página era de apoio explícito às Diretas: "Ponha um X no nome de quem votar contra."

Na noite do dia 25 de abril, enquanto o Congresso se reunia para apreciar a emenda, a população paulista se concentrou na praça da Sé, onde um enorme placar havia sido montado para acompanhar o resultado na Câmara. A censura federal proibiu as rádios e tevês de transmitirem imagens e som do plenário, mas políticos ao telefone passavam informações para lideranças nos palanques erguidos pelo país.

No *Jornal da Tarde*, a expectativa era grande. A sequência de capas inspiradas dos dias anteriores aumentava a pressão sobre Mitre. Ele precisava criar uma primeira página à altura, fosse a emenda aprovada ou rejeitada. Como acontecia em grandes coberturas desde que assumira a redação, Mitre convocou um grupo especial de fechamento que contava com três editores: Sandro Vaia, então na Economia, Anélio Barreto, da Internacional, e Ari Schneider, da Geral. Estavam no time ainda Elói Gertel e Júlio Moreno, na coordenação de pauta, e Sérgio Vaz, subeditor da Geral. O grupo se reuniu ao lado da editoria de Política, para facilitar o trânsito de laudas entre os fechadores.

Os eventos em Brasília eram seguidos pela Rádio Eldorado, que montara equipamento na redação do *JT* para receber informações da capital federal. Nas ruas, vários repórteres da Geral acompanhavam o povo na Sé e em outros pontos da cidade. Os retornos eram recebidos, na redação, por Valdir Sanches, que fora interinamente deslocado para a chefia de reportagem porque Elói Gertel, titular do posto, havia entrado pela manhã para organizar a cobertura e, no momento da votação, seguira para a praça da Sé.

Entre os repórteres que participavam da cobertura na rua estavam Randau Marques, Rosa Bastos, Sérgio Poroger, Vera Magyar, Antonio Silvio Tozzi, Marly Gonçalves, Regina Helena Teixeira e Fausto Macedo. Marinês

Campos, Rita de Biaggio e Marcus Vinícius Gasques foram escalados para o turno da madrugada. Embora houvesse uma tendência para que a emenda fosse rejeitada, ninguém podia prever com certeza o que aconteceria. Nem qual seria a reação do povo reunido na Sé.

A votação começou às 22h35. Ao lado do equipamento da Eldorado, o crítico de gastronomia Saul Galvão usava a lista publicada na última página do jornal para anotar os votos e as abstenções de cada parlamentar. Era ajudado por Fernão Mesquita nesse trabalho. À 1h15, já era possível saber, pelo placar, que a emenda não passaria por falta de quórum mínimo para a aprovação de uma alteração da Constituição. No Mesão, Mitre trabalhava sobre a sua ideia de primeira página, acompanhado pelos três filhos de Ruy. O clima era tenso.

Mitre pretendia fazer algo totalmente inédito. Queria publicar uma capa inteiramente preta sob o logotipo do jornal com uma legenda no pé onde estaria escrito: "Votaram contra você." Ruyzito, Fernão e Rodrigo gostavam da proposta, mas Ruy Mesquita, ao telefone, resistia. Achava que transmitiriam uma imagem negativa demais. Mitre tentou convencê-lo por telefone, depois passou a missão para Rodrigo, mas o pai continuava reticente.

O editor da Geral, Ari Schneider, pediu a Valdir que bipasse algum repórter na praça da Sé. Precisavam de um plano B. Randau Marques retornou o aviso do bip e Valdir pediu que ele pautasse algum fotógrafo para registrar imagens de gente chorando, algo que desse a dimensão da derrota. Randau avisou que, na praça, o povo não se dera conta ainda de que a emenda não passaria. Estavam todos torcendo, comemorando a cada sim e vaiando a cada não.

À 1h35, o Mesão explodiu em palmas. Ruy Mesquita se convencera, depois de uma longa negociação. A capa seria totalmente preta. Mitre, em contrapartida, teve de aceitar a legenda proposta por ele: "O país inteiro está decepcionado. Mas há um caminho: a negociação." Com a primeira página resolvida, Mitre fez uma pausa para fumar seu cachimbo antes de se sentar à mesa de Ivan Ângelo para escrever o título da última página, onde mandara publicar a lista completa de votação da emenda. O título, que seria grafado em letras brancas sobre fundo preto, não demorou muito a sair: "Os que votaram contra você." Na linha de subtítulo, o complemento: "Ou se abstiveram, ou não compareceram (É a mesma coisa)."

Eram 2h30 da manhã. Os dois primeiros repórteres a voltar da praça da Sé, Rosa Bastos e Sérgio Poroger, estavam chegando à redação. Contaram que, na praça, o povo revoltado queimava cartazes e bandeiras, a maioria chorava abraçado. Aparentemente, não haveria quebra-quebra, mas Randau Marques decidira ficar mais um tempo, só para se garantir. Rosa e Poroger ganharam sessenta linhas de matéria para contar como havia sido aquela noite.

No dia seguinte, São Paulo viu a capa do *Jornal da Tarde* estampando o luto do Brasil. As diretas estavam sepultadas e o *JT*, sem dúvida, publicara as melhores capas do país durante a cobertura. O papel de jornal das Diretas, porém, fora indubitavelmente conquistado pela *Folha de S.Paulo*. O diário da família Frias de Oliveira passara a semana anterior à votação, de 18 a 25 de abril, convocando explicitamente os brasileiros a apoiarem a medida Dante de Oliveira. Fazia isso com uma frase publicada na primeira página, entre o logotipo do jornal e a manchete, que pregava: "Use amarelo pelas Diretas." No dia 26, com a notícia da rejeição da emenda, a frase fora grafada em letras brancas sobre uma tarja preta e modificada para: "Use preto pelo Congresso Nacional."

Essa imagem de veículo defensor da democracia, alinhada à reforma editorial bem conduzida que estava sendo implantada na redação da Barão de Limeira, colocaria o principal concorrente dos Mesquitas numa linha ascendente que custaria ao *JT*, nos anos seguintes, uma parte significativa de seus leitores, principalmente entre os jovens e os intelectuais.

Já em 1985, a circulação média das segundas-feiras, que havia retornado aos 150 mil nos anos anteriores, cairia para 120 mil exemplares. Nos demais dias, o número baixaria de 80 mil para 70 mil exemplares, em média. Os índices do restante da semana só não eram piores porque o bom desempenho das quartas-feiras, dia do "Jornal do Carro", era somado a esse bolo.

Esses dados, porém, ainda demorariam a cair sobre a redação. Antes disso, outra notícia preocupante despencaria sobre os jornalistas do sexto andar do prédio da avenida Engenheiro Caetano Álvares: depois de dezoito anos, sete deles na chefia da redação, Fernando Mitre ia deixar a empresa.

## 42. A saída de Mitre

A notícia chegou em meados de 1984: Fernando Mitre fora convidado para criar uma nova revista semanal de informação, nos moldes de *Veja* e de *IstoÉ*, ambas idealizadas por Mino Carta. Ele passara dezoito anos no *Jornal da Tarde* e já galgara todos os postos a que poderia almejar um profissional que não carregasse o sobrenome Mesquita. Em seus sete anos no comando, o jornal conquistara seis Prêmios Esso de Jornalismo.

Além dos de 1978 e 1979, o *JT* havia sido premiado novamente em 1982 na categoria Fotografia pela imagem clicada por Reginaldo Manente e publicada na famosa capa da derrota brasileira na Copa da Espanha. Os outros três viriam em 1984. Um na categoria Informação Econômica, pela reportagem "O escândalo BNCC", de Francisco Oliveira, outro em Informação Científica e Tecnológica por "Bomba brasileira, projeto para 1990", de Roberto Godoy (ambos em conjunto com *O Estado*), e o terceiro na categoria Regional Sudeste, pela matéria "Os vinte anos do BNH", de Ruy Portilho, Salete Lemos, Sílvio Vieira e Vital Battaglia. Mitre sentia-se pronto para tentar algo novo, que o desafiasse mais.

Sua saída, por si só, já seria uma enorme perda para o *Jornal da Tarde*. Mas o desastre era maior ainda. A exemplo do que fizera Mino Carta quando partira para criar a *Veja*, Mitre pretendia levar com ele alguns jornalistas da redação. Estavam no time três editores, Sandro Vaia, Anélio Barreto e Ari Schneider, o subeditor Sérgio Vaz e o repórter Valdir Sanches. Para piorar a situação da Geral, o chefe de reportagem, Elói Gertel, havia acabado de deixar o time para assumir posto semelhante na redação da TV Globo em São Paulo.

Um sentimento de indefinição se instalou na equipe e a questão principal, para todos, era quem assumiria os lugares deles, especialmente o de editor-chefe. Não seria uma tarefa fácil diante de toda criatividade que Fernando Mitre havia demonstrado no cargo. Mitre já tinha uma solução em mente e foi propô-la a Ruy Mesquita.

— Dividir o comando? Você acha que isso vai funcionar, Mitre? — reagiu Ruy.

— Não seria a primeira vez, doutor Ruy — ponderou Mitre. — Isso já aconteceu quando eu assumi o fechamento da primeira página.

Preocupado em evitar rupturas e mágoas, Mitre propunha que a chefia fosse compartilhada por Ivan Ângelo e por Rodrigo Lara Mesquita. Ivan, como segundo na hierarquia do Mesão, era o candidato natural. Rodrigo, o terceiro filho de Ruy, havia sido formado pelo próprio Mitre para aquele cargo e queria assumi-lo. Tinha menos de 30 anos na época e a juventude pesava contra a escolha dele. Mitre achava, porém, que essa questão podia ser balanceada pela senioridade de Ivan, então com 48 anos de idade e longa experiência no jornal.

\* \* \*

Depois do episódio das Malvinas, Rodrigo Mesquita seguira como editor da Internacional por um tempo antes de ser promovido ao fechamento da primeira página ao lado de Mitre. Aceitara o cargo, mas sem abrir mão de ir para a rua em grandes coberturas, como havia acabado de fazer durante os comícios pelas Diretas Já. Fernando Mitre o chamou para contar que estava de saída e que havia sugerido o nome dele para o cargo de editor-chefe.

— Rodrigo, você ainda é jovem, talvez lhe falte um pouco de maturidade, mas a redação te respeita e eu acho que você tem condições de ser editor-chefe.

— E o meu pai, o que acha disso?

— Ele está pensando, mas vai aceitar — apostou. — Você já provou ser tão bom jornalista quanto qualquer um aqui dentro.

Mitre realmente apostava na capacidade de Rodrigo como jornalista. E achava que ele tinha o trunfo de carregar o sobrenome Mesquita. A situação financeira da empresa continuava ruim. Mitre acabara de fazer, naquele ano, o terceiro corte de pessoal e acreditava que, naquelas circunstâncias, um Mesquita na chefia da redação teria maior poder para defender o jornal das pressões do ramo administrativo da família.

Ruy Mesquita acabou aceitando a solução costurada por Mitre. Dividiu a chefia da redação entre o filho e Ivan Ângelo. Na prática, Rodrigo trataria de se impor como chefe único. Pouco tempo depois, Ivan reuniria toda a redação para comunicar que o editor-chefe era Rodrigo e que ele seguiria com as funções de secretário de redação, trabalhando no Mesão.

Prestes a completar 30 anos, Rodrigo achou que sua carreira na empresa estava decidida. E quando comentou isso com Mitre, na despedida dele, ouviu um conselho que ficaria em sua memória.

— Em seu lugar, eu ficaria nesse cargo só o tempo necessário para a empresa recuperar o fôlego e voltar a investir — ponderou Mitre. — Na hora em que isso acontecer, pense em criar algo novo para fazer o negócio crescer.

## 43. Rodrigo Mesquita

O primeiro ano de Rodrigo e Ivan como editores-chefes do *JT* foi especialmente pesado. Em janeiro, o Colégio Eleitoral do Congresso Nacional elegeu o primeiro presidente civil após 21 anos de ditadura militar. E o candidato do governo, Paulo Maluf, do PDS, foi derrotado por Tancredo Neves, do PMDB. As fardas voltariam aos quartéis no dia 15 de março. Na véspera, porém, o país foi surpreendido pela notícia de que o presidente eleito fora hospitalizado.

Sentindo fortes dores na região do abdômen, febre, dificuldades para respirar e tremores, Tancredo fora internado às pressas no Hospital de Base de Brasília para uma cirurgia no intestino e não tomaria posse. Depois de 38 dias de agonia e sete cirurgias, Tancredo Neves morreu na noite do dia 21 de abril de 1985.

Sentindo a importância daquele momento histórico, Rodrigo colocou o fechamento do jornal nas mãos de Ivan Ângelo e foi trabalhar como repórter na cobertura dos funerais de Tancredo, que começaram com um velório no Palácio do Planalto e terminaram com o sepultamento em São João del-Rei, Minas Gerais. Era uma característica nova para a redação do *JT*, que jamais tivera um editor-chefe com alma de repórter.

Ainda nesse mesmo ano, mas no segundo semestre, os brasileiros voltariam às urnas para eleger seus prefeitos. Em São Paulo, a disputa foi acirrada entre o PMDB e o PTB. O primeiro partido governava o estado com Franco Montoro e a capital com Mário Covas. O candidato à sucessão era o senador Fernando Henrique Cardoso. O PTB, depois de amargar a ilegalidade durante os anos da ditadura, fora refundado em São Paulo em 1980 e lançara o ex-presidente Jânio Quadros, um político de estilo exibicionista, demagógico e histriônico, que abrira caminho para a ditadura militar com a crise institucional criada pela sua inesperada renúncia à Presidência em 1961. Não era, definitivamente, o candidato da família Mesquita.

As pesquisas de opinião apontavam vitória de Fernando Henrique, que chegou a posar para uma foto na cadeira do prefeito antes do pleito. Quando as urnas foram abertas, veio a surpresa: Jânio havia conquistado uma vitória apertada, com vantagem de 1,3% dos votos. A lei, naquele tempo, não previa segundo turno e o ex-presidente virou prefeito de São Paulo.

Na noite do dia 15 de novembro, quando a contagem dos votos já indicava o resultado favorável ao candidato do PTB, Ruy Mesquita mandou chamar Rodrigo. Quando o filho entrou na sala, ele colocou uma foto sobre a mesa e explicou como queria a capa do *JT* no dia seguinte:

— Abra essa foto na página inteira, com o corte fechado no rosto do Jânio, e a manchete: "É isso aí."

A foto, feita de cima para baixo, congelara o instante de um discurso de Jânio Quadros. Com os olhos revirados, a testa franzida e a boca aberta, o novo prefeito lembrava uma daquelas carrancas usadas pelos pescadores na proa de seus barcos para afugentar os maus espíritos do rio São Francisco. Iria se transformar em mais uma das capas históricas do *JT*.

\* \* \*

Sob a chefia de Rodrigo Mesquita, o *Jornal da Tarde* aprofundaria seu engajamento em campanhas. E colocaria entre seus temas principais uma questão que sempre estivera na pauta, mas cuja ênfase crescera nos anos 1980: a discussão dos grandes problemas ambientais brasileiros. A maioria das reportagens sobre o tema saía da máquina de escrever de Randau Marques, já então um dos maiores repórteres brasileiros da área.

Randau era um paulista do interior, nascido em 1949 em Igaçaba, subdistrito de Pedregulho, na divisa com Minas Gerais. A região tivera dias de pujança durante o ciclo cafeeiro da primeira metade do século XX. Na infância de Randau, porém, esses tempos haviam ficado para trás. Ele cresceu entre lavouras infestadas de pesticidas que matavam lavradores e a fauna, grotões de miséria, garimpeiros intoxicados por mercúrio e sapateiros doentes, contaminados pelo chumbo das tachinhas usadas para pregar a sola das botinas que faziam a fortuna da indústria calçadista de Franca.

Em 1963, todas essas angústias levaram o menino de 14 anos a rodar em mimeógrafo seu primeiro jornal de denúncias, chamado *Boca no Trombone*. Começaria ali a sua vida de jornalista. Chamado a trabalhar como repórter de rádio, passou pelo jornal *A Tribuna* e em seguida assinou carteira de trabalho pela primeira vez em *O Comércio de Franca*. A carreira no interior acabou com sua prisão, em 1967, acusado de subversão. Passou um tempo no DOI-Codi e, ao sair, procurou o *Jornal da Tarde*, que acompanhava desde o lançamento.

Na Major Quedinho, Randau começou escrevendo pequenos editoriais que eram publicados nas páginas internas d'*O Estado*. Era freelancer e passou a sugerir reportagens para o *JT*. Foi ele quem iniciou a série sobre mortes no trânsito paulistano, então administrado por delegados de polícia — e que resultaria na criação, pelas autoridades, da Companhia de Engenharia de Tráfego, com técnicos capacitados para buscar soluções para o alto índice de atropelamentos e acidentes.

Participou da cobertura do desabamento da serra em Caraguatatuba, em 1967, e se dispunha a fazer reportagens de todas as áreas — inclusive polícia, onde seria submetido aos trotes da turma de Percival de Souza. Mas era no tema ambiental que Randau encontrava o seu mote.

Finalmente contratado em 1968, ele levantaria nas décadas seguintes alguns temas que resultariam em benefícios concretos para os paulistas. Graças às reportagens de Randau, São Paulo se livrou de ter usinas nucleares construídas em Iguape, no litoral sul, como queria o governo do presidente João Figueiredo. E um aeroporto sobre o manancial de água de Caucaia do Alto, que acabaria remanejado para Cumbica, em Guarulhos.

Num tempo em que o desenvolvimento econômico era o objetivo principal e ninguém dava a mínima para as árvores da floresta amazônica, Randau foi um dos primeiros a informar que o desmatamento daquele ecossistema causaria seca em São Paulo. A chuva paulistana vinha dos chamados "rios aéreos" de vapor d'água oriundos da Amazônia. Ainda na década de 1970, ele fundaria a Associação Brasileira de Jornalismo Científico com a jornalista Fabíola de Oliveira.

No início dos anos 1980, Randau fora o responsável por atrair a atenção do mundo para o polo petroquímico de Cubatão, a 40 quilômetros da capital, então o lugar mais poluído do mundo. Na série de reportagens "Cubatão: vale da morte", ele denunciava como a ganância industrial estava matando peixes, pássaros e pessoas com as toneladas de poluentes despejados nos rios e no ar da região.

O tema ganhou repercussão internacional no jornal americano *The New York Times* e resultaria na criação da ONG Oikos, que finalmente pressionaria o governo paulista a se mobilizar para enquadrar as empresas e despoluir a cidade.

Com Rodrigo na chefia, a pauta ambiental de Randau ganharia ainda mais força. Ele finalmente teria o apoio para aprofundar as campanhas contra a destruição do Pantanal e da Mata Atlântica. Foi a fase de ouro do jornalismo ambiental no *Jornal da Tarde*, cujo engajamento resultaria na criação das ONGs Pantanal Alerta Brasil e SOS Mata Atlântica.

\* \* \*

Além do meio ambiente, o jornal passaria a se destacar cada vez mais na cobertura econômica, dando continuidade ao movimento iniciado pela gestão de Mitre. O motivo principal para o crescimento da importância do assunto era óbvio: o país mergulhara num processo inflacionário que parecia incontrolável após a posse de José Sarney na presidência da República. O noticiário sobre economia se tornara fundamental na vida dos cidadãos.

Em 1985, para se ter uma ideia, a inflação anual ultrapassou a taxa de 242%. As pessoas corriam aos supermercados assim que recebiam seus salários. Comprar em grandes quantidades todos os tipos de produtos e estocá-los em casa era uma forma de evitar ainda mais a depreciação do dinheiro, pois os preços subiam diariamente. Num tempo em que não existiam códigos de barras, era comum um produto na gôndola ter quatro ou cinco etiquetas de preços coladas umas sobre as outras. Os remarcadores trabalhavam a todo vapor, o dia inteiro, colando novos preços nas mercadorias.

O descontentamento da população era patente e as eleições estaduais se aproximavam. Para eleger o maior número de governadores e uma bancada federal forte no Congresso, o PMDB de Sarney precisava frear a inflação. A solução encontrada foi um choque econômico planejado pelo então ministro da Fazenda, Dilson Funaro, e lançado no dia 1º de março de 1986.

O pacote, que ficaria conhecido como Plano Cruzado, ia muito além de cortar zeros e criar a nova moeda que lhe emprestava o nome. Lançaria regras completamente incompatíveis com uma economia de livre mercado. Tabelava e congelava artificialmente os preços dos produtos e os salários para tentar interromper o círculo vicioso da indexação da economia. E deixava de atacar o problema principal, o déficit público fora de controle.

No dia em que o governo anunciou o plano, o ministro Funaro avisou que em poucas horas seria divulgada uma tabela com os preços que deveriam ser praticados pelo comércio a partir daquele dia. Os jornais se prepararam para publicá-la. Era a informação mais esperada por leitores do país inteiro. A hora ia avançando, porém, e nada de a lista ser divulgada pelo governo.

Na redação do *Jornal da Tarde*, a subeditora de Economia Lúcia Carneiro foi designada para ficar até a divulgação da tabela. À 1h30, quando decidiu partir, o secretário de redação Ivan Ângelo chamou o editor de Esportes, Mário Marinho, e o incumbiu de esperar com ela, fazer a diagramação dos dados, fechar a página da Economia e a primeira e mandar tudo para a gráfica.

— Até que horas eu espero, Ivan? — quis saber Marinho.

— Você avalia, Marinho. Se achar que está demorando muito, fecha sem tabela.

Marinho e Lúcia passaram a noite toda esperando. Checavam constantemente com a Superintendência Nacional de Abastecimento, a Sunab, incumbida pelo Ministério da Fazenda de tabelar os preços, mas nada. Também monitoravam as redações concorrentes, para saber se continuavam à espera. Os colegas d'*O Estado* desistiram por volta de 2h30. A *Folha de S.Paulo*, porém, resistia. E a dupla continuou por ali. Nenhum dos dois queria correr o risco de ser furado pelo principal concorrente naquela informação.

Eram 4h quando Lúcia ficou sabendo que os colegas da Barão de Limeira também haviam desistido de esperar. O governo continuava trabalhando na lista e garantia que iria divulgá-la, embora não houvesse previsão de horário.

— E agora, Marinho? O que fazemos? — perguntou a subeditora.

— Uai, Lúcia, atrasados nós já estamos, e muito. Agora vamos esperar até esse troço sair.

A tabela finalmente chegou à redação, por fax, às 6h. Os dois começaram uma corrida contra o tempo para digitar todos os dados em laudas e encaixar tudo nas páginas destinadas a ela. Trabalho terminado, primeira página fechada com a chamada para a tabela, o jornal finalmente baixou para a gráfica. Eram 8h e, com sorte, os exemplares só chegariam às bancas por volta do meio-dia. Assim que fechou, Marinho ainda brincou:

— Lúcia, agora, das duas uma: ou seremos demitidos ou seremos tratados como heróis.

— Vamos deixar pra saber logo mais, porque eu preciso dormir antes de voltar pra cá daqui a pouco.

\* \* \*

Lúcia Carneiro havia acabado de entrar em casa, por volta de 9h, quando recebeu um telefonema da redação. A secretária de Ruyzito avisava que ele havia chegado e mandara chamar ela e Marinho de volta, imediatamente. Lúcia comentou com o marido, Anélio Barreto:

JORNAL DA TARDE   245

— Pelo visto, vou ser demitida. Bom, já que é assim, o Ruyzito pode esperar até de tarde. Agora eu preciso dormir.

Ruyzito realmente ficara muito irritado ao chegar ao prédio d'*O Estado* e descobrir que o jornal nem havia terminado de rodar. E sua irritação foi crescendo à medida que tentava descobrir quem autorizara aquela temeridade. Telefonou para o irmão, Rodrigo, e ele não sabia de nada. Ivan Ângelo, também por telefone, explicou que não dera ordem para esperar indefinidamente. A ordem, na verdade, não partira de ninguém porque o *JT* era assim: dava liberdade para que os jornalistas tomassem decisões como aquela sem ao menos consultar os patrões.

A intenção de Ruyzito era, de fato, demitir os dois jornalistas quando mandou convocá-los de volta à redação. Nenhum dos dois apareceu pela manhã, porém. Quando finalmente chegaram, no meio da tarde, Ruyzito foi pessoalmente às mesas de Marinho e de Lúcia.

A distribuição completa do *Jornal da Tarde* terminara por volta do meio-dia. Desde os primeiros anos, o jornal não chegava tão tarde às bancas e todos na empresa acreditavam num encalhe monstruoso, já que os leitores, àquela altura, já teriam comprado outros jornais. Não contavam, porém, com o fato de o *JT* ser o único jornal da cidade a trazer, em seu interior, a tão esperada tabela de preços congelados do Plano Cruzado.

Em menos de uma hora, a edição estava esgotada e uma reimpressão fora autorizada para atender à demanda de leitores em busca da tabela. Ruyzito foi até as mesas de Marinho e de Lúcia não para demiti-los, mas, sim, para cumprimentá-los.

\* \* \*

A procura pela tabela era um reflexo do ânimo da população. Desesperados por uma tábua de salvação, os brasileiros abraçaram o cruzado com fervor. E quando o presidente da República pediu a todos que fiscalizassem o congelamento dos preços, as donas de casa passaram a frequentar os supermercados com tabelas de preços nas mãos e bótons verde-amarelos pendurados nas roupas, onde se lia: "Eu sou fiscal do Sarney."

Convocar a população para fiscalizar o comércio era o primeiro sinal de que o plano era um engodo. Significava que o governo não tinha condições de fazer cumprir as regras que criara. Em poucas semanas, começou a faltar de tudo nos mercados. A inflação era artificialmente mantida em patamares baixos, os preços eram os mesmos desde 1º de março, mas ninguém encontrava os produtos para comprar. O Plano Cruzado começara a fazer água, mas o governo persistiria no modelo até as eleições, em 15 de novembro.

Abertas as urnas, os frutos políticos do pacote foram colhidos pelo PMDB. O partido do presidente Sarney conquistara 22 dos então 23 governos estaduais e obtivera 53% da Câmara, elegendo 260 deputados federais. Seis dias depois da votação, em 21 de novembro, o governo lançaria um novo pacote, o Cruzado II, acabando com o congelamento. A inflação, que despencara de 16,23% no mês de janeiro daquele ano para 4,77% em março, caindo ainda mais em abril, para 0,78%, voltaria a 11,65% em dezembro.

\* \* \*

Rodrigo Mesquita não perderia, meses depois, a chance de colocar mais uma vez a primeira página do *Jornal da Tarde* no ataque direto a um político e em defesa dos leitores. Com o retorno da inflação descontrolada, que atingiria 19,1% em abril de 1987, o presidente Sarney decidira substituir Dilson Funaro por Luiz Carlos Bresser-Pereira no comando do Ministério da Fazenda. Bresser tentaria um novo choque, em junho, que ficaria conhecido como Plano Bresser. Mais uma vez, o plano não combatia o déficit público, principal causador da inflação.

Escolado pelo estelionato eleitoral de 1986, Rodrigo encomendou a Gepp & Maia uma charge de Sarney e a estampou na capa do dia 15 de junho, sob a manchete: "Fiscalize o Sarney."

Na caricatura, Sarney vestido de maquinista brincava de trenzinho, em alusão ao fato de que, apesar de prometer cortes nos gastos da União, continuava insistindo em investir milhões de cruzados na construção da ferrovia Norte-Sul, um de seus maiores projetos políticos. O desenho era emoldurado por um círculo. Imitava um bóton em cuja base se lia: "Sou fiscal do povo."

Nesse mesmo ano, o jornal entraria em campanha contra o apetite do fisco, que só fazia crescer a carga tributária do país. Batizada de "Diga não ao leão", a série de reportagens elaboradas pela equipe de Economia ganharia o Prêmio Esso de informação econômica naquele ano, um dos três que o *JT* conquistou sob o comando de Rodrigo Mesquita. Os outros vieram pelas mãos da equipe de Esportes. Em 1986, pela cobertura da Copa do México, e em 1987 pela reportagem "Dá para confiar neles?", em que o repórter Aílton Fernandes denunciava um esquema de compra de árbitros no futebol paulista.

* * *

Mais importante do que os prêmios, porém, fora o fato de, sob o comando de Rodrigo, o jornal ter voltado a crescer. No final de 1985, às vésperas de completar vinte anos, dois novos cadernos foram lançados para atrair leitores e rentabilizar o produto. O "Divirta-se", roteiro da programação cultural na cidade — que era uma das marcas registradas desde a fundação —, virara um caderno semanal. A seção continuava diária, com duas páginas no mínimo, mas, às sextas-feiras, o "Divirta-se" passara a circular com média de vinte páginas.

Pelo mesmo caminho seguira outra seção já consagrada, o "Modo de Vida". Tradicionalmente publicada às quartas-feiras com duas páginas, ela fora transformada em suplemento semanal, com média de vinte páginas e circulação às quintas-feiras, porque o dia original já era um sucesso de vendas graças ao "Jornal do Carro".

Com esses novos cadernos, o *Jornal da Tarde* passara a circular com suplementos semanais quase todos os dias. Às segundas, publicava a tradicional "Edição de Esportes"; às quartas, o "Jornal do Carro"; a quinta-feira passou a ser o dia do "Modo de Vida", a sexta do "Divirta-se" e o sábado do "Caderno de Leituras", ou simplesmente caderno de sábado. O único dia sem suplemento era a terça-feira, já que aos domingos o jornal não circulava.

Em 1986, o *JT* promoveu uma exposição das melhores primeiras páginas de sua história no Museu de Arte de São Paulo, o Masp, para comemorar seus vinte anos. Tantos investimentos na redação eram um sinal inequívoco de que a situação financeira da empresa havia mudado. E, muito em breve, ela entraria numa reestruturação da diretoria para absorver a nova geração de Mesquitas que estava pronta para assumir o poder.

# 44. A reestruturação do Grupo Estado

Os investimentos voltaram ao *JT* no final de 1985 graças a fatores externos à vontade da redação. Na verdade, as boas notícias vinham principalmente do ramo administrativo da família.

A primeira delas foi a redução do preço do papel de imprensa. Importado principalmente dos países nórdicos e do Canadá, o papel exercia enorme pressão sobre os custos. E fragilizava a empresa, na medida em que a expunha aos humores dos governantes, que podiam manobrar impostos de importação do produto quando os jornais lhes pareciam desfavoráveis.

Preocupados em diminuir essa dependência, os Mesquitas que tocavam os negócios haviam feito uma aposta acertada numa sociedade para construir uma fábrica de papel de imprensa no interior do Paraná. A Pisa começou a produzir em dezembro de 1984. Em 1986, fornecia 80% do papel consumido pelo Grupo Estado. Os outros 20%, comprados da Klabin, também já eram produzidos no Brasil.

Além disso, a dívida de 20 milhões de dólares contraída para a construção da nova sede havia sido finalmente quitada em 1985, mesmo ano em que a empresa venceu uma licitação pública para editar as listas telefônicas das cidades de São Paulo e de Guarulhos. A vitória nessa concorrência, além de trazer enorme receita para o grupo, acabou revolucionando a captação de publicidade, ainda que por um caminho tortuoso.

Até então, os Mesquitas não vendiam seu produto para os anunciantes. Nos tempos em que *O Estado* dominava sozinho o mercado de classificados, o espaço era negociado num balcão na sede da empresa ao qual o anunciante se dirigia pessoalmente e pagava adiantado e em dinheiro. Carlos Brickmann nunca esqueceu o dia em que, no final dos anos 1960, tentou pagar um comunicado fúnebre com cheque. O funcionário se recusou a recebê-lo.

— Mas eu sou funcionário do jornal — argumentou Brickmann na ocasião. — Se o meu cheque voltar, vocês me encontram no quinto andar. Podem até descontar do meu salário.

— Sinto muito. Aqui, só em dinheiro.

Brickmann não se conformou. Subiu ao quinto andar, relatou a Ruy Mesquita o caso e o patrão assinou no verso para endossar o cheque. Brickmann voltou ao balcão e foi recusado de novo:

— Mas é a assinatura do Ruy Mesquita, dono desta empresa!

— Meu senhor, nem se fosse de Jesus Cristo. Se quiser o seu anúncio publicado, traga o pagamento em dinheiro.

Os tempos haviam mudado, mas a filosofia da empresa em relação aos anunciantes permanecera inalterada. Quem quisesse anunciar algo, tinha de procurar *O Estado*. A vitória na licitação da Telesp mudaria isso. Com o resultado proclamado, o Grupo Estado contratou profissionais para garimpar anunciantes para as listas telefônicas. Um concorrente derrotado na licitação, porém, brecou o andamento do negócio na Justiça. De um dia para o outro, a empresa tinha quinhentas pessoas ociosas até que a briga judicial se resolvesse.

Entrou em cena, então, a flexibilidade de Francisco Mesquita Neto. Em 1982, Chico já havia demonstrado capacidade de transformar uma adversidade numa boa oportunidade ao direcionar o ocioso InformEstado para o levantamento das tabelas de preços de veículos que permitiram a criação do "Jornal do Carro". E, em 1985, no comando do grupo formado para vender anúncios para as listas, ele decidiu colocar todas aquelas pessoas para vender anúncios para *O Estado* e para o *Jornal da Tarde*.

JORNAL DA TARDE    251

Ao final daquele ano, a receita publicitária do grupo cresceu 40%, o *JT* criou dois novos suplementos para poder acomodar os anúncios que chegavam e a empresa passou a ter um departamento comercial mais bem estruturado. Era o início do movimento de profissionalização do grupo, que se completaria em 1988 com a criação de unidades de negócios e o estabelecimento de novas diretorias assumidas pelos Mesquitas da quarta geração.

\* \* \*

A reestruturação da S.A. O Estado de S. Paulo basicamente transformava os diferentes produtos do grupo em unidades de negócios. Cada unidade teria orçamento próprio, definido a cada ano pelo Conselho de Administração, e metas a serem batidas. Essas metas incluíam, claro, a geração de lucros.

No ramo editorial, o redesenho transferia grande parte das decisões do dia a dia da empresa para os filhos de Júlio Neto e de Ruy. Na unidade *O Estado*, Júlio Neto continuaria responsável pelos editoriais, mas seu filho, Julio César de Ferreira Mesquita, seria promovido a diretor da unidade de negócios. Cargo idêntico seria ocupado por Ruyzito, primogênito de Ruy, na unidade *Jornal da Tarde*. Uma surpresa, porém, estava reservada para a redação do *JT*. Em vez de Rodrigo Mesquita, que todos esperavam ser confirmado na direção depois de quatro anos como editor-chefe, o nome anunciado foi o do segundo filho de Ruy, Fernão Lara Mesquita. Rodrigo tinha escolhido outro caminho.

\* \* \*

Naqueles quase quatro anos à frente da redação do jornal dirigido pelo pai, Rodrigo começara a estudar os movimentos das empresas estrangeiras de comunicação. Pesquisara em profundidade negócios como a Agência Reuters, que entrara em situação pré-falimentar no final dos anos 1960, havia se recuperado voltando novamente às suas origens, com notícias sobre mercado financeiro, utilizando-se das novas tecnologias de captação e transmissão de notícias. Estudara também o caso do *Financial Times*, que se reestruturava para deixar de ser uma empresa jornalística e se transformar numa empresa de informação.

Todos os conhecimentos que acumulava ajudaram a cristalizar em certeza uma sensação que Rodrigo desenvolvera ao longo daqueles anos: a indústria de jornal impresso envelhecia e o Grupo Estado não podia mais depender apenas dela como fonte de prestígio e de receitas. Novos produtos precisavam ser criados dentro do mundo que se informatizava em alta velocidade.

As pesquisas de Rodrigo sobre os modelos de negócio das empresas de informação o haviam levado a outra conclusão que compartilhara com o pai e com a qual ele concordara: para Rodrigo, a criação do *JT*, apesar de todo o sucesso de crítica e da revolução jornalística, fora um erro do ponto de vista estratégico.

Se a intenção do avô era criar um posto para o segundo filho, deveria ter pensado em algo que não concorresse com a principal fonte de receita. O Brasil ainda não tinha uma revista nacional de informação em 1966, por exemplo. A existência do *JT*, por mais diferenciado que ele fosse, acabara afetando o desempenho d'*O Estado*. Na avaliação de Rodrigo, ao atrair o público jovem nos anos 1960 e 1970, o *JT* distanciara aqueles consumidores de notícias d'*O Estado*. Era pouco provável que um leitor acostumado a tanta irreverência no vespertino se adaptasse aos padrões formais do jornalão centenário.

Com essas ideias na cabeça, Rodrigo decidiu, em 1988, deixar o *JT* para criar algo novo que, além de prestígio pela qualidade da informação, pudesse trazer lucros e diminuir a dependência do grupo da indústria do papel. Ele não se esquecera do conselho que recebera de Fernando Mitre ao lhe passar o cargo:

— Na hora em que a empresa recuperar o fôlego, pense em criar algo novo para fazer o negócio crescer.

Por isso, pediu para assumir a direção da Agência Estado, que operava com cem máquinas de telex e uma rede de sucursais e correspondentes em todo o Brasil e nas principais capitais do mundo. Era uma unidade pequena, com um faturamento anual de 400 mil dólares, embora metade desse dinheiro nunca entrasse em caixa por inadimplência dos clientes.

Para recriar a Agência Estado nos moldes que imaginava, Rodrigo tirou Júlio Moreno do *JT* e foi buscar de volta Elói Gertel, na TV Globo, mais dois dos jornalistas que Mitre levara com ele para a revista *Afinal*: Sandro Vaia e Sérgio Vaz. Antes de deixar o cargo de editor-chefe, Rodrigo se reuniu com Fernão para passar o comando e expôs o que ele pensava sobre o futuro do *Jornal da Tarde*:

— A empresa não tem nem nunca mais terá dinheiro para permitir novamente o que foi feito aqui no tempo do papai — avaliou Rodrigo. — O conselho que eu te dou é que você pense em duas alternativas: transformar o *JT* num jornal só de reportagens, com equipe enxuta e o noticiário todo resumido em duas páginas, ou num jornal de economia, que é para onde eu vou direcionar a Agência Estado, e aí a gente pode trabalhar em conjunto.

Rodrigo acreditava que o futuro do *JT* seria cada vez mais difícil. Não apenas por ser um produto baseado numa indústria em envelhecimento, mas principalmente porque o jornal principal da casa, *O Estado*, começara a sentir os efeitos do avanço da *Folha de S.Paulo* sobre leitores e anunciantes. Ele acreditava que, numa conjuntura como aquela, os demais departamentos da empresa direcionariam seus esforços para alavancar *O Estado*. O jornal menor, com números de vendas inferiores, era menos atrativo para o mercado de anunciantes.

Fernão ouviu e agradeceu os conselhos do irmão. Adotaria, porém, um caminho totalmente diferente. Ele já tinha suas próprias ideias sobre como seria o jornal que iria fazer.

## 45. Fernão Mesquita

Fernão Lara Mesquita tinha 36 anos quando assumiu a redação do *Jornal da Tarde*. Ele fora preparado pelo pai desde que iniciara na carreira jornalística, em 1973, aos 21 anos. Diferentemente dos outros dois irmãos, que haviam entrado pela redação do *JT*, Ruy decidira que Fernão deveria seguir a mesma trajetória dele, iniciando na editoria de Internacional d'*O Estado*. Era uma porta de entrada clássica. Fernão começara cortando os telegramas das agências e separando-os por temas em pastinhas que eram entregues aos copidesques quando eles chegavam para trabalhar. Logo passou a redigir as notas curtas sobre temas que não renderiam matérias maiores e, em menos de dois anos, já era o copidesque responsável pelas notícias da África, que na época era o foco central da Guerra Fria.

Em função dos horários de fechamento d'*O Estado*, ele terminava seu trabalho sempre mais cedo do que os colegas do jornal que o pai dirigia. Depois do expediente, ia para a redação vizinha para contemplar, admirado, aquele grupo tão criativo que conseguia, basicamente com as mesmas notícias, fazer um jornal tão diferente. Saía para jantar sempre na madrugada, por volta de 3h, com a turma do Mesão, depois que eles encerravam o fechamento do *JT*. Era um admirador confesso do talento daquele grupo, em especial de Fernando Mitre.

Sonhava em ser repórter e ensaiou viagens para matérias especiais a partir de 1983, quando se mudou para a redação do *JT*. Fez uma reportagem sempre elogiada sobre a China, que se abria lentamente para a economia de mercado, embora politicamente continuasse engessada pelos rigores do comunismo. Seu desejo, porém, trombava de frente com a vontade do pai, que pretendia transformá-lo num autêntico diretor de opinião.

Todas as vezes que Ruy tirava férias, deixava Fernão como chefe dos editoriais, um trabalho que ele considerava extremamente cansativo, mas que de fato fazia com perfeição. Lia os jornais do dia, anotando ideias que lhe surgiam, discutia com os editorialistas os enfoques que vislumbrara e encomendava os textos. Como duas cabeças nunca pensam exatamente da mesma forma, não raro precisava reescrever textos inteiros quando os recebia. Ao final do terceiro editorial, estava invariavelmente exausto e não sentia prazer naquele trabalho. Por isso, resistira ao máximo àquele destino.

O cargo que assumiu em 1988, em tese, o desviaria daquele rumo. Dirigir a redação significava cuidar da produção de notícias. Ruy Mesquita seguiria como responsável pelos editoriais. Fernão teria a chance de formatar o *Jornal da Tarde* para a cobertura dos grandes problemas do Brasil e do mundo, que ele acreditava ser a missão de todo jornal. Como o irmão Rodrigo previra, porém, a unidade que ele assumia ia enfrentar barreiras dentro do grupo que atrapalhariam a perseguição das metas que o Conselho de Administração estabelecia.

A primeira questão foi o horário de distribuição. A empresa estava decidida a oficializar a transformação do *Jornal da Tarde* num matutino. Investira em novas rotativas, tinha capacidade de impressão ociosa e a gráfica queria rodar os dois jornais ao mesmo tempo para colocá-los nas bancas no início da manhã. Era mais racional, do ponto de vista administrativo. Exigia, porém, uma redução drástica no horário de fechamento, que naquela época ainda acontecia no meio da madrugada. Fernão enxergava um risco nessa mudança.

O *JT* só conseguia se diferenciar dos outros por ter mais tempo para retrabalhar o material. A equipe que administrava a circulação, porém, alegava que o horário de distribuição era incompatível com o crescimento nas vendas. A única forma de conquistar novos leitores, argumentavam, era colocá-lo nas bancas logo cedo, junto com os concorrentes. Fernão foi voto vencido e o *JT*, sob sua direção, se tornou oficialmente um matutino, com o fechamento às 23h.

Foi o primeiro choque para a turma antiga que ainda reunia fundadores do jornal. Logo começariam a circular entre eles rumores de que Fernão era admirador do estilo e do texto da *Folha de S.Paulo*, padrões que ele pretenderia adotar no *Jornal da Tarde*. Diziam também que Fernão faria uma reformulação completa da redação, demitindo todo mundo que tivesse muitos anos de casa.

Estimulavam essas suspeitas o fato de ele não ter imediatamente promovido algum dos antigos jornalistas ao cargo de editor-chefe, vago com a saída de Rodrigo para a Agência Estado. Fernão fizera uma tentativa frustrada com Wiliam Waack, que durara pouquíssimo tempo. Agora estaria, dizia a rádio-peão, procurando um jornalista de fora do grupo para a posição. Ninguém ouvira nomes, mas dizia-se que seria alguém da Rede Globo.

Esses temores terminariam algumas semanas depois, quando Fernão finalmente anunciou seu escolhido. E, embora ele tivesse deixado a empresa em 1984 para acompanhar Fernando Mitre na criação da revista *Afinal*, podia ser considerado quase um fundador, já que trabalhara desde 1968 no vespertino dos Mesquitas. O novo editor-chefe do *Jornal da Tarde* era o jornalista Anélio Barreto.

# 46. O crime da rua Cuba

Anélio Barreto voltara a trabalhar no *Jornal da Tarde* em 1986, convidado por Rodrigo Mesquita para ser o editor da Geral depois que o projeto da revista *Afinal*, criada por Mitre, começara a fazer água. De lá, passara ao cargo de secretário de redação, junto com Ivan Ângelo no Mesão, e, em 1988, chegaria ao cargo de editor-chefe pelas mãos de Fernão Mesquita. Era um dos jornalistas formados na cultura *JT*. Entrara como estagiário em 1968, era amigo de Murilo Felisberto e de Fernando Mitre, mas sua indicação para o cargo não foi recebida com alívio por todos. Anélio era um homem polêmico, que dizia o que pensava em voz alta sem se incomodar se isso o faria perder alguns amigos.

Anos antes, por exemplo, revoltara a equipe de Variedades com seu comportamento na Geral, para onde iam as notícias de Saúde. A Aids havia acabado de ser descoberta e se espalhava rapidamente entre o seu primeiro "grupo de risco", formado basicamente por homossexuais. A cada telegrama que chegava com a notícia de mais uma vítima fatal, Anélio gritava na redação, enquanto jogava o telex no lixo, dando a entender que a notícia não era importante:

— Mais um viado morto!

De temperamento explosivo, fora um dos poucos que desafiara Murilo Felisberto a mandá-lo embora e não perdera o emprego. A discussão acontecera num restaurante, numa noite em que os dois se encontraram por acaso, quando Anélio era o subeditor de Geral. Depois de muita conversa, o assunto desviara para o comando da editoria e Anélio começara a se queixar do chefe, que era amigo de Murilo. Ele achava que carregava a equipe sozinho e cobrou uma promoção:

— Quando é que você vai me transformar em editor?

— Quando eu achar que você está pronto.

— Se você não acha ainda, devia me demitir.

Murilo se levantou e foi embora. Mas não o demitiu, porque gostava muito do texto de Anélio e da veia literária que ele colocava nas matérias que editava. Além disso, reconhecia que, de certa forma, Anélio tinha alguma razão em suas queixas. O amigo que ele escolhera para comandar a editoria andava, de fato, um tanto ausente por aqueles tempos.

\* \* \*

A veia literária de Anélio voltaria a despertar durante a sua passagem pelo cargo de editor-chefe do *Jornal da Tarde*. Em janeiro de 1989, a cidade andava intrigada com o mistério que cercava um duplo homicídio ocorrido no Jardim América, bairro de classe alta da cidade, na véspera do Natal de 1988 — e que ficaria conhecido como Crime da Rua Cuba.

O advogado Jorge Toufic Bouchabki, de 45 anos, e sua mulher, Maria Cecília Delmanto Bouchabki, de 40, haviam sido misteriosamente assassinados na cama, na madrugada do dia 24 de dezembro. Ninguém notara nada estranho na rua e os tiros não haviam sido ouvidos nem mesmo pelos três filhos do casal que dormiam na casa: Jorginho, de 18 anos, Marcelo, de 14, e Graziella, de 10. E a polícia não encontrara sinais de arrombamento nas portas e janelas.

Em janeiro, com as investigações avançadas, o repórter Fausto Macedo, especializado na cobertura policial, trouxera para a redação uma cópia do inquérito 925/88, conduzido pelo delegado José Augusto Veloso Sampaio, titular da equipe A da Divisão de Homicídios da Polícia Civil de São Paulo. Ao ler o inquérito policial, Anélio percebeu que havia ali um farto material e decidiu publicar uma série de reportagens sobre o caso, um capítulo a cada dia, como numa novela policial. Decidira também cuidar pessoalmente da apuração e redação das matérias.

Durante o trabalho, Anélio voltou a entrevistar policiais, peritos, legistas e várias das testemunhas que haviam prestado depoimentos. Entre elas, Flávia Cardoso Soares, então com 17 anos, namorada do filho mais velho dos Bouchabki, Jorginho, que despontava como principal suspeito. O próprio Jorginho, porém, não o atendia. Na conversa com Flávia, Anélio insistira para que ela o convencesse a dar entrevista e deixara o número do telefone de sua casa com ela.

— O Jorginho não teve a chance de dar a versão dele dos fatos. Diga que eu vou dar o espaço que ele precisa para se defender.

A série começou a ser publicada e, alguns dias depois, o telefone despertou Anélio em casa, no meio da madrugada. Quem atendeu, porém, foi sua mulher, Lúcia Carneiro. Do outro lado, um homem aparentemente embriagado pedia para falar com Anélio Barreto.

— Quem quer falar com ele? — perguntou Lúcia.

— Eu quero falar com o Anélio Barreto, não com a senhora. Ele está?

— Quem quer falar com ele? — insistiu Lúcia, e o homem desligou.

Anélio teve certeza de que era Jorginho, embora jamais tenha tido a chance de comprovar sua crença.

\* \* \*

A série avançou com enorme sucesso entre os leitores. A cada dia, mais e mais gente queria saber os detalhes daquele crime, a intimidade da família. As matérias reconstituíam a rotina da casa de número 109 da rua Cuba a partir da noite do dia 23 de dezembro de 1988. Apontavam as incongruências nos depoimentos, os comportamentos não habituais de Jorginho, principal suspeito. Ia abordando, ponto a ponto, as mesmas dúvidas que haviam levado a Polícia Civil a suspeitar do filho mais velho do casal.

O sucesso se refletiu nas vendas daquele mês. Os dados do IVC mostrariam, mais tarde, que em janeiro de 1989 o *JT* registraria a melhor venda média diária desde novembro de 1986, por ocasião do Plano Cruzado II. Às segundas-feiras, o jornal vendeu mais de 167 mil exemplares em média, contra 145 mil no mesmo dia no restante do ano. Nos demais dias, a média ficaria acima de 103 mil exemplares vendidos, contra cerca de 95 mil nos meses seguintes. Durante a publicação da série, o jornal esgotava nas bancas.

No dia em que preparava o texto do que seria o último capítulo, o telefone tocou na mesa de Anélio. Era Fernão Mesquita querendo saber o que o editor-chefe preparava para o desfecho da novela policial em que ele transformara o caso. Anélio começou a explicar e Fernão o cortou:

— Anélio, a manchete tem de ser: "Quem deu os tiros na rua Cuba."

— Mas, Fernão, essa informação nem a polícia tem. Eles acusam o Jorginho, mas não têm provas conclusivas. Nem se sabe se o caso para de pé na Justiça.

— Mas a manchete será essa: "Quem deu os tiros na rua Cuba."

Como o patrão não se convencia de que aquilo era errado, Anélio tomou um atalho. Ele precisava fechar o texto, não tinha tempo para continuar discutindo nem estava fechando a primeira página naquele dia por causa da matéria. Pediu a Fernão que conversasse com Ari Schneider, seu braço direito no Mesão de fechamento, que estava então encarregado de fazer a primeira página. Passou o telefone para Ari e parou de acompanhar o caso.

Ari tentou demover Fernão da ideia, mas não conseguiu. No dia seguinte, Anélio Barreto, que criara aquela série de sucesso, se transformava em personagem principal de uma edição desastrosa. Os leitores que compraram o jornal esperando encontrar a solução do crime telefonavam raivosos para a redação, sentindo-se ludibriados. A informação que a manchete vendia na primeira página simplesmente não existia.

Anélio caminhava pelo corredor que separava as redações d'*O Estado* e do *JT* sentindo todos os olhares sobre ele, os cochichos às suas costas. Ele não escrevera a manchete, mas, como era o editor-chefe, ninguém acreditaria que não tivesse no mínimo autorizado aquilo.

A situação ficou tão insustentável que ele decidiu tirar quinze dias de férias. Durante sua ausência, a revista *Veja São Paulo* publicou uma reportagem sobre o erro do *Jornal da Tarde*, em que acusava Anélio pela lambança. Ele então telefonou para Tales Alvarenga, que editava a revista da Editora Abril e fora copidesque dele na Geral do *JT* anos antes, e explicou o que acontecera.

— Escreva uma carta, Anélio, que nós publicaremos — sugeriu Tales.

Anélio escreveu na carta, com todas as letras, que o único responsável por aquele erro de edição se chamava Fernão Lara Mesquita. A carta foi publicada pela revista no final de semana seguinte e apareceu pregada no mural interno da redação. Quando Anélio voltou ao trabalho, não havia mais clima entre ele e Fernão. O diretor de redação do *JT* não o chamou para falar sobre o problema nem sobre a carta que ele escrevera. Mas também não o chamava para falar sobre mais nada. Passados alguns dias, Anélio foi até a sala dele e pediu demissão.

— Por mim, você não precisa pedir demissão. Pode ficar aí o tempo que quiser — respondeu Fernão, com indiferença.

— Não é por você, é por mim, Fernão. Eu não fico nem mais um dia.

O *Jornal da Tarde* estava sem editor-chefe de novo. E Fernão Mesquita teria de recomeçar sua busca. Mas, desta vez, estava disposto a iniciar uma renovação nos quadros da redação.

# 47. Celso Kinjô

Os boatos do ano anterior não eram precisos, mas não estavam totalmente errados. Fernão Mesquita tentara realmente contratar um profissional de fora para o cargo de editor-chefe, um jornalista que trabalhava na redação da TV Globo em São Paulo. A indicação viera de Elói Gertel, que trabalhara como chefe de reportagem do *SPTV*, o jornal local da emissora. Elói retornara à empresa para ocupar um cargo na diretoria da Agência Estado, a convite de Rodrigo. Em sua passagem pela Globo, porém, dividira o comando de pauta com Celso Kinjô e ficara impressionado com a capacidade de organização e de motivação que a equipe de Kinjô demonstrara.

Celso Kinjô fora um dos fundadores do *JT*, levado para lá por Laerte Fernandes, em 1966. Deixara o jornal em 1967 a caminho do *Última Hora*, que havia acabado de ser comprado pela Folha da Manhã S.A. e seria dirigido por Flávio Barros Pinto e por seu irmão, Humberto Kinjô.

Os irmãos Kinjô militavam na Juventude Universitária Católica, a JUC, e Celso acabou sendo preso numa passeata de estudantes em Santo André, no início de 1968. A Folha da Manhã, ao contrário do Grupo Estado, não perdoava esse tipo de engajamento. Quando saiu da cadeia, quinze dias depois, Celso foi demitido.

A JUC também estava acabando, esvaziada pela CNBB, e Celso, com vários outros colegas, foi parar nas fileiras da Ação Popular, a AP, que o incumbiu de organizar uma célula de jornalistas na Editora Abril. Kinjô foi parar na redação da revista *Realidade* como freelancer e foi pautado para uma matéria experimental no Xingu. Passou mais de um mês viajando com os irmãos Villas-Bôas, no meio dos índios, até saber que seu irmão havia sido preso pelos militares e decidir voltar. Orlando Villas-Bôas foi contra, pois soube que havia um Inquérito Policial Militar aberto contra Celso Kinjô, mas o repórter estava irredutível.

— Você vai chegar lá num avião da FAB — disse o indigenista. — Vão te enquadrar na mesma hora.

— Que seja — respondeu Kinjô. — Meu irmão está preso, eu não posso ficar escondido aqui.

Kinjô voltou, mas não havia nenhum policial à sua espera no aeroporto. E ele acabou se apresentando antes de ser preso para responder ao IPM em que era acusado de subversão. Com uma ficha policial aberta, Kinjô não conseguia emprego. Nem mesmo nas redações d'*O Estado*. Apesar de apoiar os funcionários presos, a empresa dos Mesquitas exigia atestado de antecedentes criminais para contratar novos empregados. Kinjô foi parar na Editora Bloch, que não pedia esse tipo de documento. Promovido a chefe de reportagem da revista *Manchete*, ele se mudou para o Rio de Janeiro e diminuiu a militância política.

Em 1976, de volta a São Paulo, trabalhou em revistas da Editora Abril até 1984, quando foi convidado para um almoço com Luís Gonzales, que havia iniciado na carreira como foca dele na *Manchete* e, àquela altura, era o chefe da redação da Globo em São Paulo. Gonzales queria convidá-lo para o cargo de chefe de reportagem da tarde — o mesmo ocupado por Elói Gertel no turno da manhã.

O salário era infinitamente maior e, além disso, Kinjô estava infeliz na direção da *Quatro Rodas*. Alguns meses depois de assumir o cargo na Globo, porém, estava arrependido. O trabalho parecia pouco desafiador. Ele chegava quando toda a pauta já havia sido organizada por Elói e tinha pouco a contribuir. Dividiu suas angústias com Gonzales no início de 1985 e pensava em se demitir, mas adiou a ideia porque explodiu a notícia da internação de Tancredo Neves.

Quando o presidente eleito foi transferido para o Instituto do Coração, em São Paulo, Kinjô foi incumbido por Gonzales de organizar a equipe de cobertura, o que incluía um plantão de 24 horas no Incor e flashes ao vivo da porta do hospital para o *Jornal Nacional*.

Gonzales queria que Kinjô ficasse baseado no trailer da emissora no Incor, mas, depois de dois dias ali, ele percebeu que não conseguiria nada. As informações estavam centralizadas nas mãos de Antônio Britto, o secretário de imprensa de Tancredo. A equipe médica estava blindada.

Kinjô voltou para a redação pensando numa forma de furar aquele bloqueio. Não adiantava procurar os médicos que atendiam Tancredo, porque eles não dariam informação alguma. Mas talvez os colegas deles tivessem acesso a dados sigilosos. Os grandes nomes da medicina paulista davam aulas nas mesmas universidades, frequentavam os mesmos congressos, faziam cirurgias nos mesmos hospitais.

Ele levantou então uma relação dos melhores médicos de São Paulo e, com a lista telefônica em mãos, começou a ligar para eles. Apresentava-se como chefe de reportagem da TV Globo em São Paulo e tentava convencê--los a colaborar como informantes da emissora. Alguns se negaram, mas outros aceitaram e passaram a dar informações exclusivas sobre o estado de saúde de Tancredo.

Os plantões da porta do Incor ancorados por Carlos Nascimento começaram a melhorar. Enquanto as outras tevês se limitavam a transmitir informações do boletim médico oficial, Nascimento tinha detalhes de exames a que Tancredo fora submetido, medicamentos administrados, oscilações do quadro de saúde, suspeitas de novas infecções — dados que provavam que a Globo estava sendo informada por gente de dentro do hospital. O auge aconteceria na noite do dia 11 de abril.

* * *

Pouco antes do encerramento do *Jornal Nacional*, Kinjô recebera a informação de que Tancredo seria submetido a mais uma cirurgia, a sétima. Ele começou a correr contra o relógio para tentar confirmar aquele furo com pelo menos mais um médico da sua rede. O segundo que tentou foi Dahier Cutait, então superintendente do Hospital Sírio-Libanês. Ele o atendeu irritado, estava sendo interrompido no meio de um jantar com amigos em casa. Kinjô explicou a informação que tinha e ele pediu cinco minutos.

O *Jornal Nacional* se aproximava do fim e Carlos Nascimento se preparava para fazer sua última entrada ao vivo antes do encerramento quando recebeu pelo ponto eletrônico a informação enviada por Kinjô. Tancredo ia ser operado novamente, a sétima cirurgia, ainda naquela noite. Nascimento pediu que confirmassem aquilo. Era a cara dele na tela a dar uma informação daquela gravidade e queria estar certo de que não se tratava de uma barriga.* Kinjô bancou:

— Tenho dois médicos confirmando. Pode dar a informação. Se estiver errada, eu assumo a responsabilidade.

Assim que Nascimento encerrou seu boletim do Incor, o telefone tocou na mesa de Kinjô. Do outro lado, o diretor nacional de jornalismo da TV Globo, Armando Nogueira, queria saber se o chefe de reportagem em São Paulo tinha certeza absoluta do que havia acabado de colocar no ar.

— O Antônio Britto ligou aqui me perguntando de onde nós tiramos isso, porque nem ele está sabendo — explicou Nogueira.

— Meus informantes acabaram de me passar a notícia. Foi decidido há menos de vinte minutos — respondeu Kinjô.

— Espero que eles estejam certos, caro Kinjô — respondeu Nogueira.
— Se estiverem errados, vai ser muito ruim ter de desmentir isso.

Por volta de meia-noite e meia, Antônio Britto convocaria uma coletiva para confirmar para toda a imprensa que o presidente Tancredo Neves estava sendo preparado para ser submetido à sétima cirurgia. Kinjô dera um furo nacional para a emissora e sua credibilidade no grupo cresceu. No mês seguinte, foi promovido a chefe da redação da Globo em São Paulo.

\* \* \*

---

* Termo utilizado no jornalismo para classificar informações erradas publicadas ou divulgadas como verdadeiras.

Fernão Mesquita chegara a telefonar para Kinjô em março de 1988, convidando-o para um jantar. Na época, porém, Kinjô foi franco.

— Olha, Fernão, se a sua intenção é me fazer um convite, eu preciso deixar claro desde já que não posso aceitar agora — explicou. — Estou incumbido de montar toda a cobertura do Carnaval do ano que vem e não posso deixar o projeto pelo meio.

— Carnaval? Mas nós estamos em março! — estranhou Fernão.

— Pois é, mas as coisas aqui na Globo são assim. Tudo é planejado com grande antecedência. Se você ainda precisar de mim no início do ano que vem, terei o maior prazer em ouvir a sua proposta.

Fernão ficara meio contrariado com aquela postura e colocara o nome de Kinjô de lado. Em 1989, porém, com o pedido de demissão de Anélio sobre a mesa, decidiu insistir. Ligou novamente para o chefe de redação da Globo, os dois se encontraram num jantar, conversaram longamente e Fernão explicou que procurava um editor-chefe que pudesse reorganizar a redação. Muita gente havia saído, outros não cumpriam mais suas funções, a casa parecia desarrumada.

Kinjô pediu um instante para pensar, mas não se demorou a tomar uma decisão. Fazia um tempo que a situação dele na Globo mudara. Um novo diretor enviado do Rio andava implicando com ele. Kinjô achou que era uma boa oportunidade de se livrar daquela chatice e aceitou o convite.

Pela primeira vez em sua história, o *Jornal da Tarde* teria um editor--chefe que não fizera carreira em sua redação, nem havia sido formado dentro da cultura *JT* de edição. Era uma situação completamente nova para todos os profissionais que havia anos faziam aquele jornal. E as reações não tardariam a aparecer.

# 48. O primeiro lucro

Celso Kinjô não recebeu nenhuma orientação de Fernão Mesquita sobre o posicionamento editorial do *Jornal da Tarde*. Ao assumir o cargo de editor-chefe, encontrou a redação em crise, com jornalistas antigos descontentes com o novo diretor e refratários ao novo editor-chefe. As editorias pareciam desorganizadas. Fazia um ano que o jornal se tornara oficialmente matutino, com o fechamento completo da edição às 23h30. Mas os horários que copidesques e editores cumpriam não haviam sido alterados, o que resultava em atrasos diários do fechamento, da impressão e da distribuição.

A redação contava com mais de 180 jornalistas, embora oficialmente o número fosse menor. Havia muita gente sem contrato assinado, trabalhando como freelancer fixo. Como ouvira de todos os Mesquitas com quem conversara que o *JT* precisava dar lucro, a primeira providência de Kinjô foi pedir a relação de custos da redação. Queria saber quanto gastava com a equipe que ia administrar, e para onde ia o dinheiro. Acostumado à organização da Globo, Kinjô ficou estupefato com a resposta: ninguém sabia quanto o *Jornal da Tarde* gastava. Tinha-se uma ideia geral de que dava prejuízo, mas ninguém tinha números que comprovassem a tese.

A divisão da empresa em unidades de negócios, embora tivesse sido iniciada um ano antes, ainda estava em implantação. Consultores da Arthur

Andersen trabalhavam diariamente no prédio d'*O Estado* para dividir as contas do grupo pelas novas unidades de negócios. Com a ajuda de um desses consultores, Kinjô fez um exaustivo levantamento desses números, dividindo os custos do *JT* por editoria.

Enquanto isso, começou a fazer substituições no grupo para abrir espaço para gente de sua confiança. Os jornalistas antigos em cargos de chefia, claro, eram os principais afetados, por dois motivos. Estavam lá desde o tempo em que a empresa era rica, portanto recebiam os maiores salários, e eram os mais refratários às mudanças. Fernando Portela, que editava a Geral, saiu sem se despedir de ninguém num dia em que chegou para trabalhar e soube, pelos colegas, que Kinjô havia demitido o seu subeditor. Colocou o paletó no ombro, deu meia-volta e nunca mais retornou.

Mário Marinho, o editor da capa da derrota na Copa da Espanha, em 1982, deixara o comando da editoria de Esportes antes de Kinjô assumir a redação, após desentendimentos com Fernão. Fora substituído por Vital Battaglia, que voltara da reportagem especial para o comando da editoria. Como todos os fundadores, Battaglia havia sido contratado sob o regime de estabilidade no emprego em 1965, o que tornava sua demissão proibitiva. Kinjô tentou removê-lo para a secretaria de redação no início de 1990, mas foi impedido por Fernão, que tinha outros planos para ele.

Battaglia foi informado pelo próprio diretor de que seria transferido para a reportagem da Geral, na pauta do dia a dia. Isso significava a perda do status de editor e, principalmente, da cobertura da Copa do Mundo que seria realizada naquele ano na Itália. Battaglia ficou irritado, porque enxergou naquilo uma manobra para forçá-lo a pedir demissão, e se recusou a aceitar o que considerava um rebaixamento.

— Então, pode ir para casa — reagiu Fernão. — Quando precisar de você, eu mando chamá-lo.

Battaglia fez o que o patrão mandou e os dois nunca mais conversaram. Ele tentou voltar ao jornal alguns dias depois para negociar uma saída para o impasse, mas seu crachá havia sido bloqueado e o segurança não o deixou passar da portaria. Sentindo-se ultrajado, ele não voltou mais ao edifício da avenida Engenheiro Caetano Álvares, mas, como sua demissão era cara demais, continuou recebendo o salário pontualmente, mesmo sem trabalhar.

Na editoria de Diagramação, Kinjô decidiu demitir César Camarinha, que também estava lá desde a fundação. Camarinha era muito querido por todos, mas a antecipação do horário de fechamento havia tornado sua permanência inviável. Ele tinha outro emprego num horário mais cedo, do qual não queria abrir mão. William Waack e Anélio Barreto haviam tentado demiti-lo, mas desistiram por causa do clima da redação. Kinjô decidiu resolver a questão e mandou chamar Valter Pereira de Souza, um dos diagramadores mais antigos.

— Valter, eu vou demitir o Camarinha e quero você no lugar dele — explicou Kinjô.

Valtinho, como era chamado na redação, já havia sido convidado nas outras duas vezes para aquele posto e recusara.

— Não tem mais volta. Se você não aceitar a promoção, eu arrumo outra pessoa para o lugar, mas o Camarinha não vai ser poupado por causa disso — completou o editor-chefe.

\* \* \*

Valtinho iniciara sua carreira no Grupo Estado aos 15 anos de idade, em 1970, como office boy do diretor industrial. Chegara lá por indicação de uma tia, que era secretária de Ruy Mesquita. Passara para a administração em 1973, ao completar 18 anos, mas um ano depois havia voltado à área industrial, trabalhando na fotopaginação durante a madrugada.

Em 1975, quando *O Estado* se preparava para trocar a impressão a chumbo pela *offset*, Valtinho foi promovido a subchefe do setor. No ano seguinte, logo após a mudança para a nova sede, ele se tornara chefe de paginação do *Jornal da Tarde* na oficina e, em 1978, fora convidado por Moisés Rabinovici, então editor de Variedades, para ser diagramador na redação. O convite caíra como uma bênção, porque Valtinho ia se casar e não queria mais continuar nos turnos da madrugada.

Nos primeiros meses de Variedades, Valtinho diagramara com Rabino, depois com Maurício Kubrusly, que assumira a editoria quando Rabino foi ser correspondente do jornal no Oriente Médio. Finalmente, trabalhara com Murilo Felisberto. Aprendera tanto sobre criação de páginas que se tornara eternamente grato a ele e batizara seu primeiro filho com o nome de Murilo.

No dia a dia da redação, Valtinho era um legítimo herdeiro dos tempos em que os novatos passavam por trotes aplicados pelos mais antigos. E, como tinha muitos amigos no setor de impressão, não raro envolvia a redação em trotes para os focas do industrial. Numa dessas ocasiões, apareceu na mesa dele um rapaz recém-contratado na fotocomposição. Vinha pedir um terno.

— Um terno? — quis saber Valtinho.

— Sim, o meu chefe disse que todo mundo que é contratado aqui ganha um terno e era para eu pedir ao senhor.

— Mas ele te deu o formulário assinado? Sem o formulário, nada feito. Volta lá, pede o papel assinado por ele e depois pode vir aqui.

Enquanto a vítima fazia o caminho de volta, Valtinho arrumou uma fita métrica e uma tesoura de costureiro no "Modo de Vida" e convenceu o crítico de televisão Leão Lobo, um dos gays assumidos mais debochados da redação, a fazer o papel de costureiro. Leão Lobo jamais desperdiçaria uma chance como aquela. Ele não poupava ninguém de seu humor. Ficou famosa a resposta que ele deu a um visitante, certa vez, a quem o editor acabara de apresentá-lo.

— Leão Lobo? Nossa, com um nome desses, você morde? — perguntara ingenuamente o visitante.

— Não, querido, eu só chupo.

Quando o rapaz da fotocomposição voltou, Valtinho o levou para uma das salas "aquário"* e o apresentou ao alfaiate, doutor Lobo.

— Mas pode chamar de Leão também, que ele gosta.

Leão Lobo colocou o rapaz de costas para a janela que dava para a redação e começou um intenso trabalho de apalpá-lo em todas as partes

---

* Sala envidraçada dentro da redação.

do corpo, a pretexto de tirar as medidas para o terno. Pela janela do aquário, a redação reunida assistia à cena. Quando a brincadeira acabou, o rapaz tomou um susto com toda aquela gente aplaudindo do lado de fora. Jamais voltou ao sexto andar. Valtinho espalhava para todo mundo que ele ficara chateado porque nunca recebera o terno.

* * *

A indicação de Valtinho para o cargo tinha o aval de Ruyzito, de Fernão e de Rodrigo. Ele era uma pessoa de confiança da família Mesquita e Kinjô precisava de gente assim para apoiá-lo nas mudanças que pretendia implantar. Um mês depois de promovê-lo a chefe da diagramação, Kinjô demitiu também o editor de Arte e Valtinho acumulou o cargo. Os cortes prosseguiram em outras editorias, mas Kinjô não limitou sua atuação à redação.

No levantamento contábil que promovera, ele descobriu que a Agência Estado cobrava do *JT* pelo material editorial o mesmo que cobrava d'*O Estado*. Levou a questão a Fernão e eles conseguiram reduzir os valores, mostrando que o *JT* usava muito menos material do que o principal produto da casa.

Se a unidade *Jornal da Tarde* precisaria dar lucro, Kinjô deveria também melhorar a situação no departamento comercial. Até aquele ano, o *JT* nunca tivera um profissional dedicado a vender exclusivamente o jornal para anunciantes. Kinjô se queixou com Fernão sobre esse problema e conseguiu a contratação de um gerente comercial. Júlio Cezar Mesquita — que, apesar do nome, não era parente dos donos do jornal — organizou várias ações comerciais com a ajuda de Kinjô e melhorou a rentabilidade do produto.

Com todas essas modificações, em 1989 o *Jornal da Tarde* deu o primeiro lucro oficialmente registrado de sua história. Do ponto de vista financeiro, a situação começava a se encaminhar. O clima na redação, porém, era péssimo. E não apenas porque a maioria dos repórteres sofria com a demissão de vários de seus ídolos e resistia aos novos chefes, mas também porque a relação entre Celso Kinjô e Fernão Mesquita azedara.

## 49. Ruídos na direção

Embora tenha resistido por muitos anos à ideia, Fernão Lara Mesquita fora formado pelo pai para ser um editorialista. Transformara-se num leitor atento dos jornais, era admirador confesso do trabalho da *Gazeta Mercantil* e não perdia de vista a *Folha de S.Paulo*, que se transformara no adversário principal dos diários da família. Tinha tudo o que se desejaria de um diretor de opinião de *O Estado de S. Paulo*, cargo no qual o pai sonhava vê-lo um dia. Estava longe, porém, na linha de sucessão daquela família quase imperial que transmitia apenas a Julios o que sempre fora de Julios.

Isso não o impedia de continuar seguindo sua rotina de editorialista. Todas as manhãs, assim que acordava, fechava-se na cabana de caçador instalada no quintal de sua casa no Jardim Europa. Ali, entre as várias espingardas de sua coleção, lia os matutinos do dia e passava duas horas devorando textos e anotando num bloco de notas as ideias que lhe ocorriam. Cumprida essa primeira etapa, ele ligava para a redação e passava quase duas horas ditando, por telefone, as pautas que queria ver no *Jornal da Tarde* do dia seguinte.

Eram pautas detalhadas, geralmente sobre grandes temas nacionais, questões que ele julgava prioritárias para o país. E pouco lhe importava se o jornal que haviam lhe dado para dirigir era local, focado na vida da cidade, com uma estrutura limitada, tanto em mão de obra quanto em quantidade de papel, para atender a tantos pedidos.

Essa forma de trabalho era a principal diferença entre ele e seu pai. Ruy Mesquita, ao longo de todos aqueles anos, jamais se furtara a dar os seus palpites. Eventualmente, até pautava assuntos que lhe interessavam no jornal. Como regra, porém, o mais comum era que se manifestasse apenas no dia seguinte sobre o que lhe desagradara, deixando aos jornalistas certa liberdade para conceber o jornal.

Fernão tentava formatar a pauta com antecedência. E muitas vezes cobrava da redação assuntos que vira na concorrência naquele dia, mas que haviam estado nas páginas do *JT* um ou dois dias antes. Passava, com aquelas cobranças, a impressão de que o único jornal que ele de fato não lia era justamente o que dirigia.

Quem anotava os pedidos era Celso Kinjô, que todas as manhãs se via obrigado a atrasar a reunião de pauta porque o diretor de redação não havia acabado de ditar a lição de casa, como ele chamava as sugestões do patrão.

Kinjô vinha da Rede Globo, onde se acostumara a transmitir a notícia bruta, na hora em que acabara de acontecer. Era *hard news* puro, num tempo em que o ritmo dos telejornais no Brasil não previa espaço para âncoras e interpretações da notícia. Ao final da segunda semana no *JT*, ele achava que havia cometido um erro. E pediu uma reunião com Elói Gertel e Sandro Vaia para expor suas preocupações. Estava pensando em pedir demissão.

Os dois tentaram acalmar o colega e combinaram de conversar com Rodrigo para que ele falasse com o irmão. O assunto foi levado adiante e só piorou as coisas. Informado de que seu editor-chefe havia se queixado dele pelas costas, Fernão perdeu a confiança em Kinjô. Passou a comentar com as pessoas mais próximas que fizera a escolha errada, que aquele não era o homem certo para comandar a redação do *JT*. Não o mandou embora imediatamente porque havia acabado de tirá-lo de outro emprego e os Mesquitas eram assim. Preocupavam-se em ser corretos com seus funcionários.

Kinjô foi ficando por lá, cada vez mais irritado com os telefonemas matutinos, que nunca cessaram, e nos quais Fernão se mostrava cada vez mais impaciente. Nos primeiros quatro meses, Kinjô entrava às 9h todas as manhãs e só saía às 23h, com o fechamento já encaminhado. Não se metia a desenhar a primeira página, que deixava aos cuidados de Ivan Ângelo. Tentava coordenar as pautas, acertar o tom de manchetes e matérias e aguentar os trancos que levava sempre que não atendia a algum dos pedidos de Fernão.

Ao final desse primeiro quadrimestre, esgotado pelo excesso de horas dentro da redação, Kinjô manobrou verbas para abrir uma vaga nova no Mesão. Contratou o jornalista Alceu Náder para entrar mais cedo e conduzir a reunião de pauta da manhã. E lhe transmitiu da seguinte forma a principal função que ele teria:

— Você vai ser o penico do Fernão, vai atender o telefone todas as manhãs e ouvir as merdas que ele despeja em cima da pauta — afirmou Kinjô. — O que fazemos ou não eu decido depois, mas esse trabalho de anotar tudo passa a ser seu.

A distância entre os dois, que já era grande, se aprofundou. Se em algum momento Fernão pensou em demitir Kinjô, porém, perdeu a chance de fazê-lo naquele mesmo ano. No início de 1990 apareceram os resultados financeiros do trabalho de reorganização que o editor-chefe fizera na redação. No ano anterior, o *Jornal da Tarde* dera lucro pela primeira vez, e aquilo o fortaleceu. O irmão mais velho de Fernão, Ruyzito Mesquita, diretor da unidade, passou a defender a importância de Celso Kinjô na estrutura. Fernão, porém, não estava satisfeito e começaria a busca por um substituto.

## 50. O novo foca

Celso Kinjô havia acabado de completar um ano no comando do *JT* quando eu apareci por lá, no dia 6 em julho de 1990. Apresentei-me a Laurentino Gomes, que então editava a Geral, para um estágio de duas semanas, sem remuneração.

A redação ficava num salão amplo, com a lateral toda envidraçada descortinando a vista poluída do lado oeste da marginal do rio Tietê. As mesas de madeira dos repórteres — em formato de trapézio, com laterais escuras e tampos amplos forrados com fórmica bege-clara — eram agrupadas de quatro em quatro. Cada pool tinha três telefones e quatro máquinas de escrever que repousavam em pequenas mesinhas ao lado da principal.

A informatização ainda engatinhava por ali. A primeira estação de computadores do *JT*, com quatro terminais de tela azul que serviam apenas para escrever, havia acabado de ser montada na entrada da redação. Era pouco utilizada pelos repórteres. Os editores estavam sendo treinados no novo sistema de edição e continuavam fechando com laudas de vinte linhas por setenta toques de largura.

Laurentino Gomes rapidamente explicou como funcionaria o estágio. O objetivo era me dar um panorama do trabalho na redação. Eu acompanharia repórteres em pautas do dia a dia, assistiria às entrevistas e depois redigiria uma matéria apenas para que pudesse ser avaliado e orientado por ele. O estágio duraria duas semanas, sem remuneração. Se eu estivesse de acordo, poderia começar na segunda-feira seguinte, dia 9, às 14h. Claro que eu estava.

Voltei no dia e horário combinados e fui devidamente sentado pela chefe de reportagem, Áurea Lopes, numa mesa num canto para esperar por alguma pauta. Como nada acontecia, comecei a achar que Áurea havia se esquecido de mim e decidi abordar uma repórter que preenchia à máquina uma guia em três vias, papel carbono entre elas, onde se lia, no alto, os termos mágicos: requisição de transporte.

Silvia Lenzi estava de saída para o campus da USP, onde cobriria um evento organizado pela Associação Brasileira dos Fabricantes de Brinquedos, e aceitou carregar o foca com ela. No carro da reportagem, a caminho da pauta, Silvia foi me explicando que entrevistaríamos Oded Grajew, então presidente da Abrinq. E deixou-me à vontade para perguntar o que eu quisesse.

Na volta, escrevi trinta linhas e entreguei as laudas a Laurentino. No dia seguinte, ele me chamou para devolver o texto corrigido a caneta e me deu a primeira lição valiosa sobre redação para jornais.

— Evite aspas do entrevistado com mais de uma frase dentro — explicou. — Se precisar de duas frases para completar a ideia, escreva a primeira, identifique o autor e depois coloque a segunda.

\* \* \*

Saí com mais dois repórteres naquela primeira semana. Maurício Cintrão, cuja matéria sobre falta de água na cidade caiu na volta à redação, e Marcos Faermann, que eu conhecia pelos textos no jornal que meu pai levava para casa quando eu ainda era adolescente. Partiu de Marcão o convite, ao ver aquele foca sem nada para fazer num canto.

— Quem é este guri tão quietinho aqui perdido? — perguntou a Áurea Lopes.

— É o estagiário novo, Marcão — respondeu ela.

— Bah, e tu estudas onde, tchê? — perguntou a mim.

— Na PUC, segundo ano — respondi, meio acanhado.

— Então vamos para a rua comigo. Aí sentado não aprendes nada. Lá na rua podes aprender ainda menos, mas pelo menos te divertes.

Assim que nos sentamos no carro, ele e o motorista na frente, eu sozinho no banco de trás, Marcão puxou a carteira do bolso e sacou uma fotografia de dentro.

— Olha aqui a minha mulher, guri.

Na foto, uma mulher estava sentada sobre uma cama de casal, vestida apenas com um véu verde transparente, completamente nua por baixo. Ele ficou em silêncio esperando pela minha reação. Eu não sabia o que dizer.

— Muito bonita — arrisquei, enquanto devolvia a foto.

— Pois é, levo esta foto comigo porque é assim que eu gosto de vê-la — explicou. — Não toda penteada e maquiada numa foto de RG, entendes?

O assunto mudou, Marcão falava muito, o tempo todo, era intenso. Nunca consegui me lembrar qual era a pauta que deveríamos ter cumprido, nem de termos entrevistado alguém. Lembro-me de que paramos numa padaria do Paraíso no meio da tarde, onde ele tomou uma média e comeu um ovo cozido, e de termos voltado para a redação no início da noite. Eu nunca soube, afinal, se aquela era mesmo a mulher dele ou apenas uma foto genérica que ele carregava para aplicar trotes. Nas conversas com focas como eu, Marcão era dado a devaneios e pequenas invenções que tornavam a história melhor que a realidade.

Os dedos entrevados pela artrose e maltratados pela psoríase, por exemplo, ele colocava na conta da ditadura militar. Jurava ter sido torturado quando fora preso por suas ligações com o Partido Operário Comunista, o POC. As pancadas dos torturadores também seriam as responsáveis pela perda total da visão num dos olhos. Ele contava tudo em detalhes, com ar grave, exagerava na certeza de que um foca precisava ser muito cético para não acreditar naquele homem enorme, de cabelos, cavanhaque e bigode grisalhos.

De fato, Marcão fora preso no final de 1971, mas não havia registros de que tivesse sido torturado. A vida desregrada, o álcool e as experiências com drogas haviam piorado a situação da artrose e da psoríase. A visão de um dos olhos ele perdera numa cirurgia de catarata malsucedida. Eu não sabia de nada disso naquela época e me espantava com a vida heroica daquele ídolo do jornalismo.

★ ★ ★

Eu continuava escrevendo meus textos, mesmo que os repórteres não o fizessem porque a reportagem havia caído. Ao final da primeira semana, Laurentino autorizou Áurea Lopes a me passar uma pauta para apurar sozinho. Era uma matéria simples, sobre uma greve de funcionários da Companhia de Abastecimento e Saneamento Básico de São Paulo. Entrevistei a presidente do sindicato na época, ouvi a resposta da Sabesp e escrevi vinte linhas, que sofri para parir numa das Olivettis. Quem me ajudou muito nesse dia foi a repórter Vera Freire, que cobria a Câmara Municipal e o gabinete da prefeita Luiza Erundina. Ela leu meu texto antes que eu o entregasse aos editores e fez sugestões para melhorá-lo. Comemorei, no dia seguinte, quando li a matéria num pé de página, em uma coluna, praticamente sem nenhuma alteração. Era meu primeiro texto publicado num jornal.

A partir daquele dia, Áurea passou a me pautar para matérias pequenas, sempre sozinho. Ao final da segunda semana, quando deveria encerrar meu estágio, Laurentino me chamou à mesa dele.

— Olha, nós gostamos muito de você — explicou. — Não quer continuar aqui com a gente?

Claro que eu queria. Mesmo depois de ele ter me explicado que não tinha salário para me pagar, mas que tentaria conseguir uma verba com Kinjô o quanto antes. Aceitei trabalhar de graça, coloquei toda minha energia naquela oportunidade e, em menos de um mês, a primeira manchete da minha carreira cairia no meu colo.

# 51. Um jacaré no rio Tietê

Um foca nunca esquece sua primeira manchete, e a minha saltou da máquina de telex da Agência Estado, instalada bem atrás da pauteira Áurea Lopes, no meio da tarde de uma segunda-feira, 13 de agosto de 1990. Áurea pegou a tira de papel, leu a nota e achou que só podia ser alguma piada. Olhou para as mesas dos repórteres, onde só estava o estagiário. Naquele dia, eu ficara sem pauta por falta de notícia suficientemente desimportante. Ela me chamou.

— Isso aqui deve ser alguma brincadeira — explicou. — Mas, como você está sem nada, dá uma chegada lá e verifica.

Peguei o telex e nele estava escrito que um grupo de homens do Corpo de Bombeiros tentava, naquele exato momento, capturar um jacaré que fora avistado dentro do rio Tietê, entre as pontes de Vila Guilherme e Vila Maria. Realmente, parecia um trote.

O Tietê, destino de toneladas de esgotos industriais e residenciais despejados *in natura*, era um dos rios mais poluídos do mundo. Estava morto antes mesmo que eu tivesse nascido. Para o foca, porém, qualquer pauta era fonte de entusiasmo. Peguei um maço de laudas a pretexto de bloco de notas, minha caneta Bic azul e parti para o local indicado no telex.

O trânsito começava a parar no sentido Zona Leste, mas o congestionamento estava pior mesmo do lado oposto, onde as viaturas dos bombeiros e da Polícia Florestal chamavam a atenção dos motoristas. A marginal do rio Tietê chegou a registrar 6 quilômetros de lentidão naquela tarde, o que era considerado uma monstruosidade para o horário, na época. Apesar disso, o motorista do jornal conseguiu chegar ao local com relativa facilidade e ali encontrei os bombeiros com redes e puçás navegando em botes dentro do rio.

O jacaré já havia sumido, mas o fotógrafo Luiz Prado, da Agência Estado, estava no local e fora o único a conseguir fotografá-lo. Prado voltava de outra pauta na Zona Leste quando avistou as viaturas. Parou para verificar do que se tratava e havia conseguido registrar o jacaré nas águas.

Entrevistei todo mundo que me parecia importante para a história. Do comandante dos Bombeiros no local ao desempregado que ligara para o 190 ao avistar o que lhe parecia ser um jacaré dentro da água. Só deixei o local quando a última viatura partiu. Não existiam telefones celulares ainda, e eu só descobri que a Geral estava em polvorosa quando retornei, por volta de 18h. Laurentino Gomes, que participava da reunião da Primeira Página quando Áurea me entregou o telex, veio falar pessoalmente comigo.

— Você encontrou o Décio lá? — perguntou-me.

Décio Trujilo era um dos repórteres que fora trazido por Laurentino nas mudanças que fizera na equipe.

— Até a hora em que eu saí, ele não tinha chegado.

Laurentino parecia preocupado.

— E tinha mais alguém lá quando você saiu?

— Não, eu saí junto com os bombeiros. Suspenderam as buscas até amanhã. Mas olha, tem uma boa notícia: parece que o Luiz Prado foi o único fotógrafo a conseguir a imagem.

O editor já sabia dessa notícia e explicou ao foca, então, a importância daquela matéria. A Rádio Eldorado havia lançado uma campanha alguns dias antes pela despoluição do rio Tietê. O aparecimento daquele jacaré, naquele momento, era tudo o que a empresa precisava para deslanchar a campanha. Experiente, Laurentino evitou me contar que, por tudo isso, a matéria seria manchete. Aquele detalhe só serviria para assustar o foca, que já estava suficientemente assustado com a notícia de que teria uma página inteira, a nobre Última Página, para escrever.

Enquanto conversávamos, Décio Trujilo chegou confirmando o que eu dissera. Ele ficara preso no trânsito e, quando chegara, não havia mais ninguém no local das buscas. Laurentino então o incumbiu de me entrevistar e me ajudar a escrever. Levantou-se da mesa dos computadores, onde àquela altura já batíamos algumas das matérias, e dirigiu-se a uma pilha de fotocópias e jornais velhos que escondiam Randau Marques e sua antiga Olivetti.

— Randau, você pode nos ajudar com isto aqui? Acharam um jacaré no Tietê. Será que você não faz um box de arquivo sobre qual pode ser a espécie desse jacaré e tecendo hipóteses sobre como ele pode ter ido parar lá?

— Fotografaram o bicho? — perguntou Randau, cofiando sua longa barba preta que começava a mostrar os primeiros fios grisalhos.

— Sim, as imagens estão a caminho.

— Então deixa comigo.

Randau fuçou em meio à sua pilha de papéis, pinçou uma folha aqui, outra ali, e, como insistia em fazer a maioria dos jornalistas antigos, carregou a Olivetti com uma lauda para começar a escrever o seu box.

\* \* \*

Décio Trujilo me submeteu a um verdadeiro interrogatório. Para todas as perguntas, eu tinha respostas. Ao final da bateria, não sobrara nenhuma dúvida por responder.

— Você tem a matéria toda na mão — disse-me ele. — Acho melhor você mesmo escrever enquanto eu fico aqui ao lado. Se pintar alguma dúvida, eu te ajudo.

E assim fizemos. Durante cerca de uma hora, fui colocando na tela do computador todas as informações que eu apurara. Décio ia me orientando sobre o encadeamento da matéria, sugeria mudanças de palavras, ensinou-me a evitar as viúvas* no fim dos parágrafos, a cortar algumas repetições desnecessárias e, ao final, fez a última leitura, com devidos ajustes, antes de enviar o texto para Laurentino. Terminamos tudo com folga para o horário do fechamento do jornal. O texto de Randau já seguira, por lauda, muito tempo antes.

Terminado o fechamento, Laurentino veio até a minha mesa com uma lauda dobrada, que me entregou enquanto dizia:

— Parabéns, Ferdinando. Você tem um longo futuro nesta profissão.

Ele ficara sabendo por Décio que eu havia apurado tudo o que era necessário e havia escrito o texto praticamente sozinho. Na lauda, elogiava isso e me contava que eu veria a matéria na manchete do jornal no dia seguinte. Só lamentava não ter podido assinar meu nome. A decisão fora da direção. Era arriscado colocar a assinatura de um estagiário sem remuneração numa matéria com tanta visibilidade.

Guardei aquela lauda assinada por Laurentino Gomes entre os meus tesouros profissionais. Simbolizava o momento em que eu deixara de ser visto pelo restante da redação apenas como mais um estagiário. Aquela manchete, mesmo sem assinatura, me promovera perante os colegas. Embora continuasse sendo foca, passava a ser alguém a quem se podia confiar matérias do dia. Pelas semanas seguintes, eu me transformaria quase num setorista de jacaré e da campanha pela despoluição do rio Tietê. Depois, pularia para a cobertura de cidade, trânsito, administração municipal e Câmara dos Vereadores, mais tarde, quando a repórter Vera Freire foi transferida para a editoria de Política.

As mudanças eram rápidas porque a editoria de Geral, como de resto o jornal, vivia em permanente crise de liderança. E a chefia de Laurentino também não duraria muito mais tempo.

---

* Palavra ou sílaba que sobra no fim de um parágrafo, fazendo com que a linha fique excessivamente curta.

# 52. Redação conflagrada

A redação ainda mantinha uma estrutura grande em 1990. O time de Esportes tinha como principais repórteres de futebol nomes como José Eduardo Savóia, Sérgio Baklanos, Cosme Rímoli, Luís António Prósperi, Ubiratan Brasil e Arthur de Almeida, além de Denise Mirás, Roberto Pereira de Souza e Castilho de Andrade na cobertura dos esportes amadores. Entre os subeditores e redatores estavam Sidney Mazzoni, Lenita Outsuka, João Prado Pacheco, Pio Pinheiro e Hélio Cabral, um delegado de polícia folclórico que trabalhava na redação desde os tempos da fundação do jornal. Trabalhavam lá, também, os únicos três outros estagiários do jornal naquela época: Vinicius Mesquita, Paulo Guilherme, mais conhecido como Guri, e Valéria Corbucci, que acabara de se transferir da Geral.

O grupo era comandado por José Eduardo Carvalho, que assumira o cargo naquele ano. Zedu, como era chamado por todos, iniciara sua carreira no grupo pela revisão, em 1979, e subira para a redação como repórter em 1982. Passara os anos de 1987 e 1988 como correspondente em Madri e voltara em meio ao período conturbado que se instalara após a saída de Mário Marinho. Chegara a subeditor sob a chefia de Pedro Autran e assumira o cargo de editor quando Autran fora deslocado para o Mesão de fechamento.

Na Variedades, comandada por Edison Paes de Melo, brilhavam críticos como Saul Galvão (gastronomia), Edmar Pereira (cinema), Lauro Lisboa (música) e Alberto Guzik (teatro). Entre os repórteres estavam Regina Ricca, Sérgio Roveri, Renato Delmanto e Cristina Ramalho.

A maior editoria, porém, continuava sendo a Geral. Laurentino Gomes tinha como subeditores Caco de Paula, Mara Ziravello e Regina Bernardi. Quatro redatores ajudavam no fechamento — entre eles o lendário Renato Pompeu, que participara da criação do *JT* e depois se mudara para a equipe que fundara a *Veja*, onde permanecera até 1981. Da *Veja*, Pompeu pulara para o escritório da United Press International no Brasil, depois passara pela *Folha de S.Paulo*, pelo *Retrato do Brasil* — um jornal alternativo fundado pelo jornalista Raimundo Pereira em 1986 e que durou apenas dois meses — e pela enciclopédia *Larousse Cultural*. Nesse meio-tempo, diagnosticado com esquizofrenia, enfrentara alguns longos períodos de internação e passara a tomar medicamentos controlados.

Pompeu voltara ao *JT* no início daquele ano como redator e logo se transformara em fonte riquíssima de folclore na redação. Com cerca de 1,80 metro de altura e muitos quilos acima do peso ideal, ele vivia em constante dieta por determinação médica. Alimentava-se apenas de cenouras e beterrabas cruas, porque o excesso de gordura na caixa torácica ameaçava o funcionamento do coração durante o sono. Seus joelhos valgos tornavam os deslocamentos pelo salão lentos e cambaleantes. A cada três horas, lá ia Renatão, como era chamado pelos colegas, balançando a caminho do banheiro para lavar mais uma cenoura ou beterraba.

O vozeirão grave era incompatível com cochichos. Renato falava alto, pausadamente e num português correto, com todos os plurais e tempos verbais devidamente conjugados. Sempre que se manifestava, era ouvido na editoria inteira. Sua marca registrada era a pergunta que fazia a cada colega que cumprimentava quando chegava ao trabalho, no início da tarde.

— E aí, novidades?

Quase sempre o jornalista abordado dizia que não, tudo como sempre. Muito por fazer, pouco tempo, nenhuma grande novidade. E Renato, então, arrematava com seu humor afiado.

— Então não teremos jornal amanhã.

A pergunta e a constatação eram repetidas algumas vezes porque naquele ano de 1990 a editoria de Geral ainda contava com um grande número de repórteres. Estavam lá, entre os especiais, Percival de Souza e Fausto Macedo, ambos na cobertura policial, Marcos Faermann, Randau Marques, Regina Helena Teixeira, Rosa Bastos e Valdir Sanches — que retornara em 1987, após o fracasso da revista *Afinal*.

A essa turma de antigos, haviam sido agregados Luiz Maklouf Carvalho e Fernando Granato, que trabalhavam principalmente para a Política, e Marinês Campos, que subira da revisão para a redação em 1984 para se transformar numa das melhores repórteres policiais que o Brasil já conheceu. Marinês, inclusive, era a única da equipe setorizada a respeitar a antiga tradição de andar armada. Carregava consigo um revólver calibre .38 e uma pistola semiautomática calibre 6.35. As armas, porém, ficavam no carro e jamais na bolsa — ao contrário do que dizia a lenda na redação. Marinês as comprara para defesa pessoal, porque morava na cidade de Mairiporã, na Grande São Paulo, e muitas vezes era acionada no meio da noite para cobrir rebeliões.

Entre os repórteres que recebiam pautas do dia a dia, o jornal ainda mantinha a estrutura de jornalistas setorizados. Lígia Kosin cobria Saúde; Mariluza Costa, Educação; Vera Freire era especializada em Câmara Municipal e no gabinete da prefeita Luiza Erundina; Vicente Vilardaga e Silvia Lenzi cobriam mais temas da cidade, sem áreas muito delimitadas. Nesse mesmo perfil, chegariam ao longo daquele ano Décio Trujilo e Kátia Perin, ambos formados pela escola Abril de jornalismo e trazidos por Laurentino Gomes.

Kátia Perin iniciara a carreira na revista *Placar* num tempo em que era tabu empregar repórteres mulheres na cobertura esportiva. Nos anos 1980, as entrevistas coletivas dos jogadores após as partidas ainda eram concedidas no vestiário, com os atletas geralmente nus ou, no máximo, com toalhas enroladas na cintura. Mulheres naquele ambiente costumavam ser malvistas. Kátia, porém, enfrentara os preconceitos e brilhara sob o comando de Juca Kfouri e Carlos Maranhão. Quando chegou à redação do *JT*, em setembro de 1990, havia acabado de ganhar o Prêmio Esso de

Informação Esportiva pela reportagem "O primeiro time de Pelé". Ela localizara os homens que, ainda meninos, haviam jogado ao lado do Rei na equipe mirim em que ele iniciara no futebol.

Junto com Kátia, veio da *Placar* o repórter Silvio Bressan. Gaúcho de Porto Alegre, Silvio reforçava a equipe de Política, na época comandada pelo editor Márcio Chaer. A chegada de ambos, juntos, não era coincidência. Estavam de casamento marcado.

Ao longo daquele ano, e no início de 1991, a equipe cresceria ainda mais com as chegadas de Stella Galvão, Maria Lígia Pagenotto, Heliana Nogueira, Lídice Severiano (que anos depois passaria a se chamar Lídice Ba), Carlos Rydle e Sérgio Pompeu, sobrinho de Renato Pompeu.

\* \* \*

Mesmo para um foca como eu, era evidente a atmosfera conflagrada da redação. Assim como os repórteres da época da fundação, os daquele tempo em que cheguei também viviam o *Jornal da Tarde*. A publicação era sempre o assunto nas mesas dos bares. Ao contrário do início, porém, o clima não era de entusiasmo. As conversas da nossa geração eram desanimadoras. Reclamávamos das mazelas da empresa e da indiferença de certos chefes ao descaso com que o *JT* era tratado.

Os repórteres antigos que permaneceram tinham uma queixa mais específica. O jornal, acreditavam eles, entrara num rápido processo de perda da identidade após a saída de Rodrigo Mesquita. A direção para a qual Fernão apontava, acusavam, era muito diferente daquela em que o vespertino havia construído sua reputação. Fernão queria um *Jornal da Tarde* que abordasse os grandes temas nacionais, que repercutisse e influenciasse a sociedade brasileira. Um papel que o colocava em rota de colisão com *O Estado*, este, sim, um diário nacional desde sua criação.

Justiça seja feita a Fernão, a guinada naquela direção começara muito antes da chegada dele, ainda sob a direção de Ruy Mesquita. O novo diretor havia aprofundado esse caminho por entender que o principal jornal da família vinha sofrendo uma constante perda de influência para a *Folha de S.Paulo*. Para ele, se o *JT* concorresse em pé de igualdade com a *Folha*, beneficiaria *O Estado*. O restante da empresa, infelizmente, não via daquela forma. Para eles, o *JT* parecia querer concorrer com *O Estado*, e a má vontade dos demais setores em relação ao jornal menor começou a aumentar.

Na política interna da redação, o estranhamento entre Fernão e Kinjô também não era um segredo absoluto. E o clima de conflito entre os dois chefes principais aumentava a insegurança entre os subordinados. A Geral, ponto nevrálgico do jornal por ser a maior editoria, refletia as incertezas na alta rotatividade de editores. Laurentino Gomes, que me acolhera como estagiário, deixou o comando três meses depois da minha chegada. Teve o cuidado de me chamar pessoalmente para contar que estava de saída. Mudava-se para a Editora Abril para criar uma coleção de edições regionais da *Veja*. Queria me dizer, também, que não se esquecera de mim. Seu último ato antes de ir embora foi convencer Celso Kinjô a assinar a verba que me seria paga a título de salário como freelancer fixo.

— É praticamente uma ajuda de custo, mas como você ainda está estagiando, acho que é um bom auxílio — explicou-me, meio envergonhado de me pagar o valor determinado pelo Sindicato dos Jornalistas como o piso salarial da categoria para cinco horas de trabalho.

No orçamento da redação, era uma ninharia. Os tempos dos grandes salários haviam acabado, mas um repórter recém-formado ainda era contratado ganhando o menor ordenado da empresa, equivalente a duas vezes o piso salarial do sindicato. Todos reclamavam, claro. Ninguém sabia ainda o que o futuro nos reservava. Na década seguinte, um repórter que acabasse de sair da faculdade se sentiria feliz ao ser contratado recebendo o piso da carreira administrativa, menor que o dos jornalistas. Um estagiário, então, jamais passaria do equivalente a um quinto do piso.

Para mim, o piso de 1990 era uma fortuna. Pagava minhas mensalidades na PUC, a gasolina do meu velho fusquinha vermelho ano 1972 e algumas cervejas depois do fechamento nos bares da rua Professor Celestino Bourroul, no lado oeste do prédio do jornal, onde se reuniam alguns dos jornalistas.

Laurentino deixou Caco de Paula em seu lugar, mas ele também durou apenas seis meses no cargo antes de ir se juntar ao antigo chefe nas regionais da *Veja*. Seu substituto, Valdemar Padovani, foi recrutado por Celso Kinjô no SBT. Ficou só três meses. Mara Ziravello, então, foi promovida ao cargo, no qual duraria um ano. Nesse meio-tempo, porém, outra posição ainda mais importante mudaria de mãos. Fernão Mesquita encontrara um novo chefe para a redação.

# 53. A volta de Mitre

Celso Kinjô estava em férias nos Estados Unidos, na metade de 1991, quando soube por um editor de sua confiança no Mesão que uma mudança grande estava prestes a acontecer. Ainda era um boato, mas alguém tomara a liberdade de questionar Fernão a respeito e ele fora reticente. Isso inflamara a rádio-peão, e algum repórter, finalmente, falou com colegas da Rede Bandeirantes de Rádio e Televisão. Na emissora de João Saad, todo mundo dava como certo: Fernando Mitre estava de saída para voltar à chefia da redação do *Jornal da Tarde*.

Mitre havia se mudado para a Bandeirantes em 1987, quando o projeto da *Afinal* já parecia não ter muito futuro. Na emissora, se destacara como chefe do jornalismo e organizara, em 1989, o primeiro debate entre candidatos à presidência depois da redemocratização do país. Em todo esse tempo, jamais perdera o contato com a família Mesquita, de quem se tornara próximo. Fernão era um admirador confesso do trabalho dele e nunca desistira de levá-lo de volta ao *Jornal da Tarde*. Quando o trabalho na Bandeirantes parecia ter entrado numa zona de conforto, Mitre decidira aceitar o convite recorrente de Fernão.

A notícia pegou Kinjô de surpresa e sua primeira reação foi de incredulidade. Ele não considerava Fernão o mais hábil dos diretores com quem já trabalhara, mas demitir um editor-chefe em férias, além de ser um erro primário do ponto de vista legal, era um desrespeito que não combinava com o estilo Mesquita de substituir pessoas em cargos de confiança. Kinjô ficou revoltado, mas decidiu terminar suas férias. Nesse meio-tempo, a contratação de Mitre foi anunciada e ele assumiu suas funções na redação. Quando Kinjô voltou ao Brasil, trazia pronta sua carta de demissão, mas, ao desembarcar no aeroporto de Guarulhos, em São Paulo, encontrou por acaso Ivan Ângelo, que embarcava para algum outro destino.

— Kinjô, que sorte eu ter te encontrado — cumprimentou Ivan. — O Mitre está doido atrás de você.

— Eu também quero muito falar com ele — respondeu Kinjô. — Para pedir demissão daquela merda de jornal!

— Não, Kinjô, calma, você está com uma ideia errada da situação — serenou Ivan. — Não faça nada antes de conversar com o Mitre.

\* \* \*

Quando voltou à redação, Kinjô ficou sabendo por Mitre que Fernão criara um cargo novo na hierarquia para contratá-lo. Mitre não seria editor-chefe, mas diretor-adjunto de redação.

— Eu não vim para tomar o seu lugar, Celso, e acho que nós podemos trabalhar juntos se você aceitar ficar — explicou Mitre. — Eu serei o interlocutor direto do Fernão e cuidarei do fechamento da primeira página. Você pode se dedicar apenas ao dia a dia da redação, o que seria uma grande ajuda para mim.

Kinjô ficou meio desconfiado de que aquilo podia ser uma armação para não configurar demissão durante as férias e evitar um processo judicial. Mas decidiu aceitar e, ao final do primeiro mês, achava que sua vida havia melhorado muito. Continuava ganhando o mesmo salário e não precisava mais se reportar diretamente ao patrão. Mitre assumira a interlocução direta com Fernão Mesquita.

\* \* \*

A redação ganhara um novo líder — um dos fundadores, um ex-editor-chefe que ajudara a colocar o nome do *Jornal da Tarde* na história, com suas capas brilhantes —, mas nem por isso o clima melhorou. Sete anos haviam se passado desde que Mitre deixara o jornal, muita coisa parecia mudada, os rostos eram desconhecidos para ele, a redação tinha uma quantidade maior de gente jovem... O principal problema, porém, era outro. Existia uma indefinição no ar sobre o que se esperava do *Jornal da Tarde*. No ano anterior, Francisco Mesquita Neto dera uma entrevista a uma publicação especializada na cobertura do setor de comunicações e definira o título como um veículo setorizado.

— Em qualquer setor que ele se coloque, o *Jornal da Tarde* será um líder — afirmou.

Não dizia, porém, qual deveria ser esse setor.

Mitre fez uma ampla reforma gráfica, que transformou Esportes e Variedades em cadernos separados. A Geral continuaria como principal editoria do primeiro caderno. Apesar dos esforços da redação em renovar o produto, o *JT* continuava com dificuldades de distribuição e vendas de anúncios. Os demais departamentos pareciam trabalhar contra a vontade para o jornal menor da casa. Aquilo não era novidade para Fernão. Ele vivia se queixando aos primos de que a unidade que dirigia era maltratada pela empresa.

Fernão achava que o *Jornal da Tarde* nunca tivera sua capacidade de venda realmente testada, porque a circulação deixava o jornal esgotar nas bancas e não aumentava o número de exemplares. O comercial só se empenhava em vender *O Estado*, porque era o produto mais atraente para os anunciantes. E o administrativo impunha cortes orçamentários sucessivos que o impediam de contratar os melhores jornalistas do mercado.

Com suas constantes reclamações, Fernão acreditava que, em algum momento, conseguiria um borderô mais generoso. O efeito, porém, foi oposto. Cansado das cobranças, Chico Mesquita mandou fazer um levantamento da média salarial nas redações dos principais jornais brasileiros. Descobriu que o *JT*, em 1991, ainda tinha uma das estruturas mais caras do país. Diante daquele dado, Chico começaria a pensar em formas de reduzir os gastos do grupo com captação de notícias. E essas ideias tomariam a forma de um projeto estruturado em 1992, um ano que seria histórico para o Brasil e decisivo para o futuro do *Jornal da Tarde*.

# 54. O impeachment de Collor

O paraense Luiz Maklouf Carvalho era um daqueles repórteres com faro apurado para as notícias quentes. Nascido em Belém, em 1953, ele iniciara a carreira como revisor do jornal *O Liberal* em 1974. Trabalhara como repórter em *A Província do Pará* e em *O Estado do Pará*, onde conquistara seu primeiro Prêmio Esso de Jornalismo, em 1977, aos 24 anos de idade. A reportagem denunciava irregularidades que resultaram no fracasso de um projeto de plantio de patchuli patrocinado pela Secretaria Estadual de Agricultura e o Banco do Estado do Pará.

Nos anos que se seguiram ao prêmio, Maklouf migrara para o jornalismo alternativo. Em 1978, aceitara editar o jornal *Resistência*, criado pela Sociedade Paraense de Direitos Humanos. Durante sua atuação, fora preso e processado pela Justiça Militar por estampar na capa de um dos números a manchete "Fomos torturados no Ministério do Exército". Dentro, a matéria publicava em doze páginas os depoimentos de quatro ex-presos políticos durante a ditadura. Sua atuação na imprensa alternativa terminara em 1983, com a mudança para São Paulo, onde Maklouf se concentraria definitivamente na carreira de jornalista profissional.

Em 1987, trabalhando para o *Guia Rural* da Editora Abril, Maklouf trombara por acaso com um caminhão do Ministério do Trabalho, chapa oficial branca BY 1000, transportando adubo para uma fazenda em Capivari, a

130 quilômetros da capital paulista. Ele estava na propriedade para apurar uma reportagem sobre pecuária. A fazenda pertencia a Almir Pazzianotto, então ministro do Trabalho do governo Sarney.

De volta à redação, Maklouf decidira que aquela não era matéria para o *Guia Rural* e foi oferecê-la a Augusto Nunes, que então dirigia a sucursal do *Jornal do Brasil* em São Paulo. O *JB* publicou a denúncia na capa e contratou Maklouf para a equipe de repórteres.

No ano seguinte, ele daria um novo furo para o *JB* ao revelar ao Brasil que o então pré-candidato do PT à presidência da República, Luiz Inácio Lula da Silva, tivera uma filha com uma namorada antes de se casar com Marisa Letícia. Lula reconhecera a menina, Lurian, que aparecera fotografada na matéria segurando um retrato do pai.

Maklouf conhecia Lula desde os tempos do *Resistência*, quando o então sindicalista fora recebido pelo editor durante uma visita a Belém. Ele simpatizava com o petista e decidira publicar a reportagem por achá-la relevante. Na avaliação do repórter, a vida pessoal de um homem público era importante, na medida em que revelava o caráter do político.

Lula, que sempre mantivera a filha em segredo até para os assessores mais próximos, não concordou. Ficou irritado e passou a acusar o repórter de tentar atingir sua família movido por interesses eleitorais. No ano seguinte, o candidato Fernando Collor de Mello utilizaria a história da filha na reta final do segundo turno da campanha presidencial. Paga pela campanha do PRN, partido de Collor, a mãe de Lurian gravara um depoimento acusando Lula de ter tentado convencê-la a abortar. Maklouf, obviamente, nada tivera com a baixaria montada pela campanha de Collor, mas Lula jamais o perdoou por ter publicado a história da filha.

Foi esse furo nacional sobre a filha de Lula que levou Celso Kinjô a convidar Luiz Maklouf para se mudar para o *Jornal da Tarde* em 1989. Maklouf seguiria fazendo matérias importantes sobre o PT e sobre Lula como repórter especial do *JT*. Mas foi justamente fuçando a vida do principal adversário do petista na época, o presidente Fernando Collor de Mello, que ele começou a desencavar uma bomba de repercussão nacional.

Olhando para o noticiário — que sempre mencionava o presidente, Fernando, e o irmão mais velho, Leopoldo —, Maklouf achou que valeria a pena construir uma ponte com o caçula. Pedro Collor era o superintendente da *Gazeta de Alagoas*, a empresa de comunicação da família, e era pouquíssimo citado pelos jornais.

Depois de muita insistência, Pedro Collor aceitou conceder uma entrevista sobre impostos ao repórter do *Jornal da Tarde*. Maklouf viajou a Maceió e o entrevistou longamente sobre o tema da pauta. Conversa encerrada, gravador desligado, Pedro Collor o levou para outra sala e então despejou uma série de acusações a Paulo César Farias. Contou que o ex-tesoureiro da campanha do irmão estava organizando, em Brasília, uma rede de corrupção. E disse que o empresário contava com a conivência de Fernando Collor. A segunda parte, porém, ele não autorizou o repórter a publicar.

Maklouf voltou para São Paulo com uma bomba no colo. Não podia assumir denúncias contra o presidente da República sem autorização da fonte, mas Pedro não aceitava admitir as revelações. Concentrou sua matéria, então, nos ataques que o caçula dos Collor lançara contra PC. Com o título "Pedro Collor declara guerra a PC Farias", a reportagem ocupou meia página na edição do dia 14 de dezembro de 1991. Maklouf contava que Pedro acreditava que o irmão havia se aliado a PC na criação da *Tribuna de Alagoas*. E reproduzia alguns ataques pesados a PC Farias, com frases de Pedro acusando o ex-tesoureiro de ter acumulado uma poupança fantástica em pouco tempo. Deixava subentendida a suspeita de corrupção.

No dia 13 de maio de 1992, as denúncias que Pedro não autorizara o *Jornal da Tarde* a publicar em nome dele estavam estampadas numa reportagem de capa da revista *Veja*. Sobre uma foto em close do rosto do irmão caçula do presidente da República, o título: "Pedro Collor conta tudo." A matéria trazia mais detalhes do que ele dera a Maklouf. Para a *Veja*, Pedro aceitara falar em entrevista gravada até em vídeo. Era o início de um escândalo que culminaria na abertura de um processo de impeachment pelo Congresso Nacional, no final de setembro, e no afastamento de Collor do cargo, no dia 2 de outubro do mesmo ano.

Na edição do dia 30 de setembro, Fernando Mitre ousaria novamente para noticiar a aprovação, pelo Congresso, do processo de impeachment contra Collor. Em lugar de uma capa, ele fez duas. Uma no espaço da primeira página, com um título na vertical que anunciava: "Collor vencido deve sair amanhã." Vinha numa caixa preta, sobre duas fotos fechadas nos perfis de Collor e de Itamar Franco. Um quadrinho no canto superior esquerdo anunciava: "Hoje saímos com duas capas. A outra está na última página." Lá, o leitor encontrava uma foto maior de estudantes, os rostos pintados com as cores da bandeira brasileira, sobre outra do plenário do Congresso Nacional no momento da votação. O título relacionava as duas imagens: "441 a 38: impeachment vira festa na rua."

O *JT* ousava de novo, mas o episódio todo deixara uma sensação de impotência no ar. Pedro Collor, que primeiro contara a Maklouf parte do que sabia, preferira a revista semanal de maior circulação nacional na hora de oficializar as denúncias. Era um mau sinal. O *Jornal da Tarde* havia perdido prestígio junto às fontes.

Esse, porém, não era o pior destino reservado ao *JT* naquele ano de 1992. Idealizada por Rodrigo Mesquita, uma reestruturação interna da área jornalística iria acabar definitivamente com qualquer possibilidade de o diário que reinventara o jornalismo brasileiro voltar aos seus tempos de glória.

# 55. Sinergia das redações

Ainda antes de deixar o *JT* para remodelar a Agência Estado, Rodrigo havia começado a estudar o impacto dos avanços tecnológicos sobre a comunidade da informação. Em suas pesquisas sobre a reestruturação do *Financial Times*, ele conhecera o trabalho de uma consultoria de Pamplona, na Espanha. Ligada à Universidade de Navarra, a Innovación Periodística era dirigida por três ministros da Opus Dei:* Juan António Guinero, Paco Gomes Antón e Carlos Sorya. Rodrigo estreitara relações com os consultores e propusera à família que eles trabalhassem no projeto de reestruturação da área jornalística da empresa.

A contratação foi aprovada e os consultores começaram a desenvolver um modelo que tinha como objetivo principal reduzir os custos das redações. No final de 1991, a proposta elaborada por eles chegou ao Conselho de Administração e foi aprovada para implantação em 1992. Batizada de Sinergia, previa basicamente a eliminação de toda duplicidade nos processos jornalísticos da casa.

Na teoria dos consultores de Navarra, as inovações tecnológicas reduziam cada vez mais o tempo necessário para a execução das funções

---

\* Instituição hierárquica da Igreja Católica fundada em 1928 pelo sacerdote espanhol Josemaría Escrivá de Balaguer, canonizado em 2002. É formada por leigos, casados ou solteiros, e por sacerdotes que têm por missão difundir a vida cristã no mundo e participar da missão evangelizadora da Igreja.

clássicas do jornalismo. E esse tempo livre, portanto, deveria ser destinado a funções que antes precisavam ser distribuídas a outros profissionais. Era o conceito do *periodismo total*, como eles chamavam.

O "periodista total" era o jornalista que, no ponto ideal da evolução, elaboraria a própria pauta, apuraria e fotografaria a matéria, escreveria o texto, depois diagramaria e editaria a própria reportagem, eliminando assim outros quatro profissionais da cadeia clássica do fluxo de uma redação.

Na prática, eles mesmos admitiam, aquilo ainda era inviável. Mas o Grupo Estado tinha gorduras, na avaliação deles, que podiam ser atacadas imediatamente. A principal delas estava na captação de notícias. Por que, perguntavam os consultores, cada jornal precisava ter um time próprio de repórteres? Não fazia sentido, a cada matéria, a empresa enviar dois profissionais, que utilizavam muitas vezes dois carros diferentes de reportagem para ir ao mesmo lugar.

O exemplo da fotografia, que sempre fora unificada, deveria ser estendido às redações. Um único time de jornalistas apuraria as matérias pautadas por chefes de reportagem com status de editor e cada publicação faria a sua diferenciação no texto, no momento da edição. Todos os repórteres trabalhariam para os dois jornais e para a Agência Estado, exatamente como os fotógrafos.

Fernão Mesquita resistiu o máximo que pôde àquela ideia. Ele sentia que aquilo seria um golpe mortal para o *Jornal da Tarde*. Transferiria para a esfera da redação a mesma dificuldade que o *JT* tinha de ser ouvido e atendido nas áreas comercial e administrativa. Em tese, os chefes do pool de reportagem contemplariam os pedidos dos dois jornais. Na vida real, acreditava Fernão, eles nunca teriam repórteres suficientes para atender a todos.

— Na hora de decidir entre uma matéria encomendada pelo *Estado* e outra pelo *JT*, com qual vocês acham que eles vão ficar? — questionava Fernão aos consultores.

Os espanhóis davam voltas porque sonhavam com um mundo ideal, onde os chefes do pool de repórteres determinariam aos editores o que era importante ou não. Na prática, acreditava Fernão, eles seriam submetidos aos interesses d'*O Estado*, principal veículo da casa, como já acontecia com o restante da empresa.

A unificação da reportagem trazia embutida, claro, um enxugamento de quadros. Para que os cortes não prejudicassem apenas um dos jornais, decidiu-se que o valor dos salários seria o primeiro critério. Os repórteres com ganhos maiores seriam os primeiros a serem considerados para demissão, embora pudessem ser poupados posteriormente, numa avaliação de cada caso. Era outro golpe no *JT*. Os poucos repórteres históricos que restavam por lá, dos tempos em que a empresa era rica, ganhavam os maiores salários.

Fernão brigou muito por sua redação e conseguiu salvar um grupo mínimo de repórteres que não apenas não seriam demitidos como ainda permaneceriam excluídos do pool de reportagem, para preparar matérias exclusivamente para o *JT*. Estavam nesse grupo Percival de Souza, Luiz Maklouf Carvalho, Valdir Sanches e Marinês Campos, na editoria de Geral. Ele não conseguiu salvar dos cortes, porém, Marcos Faermann, Randau Marques e Regina Helena Teixeira, entre tantos outros.

Na hora de fechar a lista de repórteres exclusivos do *JT*, Kinjô convenceu Fernão a incluir nela o meu nome. Graças a isso, deixei a condição de freelancer fixo para ser contratado. Em contrapartida, presenciei a mudança de todos os repórteres com quem eu trabalhava para a redação vizinha. De um dia para outro, estava sozinho no meio de um punhado de mesas vazias.

Um jornal sem repórteres, obviamente, não precisa de pauteiros. Os especiais que permaneceram já se pautavam sozinhos desde antes. Percival, Maklouf, Valdir e Marinês eram craques nisso. Eu, porém, tinha 21 anos de idade, apenas dois de profissão. Não podia fazer matérias do dia a dia, porque essas seriam cumpridas pelo pool. Fiquei perdido, sem saber muito bem o que fazer.

O trabalho de fechamento, por outro lado, aumentara muito a partir da Sinergia. A ordem era reescrever as matérias enviadas pelo pool para que tivessem o estilo do *Jornal da Tarde*. Era humanamente impossível retrabalhar tudo com o mesmo número de redatores e ninguém estava autorizado a fazer contratações. Não demorou muito para que eu começasse a ajudar no fechamento, primeiro esporadicamente, depois diariamente. Antes do fim do ano, eu deixara de ser repórter e estava oficialmente incorporado ao time de subeditores da Geral.

## 56. Resumo do *Estadão*

Como Fernão previra, o pool de reportagem nunca foi independente. Para tentar torná-lo equilibrado, os consultores haviam sugerido que as chefias tivessem gente das duas redações. Na prática, porém, os indicados pelo *JT* logo passavam a atender com maior boa vontade aos pedidos d'*O Estado*. As discussões entre editores e chefes do pool passaram a ser diárias, num processo de desgaste que aumentava ainda mais a exclusão do *Jornal da Tarde* das decisões de pauta.

Pesquisas de campo realizadas alguns meses depois mostraram uma mudança preocupante na percepção dos leitores. Muitos começavam a se referir ao *JT* como um resumo do *Estadão*. Tinha exatamente as mesmas matérias, mas em tamanho menor, com menos páginas.

A Sinergia, porém, não tinha volta. A mudança não fora apenas de processos. Uma obra no sexto andar derrubara os muros que limitavam as duas redações, para unificá-las também no espaço físico. Os editores do *Jornal da Tarde* continuariam proibidos de contratar repórteres e começariam a inchar a redação com estagiários não remunerados ou com salários muito baixos. Vinham para atender às necessidades básicas do dia a dia, que a pauta do pool não podia contemplar porque estava sempre assoberbada pelas grandes questões nacionais d'*O Estado*.

A editoria de Geral, para piorar a situação, nunca superara a crise de comando. Em pouco mais de dois anos, eu havia tido, somadas as interinidades, nove editores. O caso mais gritante fora o de Edmundo Oliveira, chamado pelo sugestivo apelido de Pezão. Ele deixara o cargo de subeditor na Economia para assumir a Geral alguns dias antes de a Sinergia ser implantada e não durara três semanas. Em 1993, mais quatro jornalistas passaram pelo cargo, incluindo na conta uma interinidade de Ari Schneider, que era editor da primeira página.

No grupo de subeditores, minha maior afinidade era com Kátia Perin. Quando ela anunciou sua partida para a Variedades, depois de ser fritada por alguns meses por um dos chefes, eu achei que era hora de voltar à reportagem. Pedi uma conversa com Celso Kinjô no início de 1994 e expliquei que queria deixar a Geral, mas preferia continuar no jornal. Kinjô não se surpreendeu. Ele também já tinha planos para mim.

\* \* \*

— Você gostaria de cobrir política? — perguntou-me Kinjô em seu tom de voz sempre baixo e equilibrado. — O Ruy Xavier está me pedindo para emprestá-lo a ele.

Ruy Xavier era o chefe do pool de Política e tentava reforçar a equipe para a eleição presidencial de 1994. Silvio Bressan, que àquela altura já era um dos melhores repórteres da equipe, sugerira meu nome. Kinjô achou que seria uma oportunidade de aprendizado para mim e me cedeu para a Política.

Minhas matérias do dia a dia passariam a ser publicadas pelos dois jornais. Exclusivamente para o *Jornal da Tarde*, Kinjô me pediu que escrevesse uma coluna com uma crítica diária do programa eleitoral gratuito, a partir do momento em que ele começasse a ser transmitido na tevê.

Passei a trabalhar de terno e gravata na cobertura da pré-campanha de Luiz Inácio Lula da Silva, do PT. Era o terceiro repórter. As outras duas, Vera Rosa e Lúcia Helena Gazzola, cobriam o partido havia anos e tinham muitas fontes. Meses depois, eu seria transferido para a cobertura da candidatura de Fernando Henrique Cardoso, ao lado de Bressan, assim que o PSDB oficializou o nome do então ex-ministro da Fazenda que acabara de controlar a inflação com o Plano Real. Passaria os meses seguintes viajando pelo Brasil todo para cobrir os comícios de FHC, como os jornais passariam a chamar o candidato após constatarem que o nome dele era grande demais para títulos no alto das páginas.

A campanha começava a engrenar quando Celso Kinjô mandou me chamar para uma conversa privada. Queria me informar que havia assinado um aumento que praticamente dobrava os meus vencimentos. Kinjô considerava que eu havia progredido muito desde a contratação, dois anos antes, sendo que meu salário, porém, jamais havia sido corrigido. Esse era apenas o nariz de cera.* O lide da notícia era que ele estava fazendo aquilo porque não sabia se teria outra chance. O comando da redação ia mudar mais uma vez.

---

* No jargão jornalístico, parágrafo introdutório, muitas vezes prolixo e repleto de opiniões, que retarda a abordagem da informação principal da reportagem, chamada de lide (derivado da palavra inglesa *lead*).

## 57. Leão Serva

Fernando Mitre estava partindo de volta para a Rede Bandeirantes. Para o lugar dele, Fernão Mesquita havia convidado o jornalista Leão Serva. Essa foi a notícia que chegou à equipe do *Jornal da Tarde*, embora ninguém soubesse dizer se as coisas haviam acontecido necessariamente nessa ordem. Anos depois, as versões continuariam desencontradas.

Mitre diria que tinha recebido um convite para voltar à emissora de onde saíra. Como não queria deixar o *JT* descoberto, indicara Leão Serva para seu lugar. Pedro Autran, que editava Variedades na época, se lembra do dia em que, após uma reunião de pauta da tarde, os dois haviam ficado sozinhos na sala. Mitre, então, lhe contara sobre a proposta da Bandeirantes, perguntando o que Pedro achava que ele devia fazer.

— Ele me parecia cansado, a rotina ali não era fácil — lembraria Pedro por ocasião das entrevistas para este livro, em 2013.

Fernão Mesquita, por sua vez, diria que nunca pensara em contratar Leão Serva para o lugar de Mitre. Na versão do ex-diretor, que não inclui a intenção de Mitre de sair nem a indicação de alguém para substituí-lo, ele havia convidado Leão Serva para fazer uma intervenção pontual em Variedades.

— Só que aí aconteceu uma intriga qualquer e eu fui surpreendido pela notícia de que o Mitre tinha resolvido ir embora — explicou Fernão, também em 2013.

JORNAL DA TARDE 305

Leão Serva, então com 34 anos, em 1994, jamais teve dúvida de ter sido convidado para o cargo de diretor-adjunto de redação. Assim que decidiu aceitar o convite, procurou Fernando Mitre para pedir que ele permanecesse pelo menos até o fim do primeiro turno da eleição presidencial. Leão era declaradamente simpático ao Partido dos Trabalhadores e começaria a trabalhar no *JT* um mês antes do pleito. A presença de Mitre o resguardava da responsabilidade pelos textos do jornal na reta final da campanha. Mitre aceitou o pedido e os dois trabalharam juntos durante o mês de setembro.

\* \* \*

A redação do *JT* recebeu a notícia da contratação de Leão com um susto. À juventude do novo diretor, somava-se uma imagem de profissional impetuoso e totalmente identificado com o perfil da *Folha de S.Paulo*, onde ele iniciara a carreira e trabalhara por doze anos. Tinha fama de ser durão e até mesmo rude em momentos de maior tensão. Para a reputação de chefe implacável, contribuía a memória ainda recente da reforma que ele fizera no *Notícias Populares*, em 1990, quando assumira a redação e demitira 45 dos 65 profissionais que lá trabalhavam.

Logo começaria a circular uma antiga história envolvendo o redator Renato Pompeu e o novo diretor-adjunto, de quando ambos trabalharam na Barão de Limeira, sede dos jornais do Grupo Folha. Dizia a versão que, após levar uma reprimenda cheia de palavras vulgares gritadas por Leão Serva, Pompeu teria simplesmente respondido:

— Leão, indubitavelmente você é o rei dos animais.

A frase de fato fora dita, mas o próprio Pompeu esclarecia que a bronca não fora nele. Ele a dissera em tom de brincadeira, e não de afronta, depois de assistir a uma cena em que Leão repreendia algum repórter por telefone.

\* \* \*

Leão ocupava o cargo de diretor de marketing da *Folha* quando decidiu se mudar para o *JT*. Apesar de ter feito toda a sua carreira até ali na empresa concorrente, ele havia sido um leitor entusiasmado do *Jornal da Tarde* na década de 1970, quando era adolescente. Leão acreditava que seria capaz de recuperar o entusiasmo que o jornal tivera naquele tempo.

Para atingir seu objetivo, estudou a estrutura e a forma de trabalho da redação e montou um plano que apresentou a Chico Mesquita e a Fernão antes de começar a trabalhar. Por coincidência, a lista elaborada pelo primeiro chefe declaradamente petista de uma redação dos Mesquitas tinha treze metas.

Fernão, de saída, reagiu ao ponto que Leão Serva considerava o mais importante: lançar uma edição do *Jornal da Tarde* aos domingos.

— Nem toque nesse assunto — afirmou. — Não podemos aumentar os gastos.

Além dos custos, a empresa temia que uma eventual circulação aos domingos pudesse afetar o faturamento d'*O Estado*. Leão discordava. O *JT* era o último jornal do Brasil sem circulação aos domingos, e o novo diretor dispunha de dados que mostravam que 45% da receita publicitária dos jornais impressos estavam nas edições dominicais. Leão acreditava que era possível circular nesse dia sem gastar mais dinheiro. Considerava a medida fundamental para aumentar a participação da empresa na divisão das receitas do mercado anunciante.

Os dados não convenceram os Mesquitas no primeiro encontro. Mas Chico e Fernão voltariam a ouvir falar sobre aquele assunto, porque Leão Serva não era o tipo de diretor que desistia facilmente de um projeto.

## 58. Choque de cultura

Leão Serva queria implementar no *Jornal da Tarde* uma reforma semelhante à que fizera no *Notícias Populares*. Embora seus novos comandados se lembrassem aterrorizados do número de demissões, Leão conseguira recuperar o *NP*. Para o lugar dos demitidos, ele contratara 25 pessoas. O dinheiro economizado com o fechamento de vinte vagas fora usado para aumentar os salários dos remanescentes. Depois do trauma inicial, a redação voltara a vibrar e, em seis meses, a circulação média diária do *NP* subira de 45 mil para 65 mil exemplares.

No *Jornal da Tarde*, os números eram todos maiores. A redação tinha 120 pessoas quando Leão Serva assumiu a direção. A tiragem havia caído e a média era de 85 mil exemplares por dia, com a venda da segunda-feira incluída nesse número. Naquele ano de 1994, a unidade de negócios faturara 61 milhões de dólares, com um lucro de apenas 1 milhão. Leão queria melhorar todos esses indicadores, o que significava aumentar a tiragem e o lucro e diminuir a redação. Começou a trabalhar reorganizando os estágios.

Desde a Sinergia, quando perdera os repórteres, o *JT* abrira as portas aos estudantes. Muitos trabalhavam de graça ou por salários baixíssimos e estavam lá na mesma situação desde 1992. Leão decidiu remunerar todos eles. Os que já estavam lá só poderiam ficar mais seis meses. Os estudantes que chegassem para substituí-los teriam contratos de seis meses, renováveis por mais seis. Nem todos os que saíam, porém, eram repostos. Foi a forma mais rápida que ele encontrou para iniciar uma silenciosa redução de pessoal.

No Mesão de comando, Leão também queria mudanças. Precisava de dois homens da sua confiança, um para o lugar de Celso Kinjô e outro para ficar na redação até o fim da impressão. Quando tentou demitir Kinjô, porém, esbarrou na resistência de Ruy Mesquita Filho. Em lugar de demitir o editor-chefe, Ruyzito o requisitou para ajudá-lo no projeto de um canal de televisão só de notícias e autorizou Leão a abrir duas novas vagas para contratar Ricardo Mello como editor-chefe e Luciano Coruja como editor de primeira página.

Foi o primeiro choque de cultura para o diretor formado na *Folha*. No *Notícias Populares*, Leão contara com o respaldo de Otávio Frias Filho para demitir quem quisesse. O próprio patrão se encarregara de negociar a saída do editor-chefe Ebrahim Ramadan, que passara dezoito anos à frente do jornal. No *JT*, onde pretendia reduzir os custos da redação, Leão começara tendo de criar novas vagas com salários altos porque os patrões não queriam demitir antigos colaboradores.

Essa característica dos Mesquitas era responsável por uma outra particularidade que Leão enxergava como um vício: a redação do *Jornal da Tarde* era velha. A idade média dos jornalistas era de 40 anos, superior à idade dele. Na *Folha*, essa média era de 27 anos. No concorrente, o tempo de casa girava em torno de dois anos. No *JT*, em 1994, era de quinze anos.

Leão achava que faltava juventude e, consequentemente, entusiasmo no grupo. Os únicos jovens eram os estagiários — inexperientes. A forma de corrigir isso, na opinião dele, era contratar pessoas mais novas para os cargos intermediários. Gente com alguma experiência e muito mais garra para fazer o jornal. Para isso, porém, seria necessário remover os antigos jornalistas de seus postos. Nas vezes em que tentou discutir cortes dessa natureza, esbarrou na resistência de Fernão.

\* \* \*

Fazer o *JT* vibrar de novo e recuperar parte do prestígio do passado eram dois objetivos que Leão considerava fundamentais para o sucesso de sua gestão. Um dos caminhos em que apostou para resgatar a autoestima foi o dos prêmios de jornalismo, que andavam em falta por lá. O último Esso havia sido conquistado em 1989 por Regina Pitoscia com "Estão sumindo com o dinheiro do seu FGTS".

Leão decidiu investir nas capas, marca registrada do *JT*, para tentar reabrir esse canal. Sob sua administração, a primeira a chamar a atenção pela beleza saiu em dezembro de 1994. Ironicamente, foi concebida por um jornalista que contribuía para as estatísticas que Leão considerava negativas por ser um dos mais antigos na redação, então com 24 anos de casa e 46 de idade.

Pedro Autran entrara no *Jornal da Tarde* em 1970 para trabalhar como repórter de Esportes sob o comando de Moisés Rabinovici. Passara por todas as funções nas editorias de Esportes e Política e fora editor do Mesão até Fernando Mitre fazer a reforma gráfica que marcara o seu retorno, em 1991. Pedro, então, pedira para editar Variedades, que estava sendo transformada em caderno, e continuava naquele cargo em 1994, quando chegou a notícia da morte do compositor Tom Jobim.

A equipe da editoria fora toda mobilizada para preparar doze páginas de um especial sobre a vida do compositor. Durante a edição do caderno, Pedro pinçara no arquivo uma foto de autoria de Eduardo Firmo, em preto e branco, que mostrava Tom Jobim na praia de Ipanema, apoiado sobre a proa de um barco, com o morro Dois Irmãos ao fundo. No melhor estilo do velho *Jornal da Tarde*, ele estampara a foto na página inteira com a chamada poética: "O Brasil perde o Tom."

Assim como acontecera com Mário Marinho na célebre primeira página de 1982 sobre a Copa do Mundo, a notícia de que a Variedades tinha uma abertura de caderno memorável chegou aos ouvidos do Mesão. Ao ver o que Pedro havia preparado, Fernão decretou:

— Essa é a capa do jornal.

O prêmio que Leão perseguia, porém, só viria no ano seguinte, com outra primeira página criada por ele e por Ricardo Mello para uma reportagem da editoria de Esportes sobre a vida do pugilista Mike Tyson.

Em 1992, Tyson havia sido condenado a seis anos de prisão pelo estupro de uma modelo. Cumprira dois anos e fora solto graças ao bom comportamento, em março de 1995. Sua volta aos ringues estava prometida para aquele ano.

A exemplo do que Mitre fizera em 1983 com o nariz de Maluf, Leão e Mello criaram uma sequência de capas com charges que evoluíam a cada dia. No canto superior direito, o desenho mostrava o papel do jornal rompendo até o surgimento de uma charge do boxeador com o título "Tyson vem aí". A sacada renderia ao *Jornal da Tarde* o Prêmio Esso de Criação Gráfica em 1995, quando o concurso completava quarenta anos de existência. Era o primeiro Esso do jornal depois de seis anos e, sintomaticamente, seria o último.

A grande mudança que marcaria a gestão Leão Serva chegaria mesmo no ano seguinte. Exatamente como planejara desde que aceitara o cargo, e apesar das resistências da empresa e dos patrões, Leão colocaria o *JT* nas bancas aos domingos.

# 59. Edição de domingo

A edição de domingo começou a nascer no final de 1995, quando Leão tentava influenciar o orçamento da redação. Naquele primeiro ano, ele comprara algumas brigas para melhorar a posição do *JT* dentro da empresa. Estudando os balanços e orçamentos, Leão percebera que o jornal pagava a *O Estado*, todos os anos, 3 milhões de dólares pelo fornecimento de conteúdo editorial. O preço fora estabelecido na época da implantação da Sinergia. Ele achou o valor alto demais e pediu orçamentos junto às agências de notícias. Descobriu que o pacote mais caro na época, contratado junto à Agência Globo pelo jornal *Diário Popular*, fornecia o conteúdo completo de notícias pelo preço de 3 mil dólares por ano.

Para piorar a situação, aquele pagamento entrava no balanço da unidade de negócios *JT* como despesa, reduzindo a margem de lucro. Tecnicamente, era correto. Na prática, porém, aquele era um lucro que o *Jornal da Tarde* dava ao grupo. Leão sabia que pedir a redução daquele pagamento era comprar uma briga enorme e decidiu contornar a questão. Depois de muita insistência, Chico Mesquita aceitou lançar o dado como lucro do *Jornal da Tarde*, pelo menos nas apresentações internas de resultados das unidades de negócios.

Independentemente dessa mudança contábil, o jornal aumentara seu lucro em 1995 para 2 milhões de dólares. O valor ainda era pequeno em comparação com o tamanho da operação, mas representava um aumento de 100% em relação ao resultado do ano anterior. Leão aproveitou para insistir com Chico e Fernão no projeto do jornal de domingo. E ganhou o sinal verde, desde que respeitasse uma condição: não gastar um centavo a mais com aquilo.

Um dia a mais de circulação aumentaria o consumo de papel e exigiria expedientes da redação aos sábados, o que em tese geraria adicionais trabalhistas. Leão usou a criatividade para contornar esses dois custos. No caso do papel, ele determinou um corte de espaço ao longo da semana, para que a edição de domingo fosse rodada dentro da cota mensal destinada ao *JT*. Para os jornalistas, estabeleceu uma escala de folgas semanais para compensar o sábado trabalhado.

A ideia era lançar uma edição de domingo com muitas reportagens especiais. O editor Pedro Autran foi designado para coordenar a produção e o fechamento daquele material. O primeiro *Jornal da Tarde* a circular aos domingos foi às bancas no dia 3 de março de 1996. Trazia na manchete uma reportagem que revelava a fórmula da Coca-Cola.

No final de semana seguinte, a chamada principal remetia a uma reportagem assinada por Marinês Campos que lembrava o *Jornal da Tarde* dos velhos tempos. Para contar como era a vida dentro de uma cadeia, Marinês passara quatro dias presa na carceragem do 26º Distrito Policial, no bairro do Sacomã.

A "prisão" da repórter fora autorizada pelo juiz-corregedor dos presídios e pelo delegado-chefe da Polícia Civil. No Distrito Policial, a única pessoa informada sobre a reportagem era a delegada titular. Era fundamental, para o sucesso da empreitada, que os demais policiais e funcionários não soubessem a verdadeira identidade de Marinês. Como a reportagem mostraria depois, o tráfico de drogas acontecia livremente dentro da carceragem e as presas utilizavam objetos levados pelas famílias nas visitas de fim de semana para pagar favores aos carcereiros e policiais. Se eles soubessem quem era aquela presa, a história rapidamente chegaria aos ouvidos das detentas e a segurança de Marinês estaria comprometida.

A carceragem do 26º DP abrigava 110 mulheres na época. Para as oito com quem dividia a cela, Marinês dizia ter cometido estelionato. As colegas de confinamento eram acusadas de assalto, homicídio e tráfico de drogas. Assim que chegou, as presas obrigaram Marinês a entregar o colchonete que recebera de uma visitante para que fosse colocado sobre outro, formando uma cama mais macia. O conforto, porém, tinha um preço: Marinês dividiu o colchão com outras duas presas.

A delegada titular visitou a carceragem diariamente durante os dias em que Marinês esteve presa. Se algo estivesse errado, a repórter faria um gesto pré-combinado e ela ordenaria a retirada dela da cela. Marinês não precisou pedir ajuda. Ao final do quarto dia, o DP recebeu ordem para "transferir" a presa e ela foi solta.

Embora tenha iniciado com matérias fortes, as edições de domingo do *JT* jamais agregariam ganhos significativos ao faturamento, como imaginara Leão Serva. Sem tradição de venda nesse dia, o jornal encalhava nas bancas. Os números baixos das vendas dificultavam o trabalho do departamento comercial junto aos anunciantes, e o plano original de Leão, de alavancar a receita com anúncios e classificados, jamais se concretizou.

* * *

Aos poucos, a redação ia se adaptando ao estilo urgente de Leão Serva e ao jeitão desbocado de seu editor-chefe. Ricardo Mello era, em tudo, o oposto de seu antecessor no cargo. Celso Kinjô falava baixo, mesmo quando passava uma descompostura em alguém. Mello distribuía uma bronca por minuto, gritava com suas vítimas sem sair da cadeira no Mesão e despejava sobre elas uma torrente de palavrões do mais baixo calão.

No início, todos haviam se assustado, mas passado algum tempo Mello tornara-se até folclórico. As pessoas perceberam uma certa *mise-en-scène* naqueles arroubos; na maioria das vezes, os berros não eram broncas para valer. Principalmente depois que ele aderira a um dos trotes preferidos da redação em tempos de informatização: o arrombamento de ID.

A brincadeira surgira com a instalação dos computadores, em 1990. Para acessar o sistema, cada jornalista tinha um login, chamado de ID, e uma senha pessoal. Enquanto estava logada, a pessoa podia enviar mensagens de texto ou alertas que piscavam na tela do seu destinatário — ou de todos os jornalistas, se a mensagem fosse coletiva. O login de quem enviara o comunicado era automaticamente assinado logo abaixo do texto.

Como o número de terminais era inferior ao de jornalistas, era comum que repórteres deixassem seus IDs logados e saíssem para dar telefonemas ou tomar café. Logo, aquela redação com tanta tradição em trotes começou a usar os logins abertos para enviar textos falsos dos mais variados tipos. Declarações de amor a colegas, reclamações a chefes, declarações públicas de orientação sexual e outras bobagens que divertiam o grupo. Houve até um caso em que alguém, usando o login de Fernão, mandara uma descompostura num editor que quase fora tirar satisfações com o patrão antes de perceber que se tratava de mais um arrombamento de ID.

Ricardo Mello adorara aquela brincadeira e passara ele também a arrombar IDs pela redação, o que contribuíra para amenizar sua imagem de durão. Mas perdeu a esportiva no dia em que se levantou para tomar um café e, ao voltar, percebeu que alguém havia arrombado seu ID. Mello se irritou e exigiu saber quem havia tido coragem de desrespeitá-lo.

O autor da audácia se revelou ali mesmo, sentado no Mesão, onde trabalhava diariamente: era o redator Renato Pompeu. Mello criou uma crise e Leão teve de interferir. Chamou Pompeu em sua sala e pediu que ele se desculpasse. Pompeu, no seu jeito pausado de falar, se recusou.

— O Mello é a pessoa que mais faz essa brincadeira aqui na redação — argumentou. — Você nunca exigiu que ele se desculpasse; eu também não vou me desculpar.

Leão insistiu e Renato Pompeu pediu demissão. O diretor-adjunto foi pego de surpresa por aquela decisão. Tentou argumentar, mas Pompeu era louco, como ele mesmo gostava de dizer. Pegou suas coisas e foi-se embora. Quando contou a Fernão o que acontecera, foi a vez de Leão tomar a bronca.

— Você simplesmente perdeu o melhor copidesque que havia neste jornal — reclamou o patrão. — Faça o que for necessário, mas traga ele de volta.

Para lidar com a saia justa, Leão pediu a ajuda de Kinjô. O antigo editor-chefe ligou para Pompeu e explicou que o patrão não aceitara o pedido de demissão.

— Você pode exigir o que quiser para voltar — explicara Kinjô, acreditando que o colega pediria aumento de salário.

— Nesse caso, eu exijo duas coisas: que eu não tenha mais que me dirigir ao Ricardo Mello e que eu tenha uma cadeira só minha na redação.

— Uma cadeira? — estranhou Kinjô.

— Sim. Todos os dias, quando chego para trabalhar, alguém roubou minha cadeira e eu tenho de procurar outra na redação — explicou Pompeu. — É uma chatice.

A falta de cadeiras, de fato, era crônica. Assim como a de computadores e mesas. Leão aceitou aquelas imposições imediatamente e, mostrando que também ele se deixara influenciar pelo clima da redação, armou uma brincadeira com o objetivo de descontrair a situação.

Para garantir que ninguém mais roubaria a cadeira de Pompeu, Leão encomendou ao contínuo Almir Galleato, mais conhecido pelo apelido de Tostão, a compra de uma corda. No dia em que o redator voltou, Leão fez uma solenidade de inauguração da corda que amarraria a cadeira dele ao Mesão.

\* \* \*

O clima ficou mais relaxado durante um tempo, mas os choques de cultura continuavam ocorrendo. Uma das tradições da redação, herança dos tempos dos mineiros, era ter escondido em algum armário um garrafão de cachaça artesanal. Muitas vezes, depois do fechamento, Tostão distribuía entre os editores pequenas doses da bebida em copinhos plásticos de café. A prática não era oficialmente autorizada, mas era consentida.

Quando Leão chegou, com toda aquela energia moralizadora, a cachaça entrou em recesso. Mas, algum tempo depois, com os humores mais adaptados de ambas as partes, os editores acharam natural pedir cerveja junto com a pizza que era entregue na sexta-feira à noite, quando os jornalistas entravam pela madrugada adiantando o fechamento da edição de domingo.

Leão não sabia de nada disso e se assustou no dia em que chamou Tostão ao Mesão, perto da meia-noite de uma sexta-feira, e o contínuo apareceu com uma latinha de cerveja na mão.

— O que é isso, Tostão? — perguntou irritado. — Bebendo no local de trabalho? Na minha redação, ninguém bebe durante o expediente!

Alguém que se aproximava atrás dele o corrigiu.

— Mas na minha, bebe.

Era Fernão Mesquita, que tentou contemporizar explicando que já era quase meia-noite e o jornal já fechara. Leão não discutiu com o patrão, mas Tostão, por via das dúvidas, cortou a cerveja do pedido de pizzas na sexta-feira.

\* \* \*

Ao completar dois anos no *Jornal da Tarde*, em setembro de 1996, Leão Serva revisou sua lista de treze metas. Havia cumprido metade do que se propusera. Os pontos restantes, porém, pareciam muito longe de serem alcançados. Exigiam mudanças de mentalidade da família no comando da empresa, que Leão já percebera serem muito difíceis. Com essas reflexões feitas, ele foi ter uma conversa com Fernão sobre seu futuro no *Jornal da Tarde*. Se fosse atacar os outros pontos da lista, precisaria de garantias de que ficaria mais tempo por lá. Se o patrão não quisesse continuar com aquele plano, talvez fosse a hora de pensar em substituí-lo.

Fernão ficou contrariado ao ver seu diretor-adjunto novamente com aquela história das metas. Disse que não era hora para conversarem sobre aquilo e o dispensou da sala. A relação entre os dois ainda era amistosa, mas era inegável que certo desgaste havia se instalado entre eles.

Em dezembro daquele ano, Fernão chamou seu diretor-adjunto para informá-lo de que tinha concluído, como o próprio Leão sugerira, que era hora de procurar um substituto. Leão tinha férias acumuladas e Fernão o autorizou a sair para as folgas de final de ano e entrar de férias em seguida, para então ser oficialmente desligado em março de 1997.

Dos três objetivos principais, Leão cumprira dois. No último ano sob sua direção, o lucro da unidade subiria para 3 milhões de dólares e o tamanho da redação encolhera para 85 jornalistas. A tiragem no último trimestre de 1996, porém, caíra para uma média de 76 mil exemplares diários, segundo os dados auditados do IVC. Leão Serva deixou o *JT* com a sensação de que o periódico entrara numa curva descendente da qual dificilmente se recuperaria.

\* \* \*

O cargo de diretor-adjunto seria novamente ocupado por Fernando Mitre por mais dois anos. Ao voltar, Mitre quis saber de Fernão o que a empresa esperava do *Jornal da Tarde*.

— O jornal precisa conquistar um público novo — explicou Fernão.

Mitre decidiu, então, conversar com gestores de outras áreas para entender o potencial que eles enxergavam no jornal e como achavam que o produto poderia ser trabalhado. Depois de uma peregrinação pelos departamentos Comercial, Industrial e de Circulação, Mitre voltou preocupado.

— Fernão, antes de conquistar público lá fora, nós precisamos conquistar o público aqui dentro — afirmou. — A empresa parece que não gosta da gente, não faz esforço para o *JT* decolar.

Nessa sua última passagem pelo *JT*, Mitre implantou outra reforma gráfica, mas terminou a gestão com a mesma impressão que Leão tivera. Quando deixou o cargo, em 1999, dividiu sua preocupação com Fernão e fez sugestões de quem ele achava que deveria ocupar o seu lugar.

Fernão nomeou Kinjô como diretor interino enquanto avaliava as opções que tinha. No final daquele ano, chamou o eterno editor-chefe à sua sala para dizer que havia decidido o nome do sucessor de Mitre.

— Vou trazer alguém que gosta de muito de você: Murilo Felisberto.

# 60. A volta de Murilo

Murilo Felisberto havia construído uma carreira respeitável na publicidade depois de deixar o *Jornal da Tarde,* em 1979. Ele trabalhava na DPZ quando Fernão Mesquita iniciou o movimento para tentar levá-lo de volta para a redação. Durante aqueles vinte anos, Murilo jamais perdera contato com sua criatura. Fizera muitos trabalhos para o *JT,* em várias das reformas gráficas implementadas por Fernando Mitre. Naquelas ocasiões, Murilo e sua equipe de diretores de arte eram contratados para ajudar no estudo de novas fontes para o jornal.

Aos 60 anos de idade, Murilo era um profissional altamente valorizado num mercado que tradicionalmente sempre pagou salários muito maiores do que os das redações. Em outras palavras, era caro demais para um jornal que vivia no limiar do prejuízo. A negociação, porém, tomou um rumo concreto quando mudanças em curso na DPZ deixaram Murilo em situação desconfortável.

A equipe que ele dirigia cuidava de contas pequenas e ocupava um andar inteiro da agência. Os clientes começaram a aumentar ao mesmo tempo que a equipe de José Zaragoza, em outro andar, perdia as contas grandes de que deveria cuidar. Os dois times, então, foram fundidos. Murilo virou diretor de uma equipe menor, dentro do mesmo andar de Zaragoza. No imaginário espaço das esferas de influência da agência, aquilo representava perda de poder. A fusão das equipes foi feita em novembro de 1999, em dezembro ele aceitou o convite de Fernão e os dois acertaram que ele começaria a trabalhar em janeiro do ano seguinte.

Durante o mês de dezembro, Fernão nomeou Pedro Autran como interlocutor do jornal junto a Murilo. Os dois se conheciam desde a época em que Pedro havia começado no jornal. Foi ao então editor-chefe que o jovem repórter se apresentou, em janeiro de 1970, para pedir um emprego. Murilo quis saber quais eram as áreas de interesse dele. Pedro respondeu Esportes e Variedades. Murilo o mandou para a Geral e a experiência durou um dia. Pedro ia começar o quinto ano de Direito e preferiu aproveitar o verão no Guarujá a fazer matérias na Geral. Na segunda vez em que bateu na redação, em fevereiro, Murilo o mandou para Esportes, editado por Moisés Rabinovici.

★ ★ ★

Naqueles primeiros encontros, no final de 1999, os dois conversavam sobre o jornal e as mudanças que poderiam ser implantadas. Murilo estava voltando com uma missão bem concreta: reinventar o *JT* como um jornal popular. O novo alinhamento editorial havia sido decidido pelo Conselho de Administração, novamente contra a vontade de Fernão Mesquita. Os primos do ramo administrativo da família pretendiam, com aquilo, abocanhar a fatia mais próxima da classe média que lia o *Diário Popular*, líder nas bancas da capital.

A preocupação com vendas era pertinente. A circulação vinha caindo ano após ano desde 1996 e fechara o mês de dezembro de 1999, segundo os números auditados pelo IVC, em 58 mil exemplares vendidos, em média, por dia. Era praticamente metade do que o jornal vendia dez anos antes. Fernão, porém, achava que a popularização não era a resposta para um jornal com a história do *JT*.

— Nós vamos perder os leitores que temos e não vamos conquistar esse público — vaticinou. — Se vocês querem um jornal popular, lancem um novo título.

O apelo não surtiu efeito e Fernão foi derrotado no Conselho. Decidiu, então, contratar Murilo Felisberto, na esperança de que ele pudesse resgatar um pouco da vibração existente nos primeiros anos do jornal. Murilo não era exatamente um especialista em classe C, mas o conceito de jornal popular, para os Mesquitas, também não era o mesmo que funcionava para o *Diário Popular* ou para o *Agora SP*, o jornal que a *Folha* criara no ano anterior para substituir a *Folha da Tarde*.

Os dois principais diários de circulação local com quem o *Jornal da Tarde* passaria a concorrer a partir de 2000 eram muito mais policialescos, com a cobertura focada no que os jornalistas gostavam de classificar como "mundo cão". Notícias bárbaras, assassinatos brutais e outras desgraças ganhavam sempre destaque na primeira página dos concorrentes. Os títulos abusavam de trocadilhos de gosto duvidoso e as fotos de mulheres seminuas eram presença quase diária, assim como as notícias que mexiam nos bolsos de aposentados.

Trocadilhos em títulos e mulheres seminuas na capa estavam fora de cogitação para o *JT*. Já que não tinha escolha, Fernão queria um popular *light*, mais refinado, com tiradas de humor e criatividade nas pautas. Sem esquecer, claro, das questões que interessavam ao país.

Murilo chegou estudando formas de fazer isso. Todas as noites, depois do fechamento da edição, Pedro Autran e Luciano Coruja reescreviam títulos em fechamentos fictícios para testar a fórmula popular. Enquanto não entrava em vigor o novo modelo, Murilo foi formando sua equipe com alguns amigos dos primeiros tempos. Na Geral, demitiu José Eduardo Barella, que a editava desde 1995, para contratar novamente Kléber de Almeida. E, para comandar o fechamento da primeira página, foi buscar em Paris um velho amigo que ele mesmo enviara para o exterior mais de vinte anos antes.

\* \* \*

Moisés Rabinovici havia deixado o Brasil em 1977. O presidente do Egito, Anuar Saddat, acabara de visitar Jerusalém para iniciar o processo de paz com Israel. Murilo, então editor-chefe, chamara o editor de Variedades e recomendara:

— Rabininho, vai para lá e espera a paz.

Rabino fora e passara oito anos como correspondente da Agência Estado em Israel. Retornara ao Brasil para um breve período antes de ser enviado a Washington para mais seis anos. Voltara novamente em 1992 e deixara o Grupo Estado pela primeira vez em 1997, para ser correspondente em Paris da revista *Época*, criada naquele ano pela Editora Globo.

Na volta ao *JT*, em 2000, uma das primeiras missões que recebeu foi a de ajudar com o estudo de fontes que Murilo comandava para a reforma gráfica do jornal. Murilo estava encantado com o tipo de letra usado pelo jornal americano *USA Today*. Queria que Rabino descobrisse que fonte era aquela.

Ele deu um telefonema para o departamento de arte da redação americana e descobriu que a letra se chamava Gulliver. Colocou o nome no Google e encontrou o criador do tipo, um holandês chamado Geraldo Unger, que morava em Amsterdã e criara também a fonte Coranto, usada pelo jornal *Valor Econômico*.

Alguns dias depois, Murilo fechou a negociação para a compra dos direitos de utilização da Gulliver por 25 mil dólares. Um valor alto por uma fonte, num mercado onde os preços giram na casa das centenas de dólares. Em questões de estilo gráfico, porém, ninguém se atrevia a discutir com Murilo. Discordar dele em qualquer coisa, em geral, era um caminho perigoso.

A Rainha não tinha mais esse apelido após sua volta ao jornal, mas continuava reinando como antigamente. E não demorou a recomeçar suas picuinhas com alguns dos profissionais antigos da redação.

* * *

O primeiro a sofrer com o ostracismo foi Pedro Autran. Como era comum quando se tratava de Murilo, ele nunca soube exatamente o que aconteceu. Um dia foi chamado para almoçar com Celso Kinjô e Luiz Ruffato, que também editava a primeira página, e foi comunicado que Murilo não queria mais trabalhar com ele.

— Só que ele não vai te demitir — explicou Kinjô. — Ele vai te isolar até você pedir para sair.

Com trinta anos ininterruptos de *Jornal da Tarde*, Pedro tinha direito a verbas rescisórias consideráveis e não pretendia abrir mão daquele dinheiro. Avisou aos dois amigos que não pediria demissão e ainda profetizou:

— Vocês dois não se iludam, porque ele vai fazer a mesma coisa com vocês.

Murilo nunca mais dirigiu a palavra a Pedro. Para não ter de enfrentá-lo no Mesão, encomendou um novo layout da redação e se mudou, com os fechadores da primeira página, para o canto oposto, mais próximo à sala de Fernão. Pedro Autran ficou sozinho no antigo Mesão, sem outra função a desempenhar a não ser cuidar dos contínuos. Foi resgatado por um convite para se transferir para *O Estado* feito por Anélio Barreto, que voltara ao jornal maior da casa anos antes.

Com a saída de Pedro Autran, Murilo logo elegeu um novo alvo para seu mau humor. E, como Pedro previra, a vítima seguinte foi Luiz Ruffato. Mineiro como ele, Ruffato chegara ao *JT* nos anos 1990 como subeditor de Política e passara a editor antes de chegar ao Mesão. Tinha menos tempo de casa, a rescisão de seu contrato não custaria tanto à empresa, e Murilo chegou a preparar sua demissão. Dias antes, porém, Ruffato sofreu uma tragédia familiar, com a morte da esposa.

— Suspenda a demissão — determinou Fernão. — Dê o tempo que for necessário para que ele se erga novamente.

Ruffato perdeu todas as funções na redação e foi ocupar o espaço deixado por Pedro Autran junto aos contínuos. O último que faltava enviar para o ostracismo era Celso Kinjô, encostado logo em seguida. Ele manteve o cargo de editor-chefe, mas, das funções que vinha desempenhando, conseguiu manter apenas uma coluna semanal na editoria de Esportes.

Kinjô seria libertado da masmorra muriliana mais de um ano depois, graças ao apoio de Sidney Mazzoni. Então editor de Esportes, Mazzoni ia comandar a equipe de repórteres enviados ao Japão e à Coreia do Sul para cobrir a Copa do Mundo de 2002. Ele precisava de alguém de confiança cuidando da edição em São Paulo e pediu a Murilo que incumbisse Kinjô da tarefa. O diretor-adjunto não gostou muito, mas aceitou a sugestão. Kinjô fez um bom trabalho como editor e recuperou a confiança de Murilo.

Ao substituir os afastados, Murilo foi montando seu próprio Mesão. Para trabalhar ao lado de Luciano Coruja no fechamento da primeira página, comandado por Rabino, contratou Celia Almudena, então no *Agora SP*. Rabino ganhou também o reforço de Ilan Kow, que, apesar de formado em jornalismo, fizera toda a sua carreira na DPZ, onde trabalhara de 1993 a 2000.

Demitido da agência pouco depois da saída de Murilo, ele passara um ano fazendo freelances eventuais para o *JT* até que Murilo o chamara para integrar o time, em 2001. Sua função naquele grupo era garantir a criatividade da pauta.

O último reforço, que chegou em janeiro de 2002, era um especialista em jornal popular. Mineiro de Juiz de Fora, onde nasceu em 1960, Luiz Fernando Gomes fizera toda a sua carreira no Rio de Janeiro. Começara trabalhando como repórter no *Jornal do Brasil*, em 1981, e se mudara dez anos depois para *O Dia*, que na época era um jornal popularesco, com fotos de cadáveres na primeira página.

Depois de editar Cidades e Polícia n'*O Dia*, Luiz Fernando assumira a chefia da redação e participara da reforma que suavizara o jornal para atrair o leitor da classe média. Fora um estrondoso sucesso. No auge dos resultados, o título chegou a vender 1 milhão de exemplares aos domingos.

Em 2001, Luiz Fernando havia acabado de se mudar para São Paulo para trabalhar na TV Globo quando foi procurado por Murilo. Os dois jantaram no Spot, nos Jardins, então o restaurante preferido do diretor do *JT*. Falaram sobre as experiências profissionais, mas Murilo não chegou a fazer uma proposta concreta. Luiz Fernando tinha assumido a vaga de editor-executivo do *Jornal da Globo* havia apenas dois meses e explicou que, por razões éticas, não trocaria de emprego tão rapidamente.

Oito meses depois, porém, Murilo insistiu e o cenário na Globo havia mudado. Luiz Fernando não respondia mais ao chefe a quem devia lealdade e aceitou o convite para ser o editor-executivo do *Jornal da Tarde*.

* * *

Conheci Murilo Felisberto no final de novembro de 2002, num agradável almoço no restaurante Gero, no bairro dos Jardins, em São Paulo. Dias antes, recebera um telefonema de Cleuza de Souza, secretária de Fernão Mesquita. Ela me ligava a pedido do seu Murilo, como o chamava. Ele queria marcar um almoço para que pudéssemos nos conhecer.

Seis anos haviam se passado desde que eu deixara a redação do *JT* a caminho da *Veja São Paulo*, convidado por Caco de Paula, que fora meu segundo editor na profissão. Da *Vejinha* eu me transferira dois anos depois para a *Gazeta Mercantil* e, então, novamente para a Editora Abril, para ser redator-chefe da revista *Nova Escola*.

Um tempinho antes de receber a ligação de Cleuza, eu tomara um café com Caco de Paula e ele me contara que havia sido sondado para voltar a editar a Geral do *JT*. Caco, àquela altura, era um diretor importante na estrutura da Abril e declinara o convite.

— O Murilo Felisberto me pediu uma indicação e eu passei o seu nome — dissera Caco. — Acho que você está na idade certa para encarar essa bronca.

Eu tinha 31 anos e passara os últimos três à frente do fechamento de uma revista mensal, o que me garantia um bom salário e a mordomia de não trabalhar em finais de semana e feriados. Não pensava em voltar para o fechamento diário, mas não me recusaria a conhecer Murilo Felisberto.

Na manhã do dia marcado para o nosso almoço, Cleuza telefonara confirmando o encontro e pedindo que eu enviasse uma foto minha por e-mail.

— O seu Murilo não conhece você — explicou.

Eu enviei a foto e aproveitei para perguntar como ele era. Eu também não o conhecia. Fizera uma busca no Google, mas não encontrara imagens. Ela o descreveu como um senhor baixo, calvo, cabelos brancos nas laterais, óculos de aro redondo. Mais comum, impossível.

Assim que entrei no restaurante, informei à *hostess* que fora encontrar Murilo Felisberto. Ela me apontou o senhor baixinho sentado junto ao balcão preto. Ele usava uma camisa azul-clara de mangas longas enroladas até a altura dos cotovelos e exibia uma lapiseira amarela de 0,9 milímetro no bolso do lado esquerdo. Sentamos à mesa preferida de Murilo, num canto do salão, e conversamos por duas horas sobre os mais variados assuntos.

Murilo era uma personalidade realmente cativante. A inteligência rápida e as ótimas tiradas cheias de maldade tornavam o papo muito agradável. Ele falava num tom de voz baixo, com ligeiro sotaque mineiro. Conversamos sobre minha experiência no jornalismo e também sobre o *JT*, como andava a redação, mas ele não me fez nenhum convite. Ao final do almoço, nos despedimos na porta do Gero.

— Olha, Ferdi, é assim que te chamam, não é? — perguntou ele, e eu confirmei com um gesto de cabeça. — Gostei muito de te conhecer. Você vai receber notícias minhas em breve.

\* \* \*

Na sexta-feira seguinte, Murilo me ligou para pedir que eu passasse pela redação no final da tarde. Eu nada sabia sobre o novo layout, por isso preferi entrar pelo corredor central. Alguns anos depois de derrubados pela Sinergia, os muros haviam sido reerguidos e o corredor existia de novo, separando as duas redações que jamais haviam conseguido se unir. Entrei pela porta que eu lembrava ser a mais próxima do Mesão para descobrir que tudo estava diferente.

A primeira pessoa que encontrei foi Luiz Ruffato, que havia sido meu editor na Política em 1995. Cumprimentei-o, assim como a Celso Kinjô e a todos os outros conhecidos que encontrei pelo caminho, até chegar ao local onde os editores de primeira página ficavam sentados. Não existia mais Mesão. Na redação nova, cada um tinha uma mesa e um computador próprio, com cadeira estofada na cor verde-clara, a mesma das divisórias entre as mesas.

Murilo me levou para a sala dele.

— Eu vi muito bem quem você cumprimentou — disse-me ele, assim que fechei a porta atrás de mim, erguendo o dedinho indicador para continuar. — Só para sua informação, eu não falo com o Ruffato, e só voltei a falar com o Kinjô faz pouco tempo.

— Bem, Murilo, acredito que você tenha os seus motivos — respondi, tentando ser político. — A mim, eles nunca fizeram nada.

Ele riu da minha resposta.

— Você está certo. Eu me transformei num velho rabugento.

Ele então me explicou que queria que eu fosse editor da Geral. Bem ao seu estilo, não se deu o trabalho de me perguntar quanto eu ganhava. Apenas ofereceu-me o valor de que dispunha. Era uma boa quantia, representava um aumento de 60% em relação ao meu salário na época. Pedi o fim de semana para pensar, mas já saí do prédio com a decisão tomada. Doze anos depois de ter entrado pela primeira vez naquela redação, eu iria comandar a editoria onde havia iniciado como foca.

\* \* \*

O *JT* havia mudado, mas havia coisas que nunca mudavam no *JT*. Os trotes, por exemplo, ainda aconteciam de vez em quando. Ali, por aqueles dias de 2002 mesmo, havia acabado de ganhar fama uma peça pregada num dos mais antigos veteranos ainda em atividade na redação. Hélio Cabral, conhecido como Delegado, entrara nas primeiras turmas, em 1965, para fundar o *Jornal da Tarde*; 47 anos depois, continuava atuando como redator na editoria de Esportes.

O apelido não era casual. Cabral era, de fato, delegado de polícia e fora um terror dos focas nos anos anteriores, sempre disposto a entrar nas armações de Percival de Souza para os novatos.

Em 2002, Cabral era titular do 40º Distrito Policial, no bairro do Limão, a dez minutos da sede do jornal. Todas as quartas-feiras, a cantina da delegacia preparava uma feijoada para os tiras. E, às vezes, o delegado convidava alguns dos colegas de redação para almoçar com ele no DP. Eram comensais frequentes o editor Sidney Mazzoni, o redator Carlão Lima, o repórter Luís Antônio Prósperi, o editor de arte Valter Pereira de Souza e o diagramador Carlos Roberto Botelho.

Numa dessas ocasiões, quando deixava a delegacia para ir para o jornal, Carlão encontrou seu carro bloqueado por uma viatura. Ele voltou para pedir ajuda ao delegado e encontrou a porta fechada. Bateu delicadamente, mas não obteve resposta. Bateu mais uma vez, duas, com mais força, mas nada. Desceu ao plantão e foi perguntar ao escrivão onde estava o doutor Cabral.

— Agora é a hora da soneca dele — respondeu o tira. — Ele fica uma fera se alguém o interrompe. Não posso fazer nada pelo senhor.

Carlão voltou ao estacionamento, a viatura já havia saído e ele foi embora. Chegou ao jornal contando que Cabral dormia depois do almoço, apesar de roncar papo na redação de que caminhava 4 quilômetros todos os dias naquele horário.

Assim que soube da história, Valtinho não se conteve. Fez circular na redação um boato de que o repórter Fausto Macedo estava preparando uma bomba. Uma reportagem sobre uma investigação da Corregedoria Geral da Polícia Civil de São Paulo que pretendia denunciar delegados que dormiam durante o expediente. A história chegou aos ouvidos de Cabral pelo editor de Esportes, Sidney Mazzoni.

— Você ouviu isso, Hélio? — perguntou Mazzoni. — A Corregedoria está investigando delegados que dormem no horário do expediente.

— O quê? Onde você ouviu essa barbaridade?

— Parece que o Fausto tem o furo de reportagem.

— Mas que absurdo! Com tanta coisa séria pra investigar na polícia, a Corregedoria vai perder tempo com uma bobagem dessas? — indignou-se Cabral.

— Mas você não dorme no DP, né, Hélio?

— Claro que não! Mas isso é um absurdo. Eu preciso falar com o Fausto!

Fausto, que não sabia de nada, logo entendeu que só podia ser alguma armação para cima do Delegado quando foi procurado por ele. E tratou de criar um mistério sobre o fato.

— Olha, Delegado, não posso revelar nada sobre esse assunto — desconversou. — Por enquanto, é tudo sigiloso.

Durante alguns dias, a redação se divertiu com a preocupação do De-legado. Hélio Cabral perdeu o sono, literalmente, até descobrir que tudo não passava de mais um trote armado pelos colegas.

\* \* \*

Apesar de as brincadeiras ainda existirem, o clima estava mudado. As-sim que assumi o cargo, os velhos conhecidos vieram me avisar de que a convivência com Murilo não era fácil. Eu não teria tempo, porém, de descobrir isso na prática. Ninguém nas redações sabia ainda, mas, naquele mês em que retornei ao Grupo Estado, mudanças profundas estavam em gestação na diretoria.

Em pouquíssimo tempo, todas as estruturas centenárias do jornalão seriam abaladas por um anúncio que ninguém jamais imaginou ouvir um dia: 112 anos depois de o primeiro Julio ter assumido o comando, a S.A. O Estado de S. Paulo não seria mais dirigida por Mesquitas.

# 61. A saída da família Mesquita

O Grupo Estado havia voltado a enfrentar sérias dificuldades financeiras nos últimos anos do século XX. Em 1997, uma proposta de aquisição de negócios na área de informação havia sido apresentada no planejamento estratégico dos investimentos da empresa. Liderada por Rodrigo Mesquita, ela defendia a compra da *Gazeta Mercantil*, que estava financeiramente quebrada e pronta para ser vendida. O diretor-superintendente Chico Mesquita, porém, tinha outras ideias.

O governo Fernando Henrique Cardoso privatizava o setor de telefonia, o que significaria o fim do monopólio estatal e da operação mais lucrativa do grupo desde os anos 1980: a impressão das listas telefônicas. Chico sabia que precisaria de novas fontes de receita e vislumbrou oportunidades na privatização. A proposta dele era investir num consórcio para disputar os direitos de exploração da banda B de telefonia celular, que seria leiloada naquele ano.

Havia uma demanda reprimida fortíssima por celulares no Brasil. Em São Paulo, onde o sistema era operado pela Telesp, os consumidores se inscreviam em programas de expansão, pagavam taxas altíssimas e aguardavam por anos para receber uma linha. Chico vinha construindo a ideia de explorar a telefonia móvel desde 1992, quando pela primeira vez falara em disputar concessões em parceria com a Bell South, gigante americana do setor. Ele enxergava ali uma oportunidade de alavancar recursos para comprar as ações de alguns dos dezessete herdeiros da quarta geração de Mesquitas que queriam deixar o negócio.

As relações familiares haviam se deteriorado ao longo dos anos. Andavam ainda mais estremecidas desde junho de 1996, quando Julio de Mesquita Neto morrera aos 73 anos de idade. A tradição mandava que o comando d'*O Estado* passasse ao seu primogênito, Júlio César. Ruy Mesquita, porém, se rebelara contra a regra da hereditariedade. Havia anos ele vinha declarando, mesmo em entrevistas públicas, sua discordância do critério utilizado pelo pai:

— Os tempos mudaram, o que deve prevalecer é a competência — pregava.

Durante o mês e meio em que a família debatera uma solução, o editorialista Oliveiros S. Ferreira tivera seu nome no alto da primeira página como diretor-responsável. No dia 18 de agosto, o nome estampado era o de Ruy Mesquita. Ele finalmente realizava o sonho de dirigir *O Estado*. Isso lhe custara, porém, a perda da boa convivência com a cunhada, Zulu Cerqueira César de Mesquita, e com os sobrinhos Júlio César e Marina, filhos de Júlio Neto.

* * *

Chico precisava de uma alternativa para diminuir o número de primos no grupo e aliviar as tensões. Conseguiu aprovar sua proposta no Conselho de Administração, e o Grupo Estado se associou ao Banco Safra e à Bell South para participar do leilão da chamada banda B — a frequência de telefonia celular que cabia ao setor privado, antes da privatização das estatais de telefonia, programada para 1998. A empresa formada, batizada de BCP S.A., venceu o leilão no dia 9 de julho de 1997 oferecendo 2,647 bilhões de reais pelo negócio, o que representava um ágio de 341% sobre o preço mínimo cobrado pelo governo. Era o maior valor até então já pago no mundo por uma concessão de telefonia. Para honrá-lo, os sócios da BCP

332   FERDINANDO CASAGRANDE

recorreram a empréstimos concedidos por bancos estrangeiros. O Grupo Estado tinha 6% de participação na empreitada.

A operação começara em maio de 1998, e a BCP só dera prejuízos aos sócios. Explorar a telefonia celular exigia a implantação de redes, e, em três anos, a empresa fora obrigada a investir 1,2 bilhão de reais em infraestrutura. A base de assinantes crescera todos os anos, mas não o suficiente para fazer frente aos custos. Com o fim da paridade entre o real e o dólar, a partir de 1999, e a consequente desvalorização da moeda brasileira, as dívidas contraídas no exterior haviam explodido. O prejuízo da BCP no ano de 2001 fora de 798 milhões de reais, e, em 2002, ela deixaria de pagar uma parcela de sua dívida em dólares equivalente a 870 milhões de reais, pela cotação oficial da época.

Para piorar a situação do Grupo Estado, a associação com a Bell South se estendera também à OESP Gráfica, que imprimia as listas. A empresa americana sugerira a implantação de uma série de processos novos que utilizava com sucesso no mercado americano. No Brasil, porém, eles não deram certo, e o prejuízo dessa operação somara outros 150 milhões de reais.

★ ★ ★

Os prejuízos nos negócios haviam minado ainda mais as relações familiares. Um consultor financeiro contratado para ajudar na reestruturação da dívida apontara, em 2002, num de seus relatórios confidenciais, que a família Mesquita se perdera em "rivalidades banais e hostilidades fúteis", e decretara:

— Os credores relutam em aceitar que a liquidação de seus créditos fique entregue à mesma administração sob a qual eles se tornaram impagáveis e preferem cobrar os resultados de tais medidas de uma administração independente.

Em outras palavras, os bancos queriam apear de seus postos os nove Mesquitas que ocupavam cargos de direção na empresa.

Com a perspectiva de perder o comando no horizonte, o Conselho de Administração decidiu traçar um novo planejamento estratégico. A saída, acreditavam os Mesquitas, estava nos investidores estrangeiros. A empresa venderia 30% de seu capital a algum grande grupo internacional para sair do sufoco. Para isso, porém, seria necessário reestruturar a administração. Rodrigo Mesquita propôs a contratação da consultoria McKinsey para auxiliar nesse processo.

Rodrigo tinha construído seu espaço no grupo desde a saída do *Jornal da Tarde*, em 1988. Assumira a Agência Estado com onze redatores e uma receita de 400 mil dólares por ano e a transformara numa agência de verdade, com cobertura em tempo real do mercado financeiro, trezentos funcionários e faturamento de 230 milhões de reais por ano. Pesquisador associado do MediaLab do Massachusetts Institute of Technology, o prestigiado MIT, ele antecipara os efeitos da era da internet quando ninguém no Brasil ainda sabia do que se tratava aquilo.

Vivia insistindo com os primos sobre a necessidade de o grupo reduzir sua dependência do papel, o que fazia com que fosse visto como o lunático que queria acabar com o negócio da família. Alguns enxergavam em toda aquela proatividade uma tentativa de se cacifar como líder da quarta geração da família. Seus detratores entre os parentes o acusavam de ter muita sede de poder.

A McKinsey preparou o desenho da nova estrutura administrativa, que dava à Agência Estado um papel de destaque, mas parou na resistência de Chico Mesquita. O diretor-superintendente não aceitara as sugestões, pedira mudanças aos consultores, e quem se irritara fora Rodrigo. Os dois primos acabaram brigando, e, com o impasse criado, Rodrigo pediu uma reunião com o pai e os irmãos para defender a saída de Chico do comando da empresa.

Isso só seria possível se Ruy Mesquita fizesse um apelo pessoal. Fernão foi contra a ideia, mas Rodrigo argumentou que a empresa só havia chegado àquele ponto de insolvência devido aos investimentos malsucedidos propostos pelo primo. Ruyzito e João Lara o apoiaram e o doutor Ruy foi convencido.

Ele pediu uma reunião do Conselho para apresentar seu apelo no final de 2002. Surpreendido pelo pedido do tio, Chico aceitou deixar o cargo.

334  FERDINANDO CASAGRANDE

Condicionou sua saída, porém, à renúncia de todos os primos da diretoria. Como tinha maioria no Conselho, Chico não teve dificuldade para aprovar sua proposta. Ficou decidido que os únicos dois Mesquitas remanescentes da geração anterior, Ruy e sua prima Maria Cecília, continuariam em seus cargos. Mesmo assim, Chico trabalhou pessoalmente para que Ruy perdesse o status de diretor-responsável e fosse transformado em diretor de Opinião d'*O Estado*. Maria Cecília continuou como diretora do Suplemento Feminino.

★ ★ ★

Com o afastamento dos Mesquitas selado, o comitê dos bancos credores sugeriu a contratação de uma consultoria, a Galeazzi & Associados, para fazer o que chamava de reengenharia — basicamente, demissões e reestruturação da dívida. O dono da consultoria, Cláudio Galeazzi, era famoso no mercado por arrasar os departamentos de recursos humanos das empresas em que intervinha sem o menor traço de piedade.

Galeazzi chegou com todo um jargão administrativo que incluía a elaboração do que chamava de orçamento base zero. Consistia em imaginar que cada unidade estava sendo criada naquele momento. Baseando-se no faturamento que elas tinham, os gestores deveriam elaborar orçamentos com custos menores que as receitas — demitindo quantos funcionários fossem necessários para alcançar os números.

A família Mesquita deixou os cargos em março de 2003. Para implantar sua reengenharia, Galeazzi nomeou um comitê executivo misto formado por gente da consultoria e por profissionais de confiança da família. A este último grupo, ele chamava maldosamente de guarda pretoriana. No ramo editorial, os pretorianos eram Sandro Vaia e Elói Gertel.

Sandro dirigia a redação do *Estado* desde 2000, quando fora convocado às pressas para suceder a Antônio Marcos Pimenta Neves, cuja direção tivera um desfecho trágico. Pimenta assassinara a tiros a ex-namorada, a jornalista Sandra Gomide, porque ela se recusava a reatar o relacionamento.

Elói assumiu o lugar deixado por Rodrigo Mesquita como diretor da Agência Estado. Para começar a cortar quadros pelo topo, Galeazzi colocou sob a responsabilidade dele também a Rádio Eldorado e a redação do portal, que mantinha os sites da casa na internet. Sandro Vaia, por sua vez, foi transformado em diretor único das redações d'*O Estado* e do *Jornal da Tarde*. Não havia espaço para um diretor-adjunto, cargo que era ocupado por Murilo Felisberto no *JT*. Murilo foi demitido no início da noite de uma sexta-feira, em abril de 2003, quatro meses depois de ter me contratado.

O dia escolhido para a dispensa era outro sinal inequívoco dos novos tempos: os Mesquitas nunca faziam demissões às sextas-feiras por uma questão de humanidade. Temiam que o funcionário se deprimisse no fim de semana.

A partir daquele momento, o *JT* teria apenas um editor-chefe, que se reportaria diretamente a Sandro Vaia. Embora tivesse sido esvaziado de suas funções, esse cargo nunca deixara de existir naquela redação. E Sandro e Elói acharam que seu ocupante se enquadraria bem no novo perfil da empresa.

Depois de doze anos se equilibrando na corda bamba dos humores mesquitianos, Celso Kinjô ia voltar a comandar o *JT*.

# 62. Lucro a qualquer custo

Kinjô estava de folga em casa no fim de semana quando recebeu o telefonema de Elói Gertel para informá-lo sobre a demissão de Murilo Felisberto. Elói explicou as mudanças que estavam acontecendo, os cargos que ele e Sandro Vaia ocupariam, e perguntou se Kinjô aceitaria comandar o *JT*. Kinjô aceitou. A primeira missão que tinham para ele, porém, era bastante indigesta. E ele percebeu isso no dia em que foi apresentado a Cláudio Galeazzi.

— Você sabe que, se o *JT* fosse um negócio independente, ele estaria falido e já teria fechado as portas? — perguntou de chofre o consultor sessentão de cabelos grisalhos, enquanto apertava a mão do editor-chefe. — Você tem oito meses para reverter isso. Se não conseguir, vamos fechar o *JT*.

Sem Fernão por perto para impedir demissões, Kinjô fez o corte de pessoal mais profundo que aquela redação já havia sofrido em toda a sua existência. E, para que não restassem dúvidas sobre a seriedade da sangria, começou pelos cargos mais altos. O comando da redação, que naquele momento contava com quatro editores-executivos e dois editores de primeira página, foi reduzido pela metade.

Luiz Ruffato, que continuava como executivo, apesar de afastado das funções havia mais de um ano e meio, foi o primeiro demitido. Moisés

JORNAL DA TARDE 337

Rabinovici se desligou por conta própria. Havia recebido uma proposta no fim de 2002 para reformular o *Diário do Comércio*, editado pela Associação Comercial de São Paulo. Na época, recusara, por lealdade a Murilo, mas agora nada mais o prendia. Ilan Kow foi remanejado para editar Variedades. Entre os editores de primeira página, Kinjô demitiu Celia Almudena e manteve Luciano Coruja.

Nas editorias, os cortes também começaram por cima. Os únicos dois editores a permanecer em seus cargos fomos eu e Sidney Mazzoni, do Esportes. Márcio Pinheiro, da Variedades, Silvio Queiróz, da Internacional, e Cláudio Marques, da Política, foram demitidos. Apenas Fernando Fernandes, da Economia, foi promovido no decorrer da reforma. Nandes, como era chamado na redação, ganhou o cargo de editor-executivo, incumbido de abrir o jornal pela manhã, enquanto Luiz Fernando Gomes liderava Luciano Coruja e os editores dos cadernos no fechamento.

Nenhum dos editores demitidos foi reposto. No primeiro caderno, estavam abrigadas a Economia, a Internacional, a Política e a Geral. Todos os subeditores dessas áreas passaram a se reportar a mim.

Com o comando reduzido pela metade, Kinjô repassou a tarefa de dispensar repórteres e estagiários para os editores de caderno. Esportes e Variedades tiveram algumas baixas, mas o chumbo grosso estava reservado ao primeiro caderno. Num único dia, demiti uma quantidade de pessoas cujo número exato fiz questão de esquecer. Olhando para trás, parece-me que foram mais de vinte os colegas dispensados.

Ao final do passaralho,* o primeiro caderno, sob o meu comando, contava com apenas catorze repórteres. Todos muito empenhados, mas, ainda assim, em número insuficiente para o tamanho da empreitada. Dos históricos, haviam restado os especiais Valdir Sanches e Marinês Campos. Experientes já na profissão eram Marici Capiteli, que fazia memoráveis matérias de comportamento; Roberto Fonseca, cobrindo prefeitura e Câmara Municipal; Rita Magalhães; na cobertura de polícia; Daniela Tófoli, com saúde e educação; e Daniel Gonzales, com administração municipal.

---

* Termo inventado pelos jornalistas para denominar demissões em massa nas redações.

338   FERDINANDO CASAGRANDE

Entre os mais jovens, Gilberto Amendola e Álvaro Magalhães destacavam-
-se pela qualidade do texto. Os demais, apesar de bastante aguerridos, ou
eram estagiários que ainda cursavam a faculdade ou jovens repórteres que
haviam acabado de se formar. Trabalhavam como freelancers fixos, sem
contrato de trabalho, e recebiam salários abaixo dos pisos estabelecidos
pelo sindicato. A redação, no total, tinha 83 jornalistas.

Pedi uma conversa com Kinjô para dividir a impressão que ficara para
mim de tudo aquilo.

— Acho que o jornal vai voltar a dar lucro agora — afirmei. — Mas,
se ficar por muito tempo do tamanho que o deixamos hoje, vai morrer por
falta de massa crítica.

— Se não fizéssemos isso, Ferdi, ele ia morrer assassinado pelo Galeazzi — explicou Kinjô. — Os caras querem ver o lucro. Depois que o jornal
sair do vermelho, a gente volta a investir na redação.

\* \* \*

A primeira intervenção da nova direção foi o relançamento do caderno
de Esportes, às segundas-feiras, em formato tabloide. Fez sucesso e melhorou as vendas daquele dia, embora a circulação não tenha registrado
crescimento expressivo no todo. Os dados do IVC mostravam que o jornal
estacionara numa venda média entre 55 mil e 58 mil exemplares desde
1999. O pior ano da história do *JT* havia sido 2001, quando as vendas
beiraram os 50 mil exemplares por dia, em média. Naquele ano, chegou a
vender menos de 50 mil jornais por dia no mês de agosto — algo inédito,
pelo menos desde que começara a ser auditado pelo IVC.

Embora a circulação de 2003 tenha ficado na média dos 55 mil por dia,
os números que mais importavam à consultoria estavam lá no final do ano.
O *Jornal da Tarde* saíra de um prejuízo de 5 milhões de reais, em 2002,
para um lucro de 4 milhões de reais. Ainda não era suficiente, porém, para
voltar a investir. O jornal precisava trazer mais dinheiro para o grupo.

O ano de 2004 foi de inovações editoriais. Em março, o suplemento
"Jornal do Carro", maior sucesso de vendas do *JT*, passou a circular também

aos sábados. E, em maio, Ilan Kow lançou dois novos produtos: o "Divirta-se" da sexta-feira em formato de bolso, que foi muito bem recebido pelos leitores, e o caderno de televisão.

No primeiro caderno, a novidade eram as edições regionais, criadas com a intenção de melhorar as vendas em áreas específicas de circulação. A primeira foi a edição ABC, e depois vieram Litoral, Guarulhos e Zona Leste, além da edição capital. Na prática, entre 20h, quando se encerrava a edição Brasil, e meia-noite, quando fechava a edição SP, a equipe era obrigada a refazer páginas inteiras para acrescentar o conteúdo regionalizado e refechá-las num prazo de 45 minutos a uma hora. Era um desgaste tremendo, que fez aumentar o número de erros e de textos mal editados por causa da pressa e da falta de gente para lidar com prazos tão apertados. Nunca ficou provado que aquela trabalheira toda tivesse trazido aumento significativo de circulação nos locais escolhidos.

As vendas cresceram como um todo, turbinadas pela fórmula editorial que radicalizava o caminho de popularização do jornal. Embora mantivesse as fotos de mulheres seminuas e os títulos com trocadilhos longe da primeira página, o *JT* intensificara a cobertura policial e passara a tratar de economia popular com frequência na manchete, além da ênfase no serviço.

As repetidas listas de benefícios para aposentados chegavam a ser irritantes, embora gerassem recordes de vendas. Ao final daquele ano, a circulação havia voltado a subir para a casa dos 65 mil exemplares, em média, por dia, e o lucro permanecera na casa dos 4 milhões de reais, com um crescimento de 7 milhões de reais da receita publicitária. Uma frase que dizia "esse *JT* só me dá alegria" virou bordão na boca dos gestores do comercial e do administrativo.

Pela primeira vez em sua história, a empresa estava declaradamente feliz com os números do *Jornal da Tarde*. A maior parte dos jornalistas que o fazia diariamente, porém, estava descontente com o produto sem brilho que entregava nas bancas. E as baixas começariam em 2005.

A primeira e mais sentida de todas foi a saída de Luiz Fernando Gomes, que sempre liderara aqueles fechamentos atribulados com a clarividência que só os melhores editores são capazes de alcançar. Convidado a dirigir toda a produção de conteúdo do diário *Lance!*, ele se despediu antes de entrar em folga de final de ano, em 2004. Seu cargo não seria reposto tão cedo, e o fechamento, à noite, passaria a ser tocado por Nandes, que era identificado como o responsável por todos os cortes e por segurar os gastos. Não tinha, em resumo, a mesma liderança de Luiz Fernando Gomes sobre aquele grupo.

Quando março de 2005 chegou, tive de debelar uma rebelião no convés do primeiro caderno. O time de repórteres começara a se cansar ao longo de 2004. Quase todos tinham de cumprir, em média, de três a quatro pautas por dia. A minha mesa se transformara numa espécie de muro das lamentações da marginal Tietê. A garotada chegava a fazer fila para sentar na cadeira à minha frente, onde o arco de assuntos abordados ia de orientações para avançar em apurações encrencadas a problemas pessoais, dos mais sérios aos mais banais.

Invariavelmente, porém, nove em cada dez conversas terminavam em queixas sobre o excesso de trabalho e a baixa remuneração. A direção pedia paciência e, caso os lucros projetados se concretizassem, prometia recompensar os esforços em 2005, com a contratação de todos pelo piso salarial do sindicato. Os lucros vieram, foram apresentados com pompa no início do ano, e, quando finalmente foram contratados, os repórteres descobriram que receberiam o piso salarial do sindicato dos administrativos, que era 300 reais mais baixo que o dos jornalistas. Isso representava quase 20% a menos no final do mês.

Os repórteres formaram um comitê e trouxeram a questão a mim. Eu intermediei a negociação com a direção, mas a empresa foi irredutível. Aquele era o valor máximo que os gestores se propunham a pagar. Atribuíam a culpa a *O Estado*, que tinha mais profissionais naquela situação e não atingira o lucro projetado. Ninguém pediu demissão imediatamente, mas o comprometimento caiu.

Embora não atingisse os meus ganhos, aquele episódio foi determinante na decisão que eu tomaria no final do mês seguinte. Na última semana de abril, reuni a equipe toda e expliquei que chegara a hora de partir. Pela primeira vez em toda a minha vida profissional, eu decidira ficar desempregado.

\* \* \*

Acabava ali a minha história com o *Jornal da Tarde*. Coloquei uma mochila nas costas e parti para uma longa viagem pelo litoral sul e leste da África enquanto o *JT* prosseguia no seu trajeto de lucros ascendentes e linha editorial popular anódina. Quando saí, estavam em curso estudos encomendados ao estúdio catalão Cases&Associates para uma reforma gráfica abrangente que não pouparia nem o logotipo do jornal. A reforma foi finalmente implantada em 2006, por ocasião do aniversário do *Jornal da Tarde*. Aos 40 anos, o *JT* estava irreconhecível, não apenas no conteúdo, mas também no visual.

A empresa, porém, continuava feliz. O crescimento da circulação não se sustentara em 2005, quando os números voltaram à casa dos 55 mil exemplares vendidos por dia, em média. O lucro, porém, subira para 10,7 milhões de reais naquele ano e a receita publicitária atingira 40,7 milhões de reais.

Convencido de que estava no caminho certo, Celso Kinjô havia se distanciado do dia a dia da redação para cuidar de novos projetos comerciais que pudessem agregar receitas. Passava os dias fechado na sala que sempre fora de Ruyzito e para a qual ele se mudara após a saída da família. Não se preocupou nem mesmo em encontrar um substituto para Luiz Fernando Gomes, que fora peça fundamental na redação. Quando se deu conta, Sandro Vaia já tinha um candidato para a vaga.

## 63. Rede de intrigas

O jornalista gaúcho Delmo Moreira iniciara sua carreira como repórter de Esportes no jornal *Zero Hora*, em Porto Alegre. Passara por diversas redações no Sul e em São Paulo. Liderara em 1992, como editor-chefe de conteúdo, a implantação da malograda Sinergia das redações d'*O Estado* e do *JT*. Ficara n'*O Estado* até 1997, quando deixara o grupo para chefiar a redação da *Gazeta Mercantil* e, posteriormente, a da revista *Época*.

Em dezembro de 2005, Sandro Vaia ficou sabendo que Delmo não estava muito contente com novas mudanças na *Época* e o chamou para uma conversa. Ofereceu a possibilidade de ele se transferir para *O Estado* num cargo de editor-executivo, com o mesmo salário que recebia na Editora Globo. Delmo mostrou-se interessado e os dois ficaram de continuar a conversa. No início de 2006, Vaia voltou a procurá-lo, mas desta vez com uma posição de editor-executivo do *Jornal da Tarde*. Pretendia contratá-lo na vaga que fora de Luiz Fernando Gomes e ficara aberta após a saída dele.

Como um dos fundadores do *JT*, Sandro andava bastante incomodado com o rumo que o jornal tomara e que ele chamava de "jornalismo de mercado". Todas as pautas eram voltadas para o serviço, e, para não desagradar aos diversos segmentos de leitores — que o jargão do departamento comercial chamava de "mercados" —, o jornal se eximia de qualquer avaliação ou análise das notícias.

Um exemplo citado por ele era o do pênalti que o juiz Márcio Resende de Freitas deixara de assinalar contra o Corinthians no jogo que praticamente definiu o Campeonato Brasileiro de 2005. O atacante Tinga, do Internacional, fora derrubado dentro da área. Freitas não marcou a falta e ainda expulsou o jogador. A partida, a duas rodadas do fim do torneio, terminara empatada, favorecendo o Corinthians, que disputava o título diretamente com o Internacional. O pênalti existira, o lance fora exaustivamente mostrado na TV, não havia dúvidas sobre o erro de arbitragem. Para não correr o risco de desagradar os corintianos, porém, o *JT* omitira das matérias sobre o jogo a informação sobre o erro do juiz.

Sandro achava aquilo inadmissível e não escondia seu descontentamento, nem suavizava nos termos que usava para classificar os rumos do jornal: na avaliação dele, o *Jornal da Tarde* estava um desastre. Ele classificava como particularmente "desastrosa" a atuação de Nandes na pauta do jornal e na edição da primeira página. Havia conversado sobre isso com Kinjô, pedindo que ele voltasse a ser mais presente na redação. Kinjô, porém, não tomara nenhuma medida. Sandro, então, decidira agir.

Em 2006, o *JT* passaria por uma grande reformulação gráfica, e Sandro pretendia aproveitar para fazer mudanças editoriais também. A ideia era transformá-lo num jornal voltado para uma cidade mais moderna. Era um projeto inovador, que serviria de laboratório para o futuro d'*O Estado*. Sandro incumbiu Delmo Moreira de cuidar dessa renovação. Ele deveria chefiar a redação e se reportar diretamente a ele.

Na prática, Sandro estava dando a Delmo a função de editor-chefe. Numa situação como aquela, o passo seguinte seria demitir Celso Kinjô. Remover Kinjô do cargo, porém, não era uma tarefa fácil. Os resultados financeiros apresentados pela gestão dele o haviam blindado. Kinjô tinha o apoio das áreas comercial e administrativa da empresa.

\* \* \*

Obviamente, nenhuma dessas mudanças foi discutida com o editor-chefe do *JT*. Kinjô foi pego de surpresa quando Sandro informou que estava convidando Delmo Moreira para a equipe dele. Não se tratava de uma sugestão. Sandro apenas o comunicava da decisão, e Kinjô não teve alternativa a não ser aceitar a indicação.

Assim que retornou à sua sala, mandou chamar Nandes e contou o que havia acontecido. O braço direito de Kinjô na redação sentiu o cheiro de queimado no ar. Mais do que o próprio editor-chefe, Nandes vinha percebendo o que considerava certa má vontade de Sandro Vaia em relação ao *JT*. Ele achava que contribuía para aquela postura o sucesso financeiro obtido pelo time de Kinjô a partir da reestruturação implementada por ele.

Na avaliação de Nandes, os resultados obtidos pelo jornal menor da casa incomodavam a redação maior porque *O Estado* não vinha batendo as metas de lucro traçadas pela consultoria de Galeazzi. E o responsável por isso era o próprio Sandro Vaia, que defendia a redação contra os cortes mais profundos de despesas sugeridos pelos consultores. Diante desse quadro, Nandes achou alarmante ter no *JT* um editor-executivo infiltrado pelo diretor de redação d'*O Estado*. Ele defendeu que Kinjô tentasse reverter a contratação de Delmo.

— Não adianta, Nandes, o Sandro está decidido — explicou Kinjô. — Mas não precisamos nos preocupar, porque eu conheço bem o Delmo. Ele é de confiança.

Kinjô de fato conhecia bem Delmo Moreira. A primeira incursão do gaúcho por São Paulo acontecera em 1988, quando o próprio Kinjô, então na Globo, o chamara para coordenar a Economia na redação paulista da tevê. As argumentações de Nandes, porém, plantaram nele uma semente de dúvida. O editor-chefe decidiu pedir informações ao departamento pessoal sobre a contratação de Delmo e descobriu que o salário oferecido era maior que o dele. Kinjô percebeu que Sandro estava tentando, na prática, substituí-lo, e achou aquilo inadmissível. Foi se queixar com Sandro e os dois discutiram. As relações, dali por diante, ficaram abaladas.

\* \* \*

Delmo foi contratado em março de 2006 e, assim que se apresentou, ouviu de Kinjô uma conversa totalmente diferente da que ouvira de Sandro. O editor-chefe explicou que Delmo seria subordinado a ele e ficaria responsável pelo fechamento do jornal. Trabalharia em paralelo com Nandes, que continuaria responsável pela abertura no início da manhã e pela pauta. Para Kinjô, a reforma em curso seria apenas gráfica, e não editorial. Delmo foi relatar tudo o que ouvira a Sandro Vaia, que reiterou sua orientação inicial.

— Toque o jornal do jeito que conversamos — explicou. — O Kinjô só está lá porque tem o apoio das outras áreas. Ele passa mais tempo fechado na sala do que tocando a redação. Na prática, vai ficar claro para todos que o novo chefe é você.

Não havia como aquilo dar certo. Kinjô podia passar tempo demais fechado na sala, mas o papel de comandante não estava vago. Havia sido ocupado por Fernando Fernandes, que não estava disposto a se submeter ao novo editor-executivo. Em pouco tempo, Delmo e Nandes estavam se desentendendo.

Delmo criticava as decisões de Nandes enquanto fechava o jornal à noite, queixava-se para o próprio Nandes sobre a inconsistência da pauta e a falta de atenção a assuntos que julgava importantes. Os dois discordavam quanto à linha que o jornal deveria adotar e o público que deveria atingir. Pouco tempo depois, Delmo decidiu tentar um movimento ousado na guerra que travava com Nandes. Pediu uma reunião privada com Kinjô e foi se queixar da forma como o colega trabalhava. Kinjô achou que ele estava pedindo a cabeça do outro e não gostou.

— Delmo, se uma pessoa de fora olhasse esta conversa, ia achar que você era o superior e eu, o subordinado — reclamou Kinjô.

— Eu estou no dia a dia da redação — reagiu Delmo. — Só estou te avisando porque você fica aqui fechado na sua sala e não vê o que está acontecendo.

— Pois saiba que eu não vou tomar atitude nenhuma, porque o Nandes é de minha estrita confiança — afirmou Kinjô, encerrando a conversa.

A guerra por poder estava declarada, e os editores começaram a ocupar suas trincheiras. Sidney Mazzoni, amigo pessoal de Sandro Vaia, não tinha como se colocar ao lado de Kinjô. Passou a ser considerado inimigo. Ilan Kow, que nunca se dera bem com Nandes, também não fez questão de apoiar a posição do editor-chefe. Luiz Henrique Fruet, que assumira a Geral após a minha saída, já tinha cerrado fileiras com Delmo desde que se recusara a cumprir uma ordem de Nandes para demitir a repórter Rita Magalhães, uma das mais experientes na cobertura policial. Valter Pereira de Souza, o editor de Arte e Diagramação, havia sido afastado por Kinjô de suas funções, o que naturalmente o impedia de tomar o partido do editor-chefe.

O afastamento de Valtinho fora mais um episódio típico da rede de intrigas que dominava o ambiente. Ele e Nandes não se davam bem, e nenhum dos dois escondia isso. A desculpa para o afastamento, porém, fora outra. A mesma razão que levara Kinjô a promovê-lo quinze anos antes seria usada para encostá-lo: a confiança que a família Mesquita tinha nele.

\* \* \*

Apesar de terem aceitado deixar seus cargos, os Mesquitas haviam reagido mal quando o afastamento se concretizara. Os alvos da ira eram os funcionários antigos que aceitaram continuar com a consultoria. As manifestações de descontentamento variavam de acordo com o Mesquita que as expressava. Kinjô recebera, certa feita, um bilhete de Fernão sobre algo de que ele não gostara no jornal. O texto começava assim: "Vocês que acham que fazem jornal melhor do que nós...". O mais ácido de todos, porém, era Ruyzito, com seu temperamento explosivo.

O primogênito de Ruy Mesquita jamais perdoara Kinjô, cuja permanência ele defendera por tantos anos, por ter continuado no grupo após a saída deles. O ânimo piorou muito depois que ele soube que Kinjô havia se mudado para a sala que fora dele. Em duas ocasiões, Ruyzito ligara para o editor-chefe e despejara uma torrente de palavrões e xingamentos impublicáveis. Kinjô relatara o que estava acontecendo a Sandro Vaia e a Elói Gertel, que assumira o cargo de CEO da empresa a partir da saída de Francisco Mesquita Neto. Recebera a orientação de que não deveria mais atender aos telefonemas dos Mesquitas. Ele estendera essa determinação ao restante da equipe.

Valtinho, porém, era sabidamente um homem de confiança da família. E não estava disposto a seguir aquela norma. Pouco depois da ordem baixada, ele atendeu a uma ligação de Ruyzito em sua mesa. O patrão queria pedir alguma pesquisa no arquivo, algo irrelevante, segundo a lembrança de Valtinho. Kinjô ficou sabendo do que acontecera e mandou chamá-lo.

— Eu não disse que não era mais para atender os Mesquitas? — cobrou Kinjô.

— Celso, eu estou nesta empresa há muitos anos, sempre fui muito bem-tratado pelos donos — respondeu Valtinho. — Não vou virar as costas para eles agora só porque eles não são mais os diretores.

Assim que acabou a resposta, Valtinho deixou a sala sem esperar pela reação do editor-chefe. Kinjô, então, começou a preparar a demissão dele, que deveria acontecer ao final da implantação da reforma gráfica, em 2006. Na manhã do dia em que a carta de dispensa ficou pronta, Valtinho ficou sabendo por Delmo Moreira que seria demitido. Ligou para Rodrigo Mesquita e explicou o que estava acontecendo. Meia hora depois, viu o contínuo da diretoria entrar na sala da secretária de Celso Kinjô para avisar que o doutor Ruy queria vê-lo.

Kinjô recebeu o recado num telefonema, enquanto almoçava. Quando voltou ao prédio da empresa, dirigiu-se para a diretoria. Foi recebido por Ruy, que perguntou de chofre:

— É verdade que você quer demitir o Valtinho?

— É sim, doutor Ruy.

— Mas por que vocês insistem em demitir as pessoas que deram o sangue por esta empresa? — ralhou Ruy. — Eu já briguei com o Sandro pelo mesmo motivo. O Valtinho começou nesta empresa em calças curtas...

Doutor Ruy passou uma descompostura em Kinjô, que desistiu da demissão, mas mandou encostar Valtinho. Para sinalizar claramente a perda das funções, resolveu tirá-lo fisicamente da redação. A mesa de Valtinho foi transferida para uma sala lateral usada pelos contínuos para guardar jornais velhos.

\* \* \*

Sentindo que estava perdendo o pulso da situação, Kinjô decidiu comprar uma briga para valer e foi ao RH conversar sobre a demissão de Delmo Moreira. Lá, porém, foi surpreendido por uma informação que estava sendo mantida em segredo. Sandro Vaia e Elói Gertel iam deixar a empresa no fim daquele ano. Kinjô, então, suspendeu a demissão de Delmo e resolveu esperar pelos acontecimentos.

De fato, Sandro Vaia deixou a direção de redação d'*O Estado* no final de 2006. Foi substituído por Ricardo Gandour, que iniciara a carreira jornalística em 1990 na redação da *Folha de S.Paulo*, onde ocupara diversos cargos até fundar e dirigir a Publifolha, divisão de livros da empresa. Mudara-se em 2000 para as Organizações Globo, onde dirigira a unidade de negócios da revista *Época* e fora editor responsável do *Diário de S. Paulo*. Na primeira conversa com o novo diretor, Kinjô relatou o problema com Delmo Moreira. Para tranquilizá-lo, Gandour transferiu Delmo para a redação d'*O Estado* até tomar conhecimento da situação toda.

Numa manhã de março de 2007, Kinjô recebeu um telefonema em casa. Gandour queria avisá-lo de que estava demitindo outro aliado de Sandro Vaia, o editor de Esportes Sidney Mazzoni, de quem ele também se queixara. Kinjô achou que aquilo era um sinal de deferência, mas estava enganado. No dia 1º de abril de 2007, foi chamado à sala de Gandour assim que chegou à redação.

— Kinjô, vou precisar da sua vaga — informou o diretor d'*O Estado*. — E o Fernando Fernandes também já pode se considerar demitido.

\* \* \*

No mesmo ano em que demitiu Kinjô, Ricardo Gandour decidiu resolver antigas pendências do *JT* — entre elas, a situação de Vital Battaglia, que havia ido embora em abril de 1990 após discutir com Fernão Mesquita. Desde então, Battaglia nunca mais dera expediente na redação, mas jamais fora demitido. Havia recebido o salário sem trabalhar durante dezessete anos porque os custos de sua demissão eram muito altos.

Nesse período, ele havia assessorado o técnico Paulo Roberto Falcão na seleção brasileira de futebol, dirigira a redação d'*A Gazeta Esportiva* por cinco anos e criara um site de game esportivo, o Olé, que chegou a ter 450 mil cadastrados em 46 países. Jamais aceitou os acordos propostos pelo Grupo Estado para que pedisse demissão em troca de parte da indenização a que tinha direito. Quando finalmente foi demitido, recorreu à Justiça Trabalhista para aumentar o valor da indenização que o jornal havia pago e venceu a ação.

# 64. O fim do *JT*

Para o lugar de Celso Kinjô, Ricardo Gandour contratou Claudia Belfort, uma jornalista pernambucana que fizera carreira no Nordeste e no Paraná. Claudia ocupou o cargo até 2011. Em todos esses anos, o jornal continuava financeiramente no azul, embora não repercutisse mais. O último lucro expressivo, de 12 milhões de reais, aconteceu em 2010. No ano seguinte, a margem caiu para 200 mil reais, o que era considerado inaceitável.

O tombo tinha explicações nos rumos que a direção da empresa havia tomado a partir de 2009. Nesse ano, Silvio Genesini deixou a Oracle para se tornar diretor-presidente da S. A. O Estado de S. Paulo. Assim que assumiu o comando, Genesini fez uma análise da situação e achou que o melhor era concentrar os esforços para melhorar a receita d'*O Estado*, que era o título consagrado e, portanto, mais fácil de ser vendido aos anunciantes.

O departamento comercial da empresa, que nunca morrera de amores pelo *Jornal da Tarde*, praticamente abandonou a venda de publicidade para o título. Na mesma linha, a área de circulação começou a montar um dossiê para mostrar que a distribuição do *JT* no interior era economicamente inviável. Conseguiu convencer Genesini, e, em 2011, o *JT* parou de circular fora da capital. De um dia para o outro, o jornal perdeu 5 mil exemplares diários em sua média de venda. Não era um número tão pequeno, considerando-se que a constante queda de circulação nos anos anteriores derrubara essa média para a casa dos 45 mil exemplares por dia. Mas a sequência de notícias ruins não acabava por aí.

Nesse mesmo ano, uma auditoria interna achou uma incongruência nos balanços entre os números de assinaturas pagas que os dois jornais diziam ter e a receita efetivamente realizada pelo setor. Os auditores começaram a questionar e descobriram uma fraude.

O departamento de assinaturas enviava, por um período, exemplares de graça para leitores, na esperança de que eles, ao final da cortesia, decidissem assinar o jornal. Apesar de a experiência prévia mostrar que isso quase nunca acontecia, um diretor do grupo mandara contabilizar aqueles brindes como assinaturas pagas. Na conta final do que ficou conhecido na empresa como "escândalo das assinaturas", a manobra aumentava ficticiamente em 20 mil o número de assinantes d'*O Estado* e em 5 mil os do *JT*.

Na redação, os passaralhos haviam se tornado trimestrais ao longo de 2011. O *Jornal da Tarde*, que iniciara o ano com 110 profissionais, chegou a dezembro com apenas 52 jornalistas na equipe e uma venda média por dia, segundo os dados auditados pelo IVC, de 35 mil exemplares.

Foi com essa tiragem em queda que Décio Trujilo, que havia voltado como editor-executivo a convite de Claudia, assumiu o cargo de editor--chefe quando ela foi transferida para outras funções na empresa. Décio estava atento aos riscos que o jornal corria.

No início de 2012, foi divulgada uma pesquisa que mostrava que a receita geral média do meio impresso havia caído 2%. Ao analisar os dados, a diretoria do Grupo Estado descobriu que todos os outros jornais haviam ficado estacionados em 2011. A única empresa com queda no faturamento, segundo a pesquisa, era a S.A. O Estado de S. Paulo, com um número negativo de 6%. Genesini mandou aprofundar a análise por produto da casa e descobriu que *O Estado*, a exemplo dos demais jornais, também ficara estacionado em 2011. O *JT*, porém, tivera uma queda de receita de 25%, fruto da diretriz estabelecida por ele ao comercial de centrar os esforços na venda de anúncios para *O Estado*.

O *JT* agonizava e Genesini, então, mudou de ideia. Se *O Estado* não havia crescido, só podia ser porque atingira o teto de faturamento. O melhor, então, era o comercial voltar a trabalhar o *JT*, que, depois daquela queda, tinha espaço para crescer. Era preciso relançar o *Jornal da Tarde*, e os catalães da Cases&Associates foram chamados novamente para criar um projeto gráfico diferente.

O relançamento foi marcado para maio, mas Décio começou a ponderar se era um bom momento. Em junho, o jornal teria a cobertura dos Jogos Olímpicos de Londres, e ele achou que um novo sistema de títulos e fontes poderia atrapalhar o fechamento num momento de excesso de trabalho. Gandour concordou e o relançamento foi adiado para agosto.

Em julho, porém, Silvio Genesini foi demitido do comando do grupo. Chico Mesquita, preocupado com a situação em que a empresa se encontrava, convenceu o Conselho a aprovar sua volta ao cargo original. Uma medida drástica era necessária. Ele pediu uma reunião do Conselho de Administração, integrado por ele próprio e pelos primos Fernão, Patrícia, Júlio César e Roberto Crissiuma Mesquita, além de Aurélio Cidade, que o presidia. Nesse encontro, Chico propôs o encerramento da circulação do *JT*.

Fernão foi contra, mas era minoria no Conselho. Ficou decidido que o *Jornal da Tarde* deixaria de circular no dia 12 de outubro de 2012, um feriado nacional, a primeira sexta-feira após o primeiro turno das eleições municipais.

\* \* \*

Todos os departamentos foram avisados sobre a data de fechamento do *Jornal da Tarde*. Menos a redação. Comercial, assinaturas, impressão, distribuição: as áreas da empresa com alguma interface com o título começaram a replanejar seus números e logística para o fim da publicação.

Quando a eleição municipal foi para o segundo turno, porém, Fernão achou que seria temerário manter a data acordada para o encerramento. O fim do *JT* naquele momento, acreditava ele, seria um desrespeito com o leitor. Ele fez um apelo ao Conselho, que aceitou prorrogar a data para o dia 30 de outubro. A redação continuava sem saber de nada.

Até que o pai de um repórter do jornal ligou no setor de atendimento a clientes para renovar a assinatura e foi informado de que o *Jornal da Tarde* seria descontinuado. O repórter levou a informação aos colegas, que imediatamente começaram a apurar. Fizeram contatos com todos os setores da empresa, que confirmavam: o *JT* vai acabar. A única instância que negava era a direção de redação.

O Sindicato dos Jornalistas foi acionado e decretou estado de greve. Uma audiência de conciliação foi marcada para o dia 30 de outubro no Tribunal Regional do Trabalho. Lá, perante o juiz, o representante enviado pela empresa finalmente admitiu que o jornal seria encerrado. A edição do dia 31 seria a última da história do *Jornal da Tarde*.

# 65. Última edição

A informação chegou à redação logo depois do almoço. Décio Trujilo convocou os editores e os avisou de que aquele era o último dia de trabalho deles. A empresa demorara para admitir porque temia que os jornalistas se revoltassem e abandonassem seus postos quando soubessem que perderiam os empregos. Os 42 sobreviventes que haviam chegado até ali, porém, decidiram ir até o fim.

Na reunião das 16h30, o editor de Política, Roberto Fonseca, propôs que a capa tivesse uma única foto, como nos bons tempos do *JT*, com o título: "Obrigado, São Paulo". O subtítulo explicava aos leitores: "Termina hoje a história de 46 anos do *JT*, um jornal que nasceu para ser diferente e fez da cidade sua inspiração e do paulistano, seu parceiro". A imagem, em cores, mostrava a metrópole no início da noite. Fora feita por volta das 20h pelo fotógrafo Alex Silva a partir do terraço do Edifício Itália, um dos mais altos da capital.

Todos concordaram que não fariam segundo clichê. Não havia mais sentido naquilo. Conforme os repórteres iam entregando as matérias, os editores os dispensavam, mas todos ficaram por lá. Queriam posar para uma última foto, a da última equipe do *Jornal da Tarde*. Quando se reuniram para que a imagem fosse registrada, os jornalistas das demais redações da casa pararam suas atividades e se levantaram de suas mesas para aplaudir.

Foi um longo aplauso, devidamente filmado pelo smartphone de algum dos presentes e imediatamente publicado no Facebook. A edição fechou às 21h30. No último número, uma entrevista exclusiva com Ana Estela Haddad, a mulher de Fernando Haddad, que havia acabado de ser eleito prefeito de São Paulo.

# NOTAS FINAIS

Murilo Felisberto não assistiu ao fim da sua criação. Depois da demissão, em 2003, ele se amargurou. Fechou-se no apartamento de Higienópolis, cuja reforma demorara quase o tempo de construção de uma catedral, e só saía eventualmente para encontrar os melhores amigos. Contrariava-se sempre que o *JT* surgia como assunto. Murilo estava escandalizado com os rumos que o jornal havia tomado.

Um dos amigos mais constantes era Moisés Rabinovici. Murilo aparecia com alguma frequência no prédio do *Diário do Comércio*, no centro de São Paulo, às sextas-feiras. Passava por lá para ver quem mais, entre os velhos conhecidos demitidos do *JT*, Rabino havia abrigado em sua nova redação. Depois, os dois caminhavam até o restaurante La Bourse, no prédio da Bolsa de Valores, onde almoçavam bacalhoada.

Numa dessas visitas, pararam numa banca de jornal. Diante da visão do *Jornal da Tarde* exposto ali com mais uma lista de benefícios para aposentados, Murilo profetizou:

— Assim, o *JT* vai acabar.

Com o tempo, os encontros rarearam, até que cessaram por completo. No final de abril de 2007, Rabino o procurou para que retomassem os almoços no La Bourse. Combinaram tudo, mas, no dia marcado, a caminho do restaurante, Rabino atendeu a uma ligação de Murilo no celular. Não se sentia bem, tudo o que comia lhe embrulhava o estômago, não poderia aparecer. Remarcaram para a semana seguinte, mas ele voltou a ligar na quinta explicando que não havia melhorado.

— Acho que algum remédio está me fazendo mal — explicou. — Vamos tentar na próxima sexta.

Na semana seguinte, a sexta-feira caiu no dia 11 de maio. Rabino telefonou para o celular de Murilo para confirmar o encontro, mas quem atendeu foi a filha, Carlota.

— Papai acabou de morrer!

\* \* \*

Ruy Mesquita viveu menos de um ano além do jornal que criou. Morreu no dia 21 de maio de 2013, aos 88 anos. Fui informado de que ele estava muito doente no início daquele mês, quando tentava marcar uma entrevista para este livro. Ruy havia sido internado em abril para tratar um câncer que começara na base da língua. Manteve sua rotina de trabalho até a véspera da internação, acordando diariamente às 4h, lendo todos os jornais durante a manhã e chegando pontualmente à sua sala de trabalho às 12h30. O ritmo era o mesmo, mas o ânimo não.

Uma tristeza se instalara por ocasião da morte do irmão mais velho, em 1996, e se aprofundara ao longo dos anos seguintes. Ruy sofria por ter deixado que suas ambições instalassem um abismo entre ele e Julio Neto. Viveu o restante de seus anos amargurado por jamais ter se reconciliado com Lili.

\* \* \*

Ainda em 2013, morreram outros dois jornalistas importantes desta história. O repórter Ewaldo Dantas Ferreira se foi no dia 22 de junho, aos 87 anos. Estava internado havia algum tempo no Hospital Samaritano, em São Paulo, com a saúde debilitada e a memória afetada pelo mal de Alzheimer.

O colunista Telmo Martino morreu no dia 3 de setembro, vítima de uma pneumonia. Tinha 82 anos e, desde 2000, morava no Rio de Janeiro, sua cidade natal. Viveu seus últimos anos recluso e deprimido. Passava os dias dormindo e as madrugadas sentado na frente da televisão.

No dia 9 de fevereiro de 2014, o jornalismo brasileiro perdeu Renato Pompeu, aos 72 anos de idade. Morreu sozinho em sua casa, no bairro do Cambuci, vítima de um mal súbito. Como bem o definiu Juca Kfouri, era uma das mentes atormentadas mais brilhantes do país.

Dois anos depois, na noite de lançamento da primeira edição digital deste livro, eu soube pelos colegas que Sandro Vaia lutava pela vida no Hospital 9 de Julho, em São Paulo. Ele havia sido internado para uma cirurgia gástrica, mas seu quadro se deteriorara repentinamente. Morreu no dia 2 de abril de 2016, aos 72 anos.

Ainda em 2016, Lenita Outsuka, que tanto me ajudara na localização de personagens deste livro, sofreu um acidente vascular cerebral e passou um ano em coma. Tinha 66 anos quando morreu, no dia 7 de junho de 2017.

\* \* \*

Fernão Mesquita entrou em depressão após seu afastamento da empresa, em 2002. Depois de longo tratamento, recuperou-se e montou um escritório num casarão da região da avenida Brasil, em São Paulo, onde passava seus dias cercado por jornais do mundo todo e prateleiras repletas de livros sobre federalismo, democracia e sistemas de governo. Criou um blog sobre política chamado Vespeiro, que contava com 3.892 seguidores em fevereiro de 2018. Envolveu-se numa celeuma em outubro de 2014 ao se deixar fotografar empunhando um cartaz onde se lia "Foda-se a Venezuela". A imagem foi feita num ato a favor de Aécio Neves, então candidato do PSDB à Presidência da República.

Rodrigo Mesquita foi explorar sua especialização no mundo virtual. Fundou, em 2003, o Instituto Peabirus, uma organização da sociedade civil de interesse público (Oscip), com o objetivo de fomentar a integração de redes sociais. Liderou vários projetos virtuais à frente do instituto, que presidiu até 2010. Em 2012, criou a NetNexus, uma consultoria de comunicação em redes sociais. No mesmo ano, chegou a se reunir com Chico

Mesquita depois que ele voltou ao comando do Grupo Estado. Queria expor as visões de futuro que tinha para o negócio da informação. Acalentava a esperança de, um dia, voltar a atuar na empresa da família.

\* \* \*

O encerramento do *Jornal da Tarde* não resolveu os problemas financeiros da S.A. O Estado de S. Paulo. Os passaralhos continuaram acontecendo regularmente ao longo de 2013 e 2014. Quando a crise se instalou como regra geral para todos os veículos impressos, o *Estadão* estava no centro da tormenta. No início de abril de 2015, num único passaralho foram demitidas 125 pessoas. A versão impressa d'*O Estado* havia sido colocada em segundo plano pela direção. A nova orientação era concentrar esforços no portal do título na internet.

# JORNALISTAS CONSULTADOS

Aílton Fernandes
Anélio Barreto
Angélica Sales
Ari Schneider
Carlos Brickmann
Carlos Lima
Carmo Chagas
Castilho de Andrade
Celso Kinjô
Décio Trujilo
Delmo Moreira
Elói Gertel
Fernando Fernandes
Fernando Mitre
Fernando Portela
Fernão Mesquita
Ilan Kow
José Eduardo Barella
José Eduardo Carvalho
José Maria dos Santos
José Maria Mayrink
Júlio Moreno
Leão Serva
Lenita Outsuka

Lúcia Carneiro
Luis Nassif
Luiz Fernando Gomes
Luiz Henrique Fruet
Luiz Maklouf Carvalho
Luiz Roberto Souza Queiroz
Marinês Campos
Mário Lucio Marinho
Marly Gonçalves
Mino Carta
Moisés Rabinovici
Pedro Autran
Randau Marques
Regina Ricca
Renato Pompeu
Ricardo Mello
Rodrigo Mesquita
Sandro Vaia
Sérgio Vaz
Tão Gomes Pinto
Valdir Sanches
Valter Pereira de Souza
Vital Battaglia

# BIBLIOGRAFIA

BARRETO, Anélio. *Histórias que os jornais não contam mais.* 1. ed. São Paulo: Belaletra, 2013.

BATTAGLIA, Vital. *Ah!: atestado de óbito do* Jornal da Tarde *e outras histórias do jornalismo.* 1. ed. São Paulo: Detalhe, 2012.

BOTINO, Cícero et al. "É uma bagunça, uma desordem, um barulho, uma confusão danada: estão fazendo um jornal. O mais bem-feito da cidade". *Revista Bondinho*, São Paulo, n. 23, set. 1971.

CAMPOS JR., Celso de et al. *Nada mais que a verdade: a extraordinária história do jornal* Notícias Populares. Edição revisada. São Paulo: Summus, 2011.

CARTA, Mino. *O Brasil.* 1. ed. Rio de Janeiro: Record, 2013. Formato ePub.

CHAGAS, Carmo; MAYRINK, José Maria; PINHEIRO, Adolfo. *3x30: os bastidores da imprensa brasileira.* 1. ed. São Paulo: BestSeller, 1992.

CONTI, Mario Sergio. *Notícias do Planalto: a imprensa e Fernando Collor.* 1. ed. São Paulo: Companhia das Letras, 1999.

FERREIRA, Ewaldo Dantas. *O depoimento do SS Altmann=Barbie.* 1. ed. Rio de Janeiro: Rio, 2003.

MARTINO, Telmo. *Serpente encantadora: o veneno e a doçura de Telmo Martino no JT, de 1975 a 1985.* 1. ed. São Paulo: Planeta, 2004.

MAYRINCK, José Maria. *Mordaça no Estadão.* 1. ed. São Paulo: O Estado de S. Paulo, 2008.

_____. *Vida de repórter.* 1. ed. São Paulo: Geração Editorial, 2002.

MORAIS, Fernando. *Chatô, o rei do Brasil: a vida de Assis Chateaubriand, um dos brasileiros mais poderosos deste século.* 3. ed. São Paulo: Companhia das Letras, 1994.

SEVERIANO, Mylton. *Nascidos para perder: história do Estadão, o jornal da família que tentou tomar o poder pelo poder das palavras — e das armas*. 1. ed. Florianópolis: Insular, 2012.

VAIA, Sandro. "Detrás das dunas do Estadão". *Revista Piauí*, Rio de Janeiro, n. 12, set. 2007.

VENTURA, Zuenir. *1968: o ano que não terminou*. 2. ed. Rio de Janeiro: Nova Fronteira, 2006.

VIEIRA, Isabel. "Marcos Faermann, um humanista radical". In: VILAS BOAS, Sérgio (org.). *Jornalistas literários: narrativas da vida real por novos autores brasileiros*. 1. ed. São Paulo: Summus, 2007.

WERNECK, Humberto. *O desatino da rapaziada: jornalistas e escritores em Minas Gerais*. 1. ed. São Paulo: Companhia das Letras, 1992.

# ÍNDICE ONOMÁSTICO

**#**

*24 Heures*, 78

**A**

*A Gazeta Esportiva*, 33, 36, 349

*A Província do Pará*, 293

*A Tribuna*, 241

Abraham Klein, 215

Academia Brasileira de Letras (ABL), 114

Academia Militar de West Point, 119

Ação Comunista, 120

Ação Popular (AP), 282

*Aconteceu* (revista), 127

Ademir da Guia, 86, 102

Aderbal Freire-Filho, 197

Adhemar de Barros, 92

Aécio Neves, 359

*Afinal* (revista), 253, 256, 257, 285, 289

Agatha Christie, 105

Agência Estado, 166, 207, 210, 252, 253, 256, 262, 271, 279, 280, 297, 298, 322-334

Agência Globo, 311

Agência Reuters, 148, 251

Agir (editora), 56

*Agora SP* (jornal), 321, 324

AI-5 (Ato Institucional número 5), 16, 123, 125, 132

Aílton Fernandes, 247

Alaíde Costa, 82

Alaor Martins, 103

Alberico Souza Cruz, 50

Alberto Dines, 45-47

Alberto Guzik, 284

Alceu Náder, 274

Alcides Faro, 123, 124

Alex Silva, 354

Alfredo Buzaid, 139, 140, 145

Alfredo Rizzutti, 159

Aliança Libertadora Nacional (ALN), 120, 129, 130

Aliança Renovadora Nacional (Arena), 229

Almir Galleato ("Tostão"), 315, 316

Almir Pazzianotto, 294

*Alterosa* (revista), 49, 50

Álvaro Magalhães, 338

Amaral Neto, 94

Amílcar de Castro, 49

Amilton Vieira, 74, 75

Ana Alice Mesquita Salles de Oliveira, 22
Ana Estela Haddad, 355
Ana Maria Mesquita Girão, 22
Anastásio Somoza, 199-203
Anélio Barreto, 99, 107, 158, 173, 215, 216, 232, 236, 244, 256-261, 266, 269, 323
Antônio Britto, 264, 265
Antônio Carlos Fon, 105, 118, 139
Antonio Lima, 50, 52
Antônio Marcos Pimenta Neves, 334
Antonio Silvio Tozzi, 232
Anuar Saddat, 321
Aos olhos da multidão (livro), 56
Apolo 11, 161
Ari Schneider, 108, 158, 201, 232, 233, 237, 260, 302
Armando Nogueira, 265
Armando Salem, 98
Arthur Andersen (consultoria), 267-268
Arthur da Costa e Silva, 70, 111, 112, 116, 122, 161
Arthur de Almeida, 283
Ascenso Ferreira, 84
Assembleia Legislativa do Estado do Rio de Janeiro, 112
Assis Chateaubriand, 28
Associação Brasileira de Imprensa (ABI), 116
Associação Brasileira de Jornalismo Científico, 242
Associação Brasileira dos Fabricantes de Brinquedos (Abrinq), 276
Associação Comercial de São Paulo, 337
Associação Paulista de Críticos de Arte (APCA), 197
Associated Press, 200
Ataulfo Alves, 85
Athiê Jorge Curi, 68
Atlético Mineiro, 102
Áurea Lopes, 17
Aurélio Cidade, 352
Auschwitz, 162

**B**

Banco do Estado do Pará, 293
Banco Safra, 331
Bandeirantes (Rede Bandeirantes de Rádio e Televisão), 289, 304
Bar do Alemão, 195
Barba Azul (bar), 83
BBC, 25, 178
BCP S.A., 331, 332
Beate Klarsfeld, 162, 163
Bell South, 330-332
Bento Lenzi, 216
Bertolt Brecht, 84
Beth-El (sinagoga judaica), 156
Biblioteca Municipal Mário de Andrade, 11, 82, 83
Binômio (revista), 188
Boca no Trombone (jornal), 241
Bolsa de Valores, 358
Bondinho (revista), 11, 158
Botafogo (time), 74, 75
Broadway, 181

**C**

Cacilda Becker, 84
Caco de Paula, 284, 288, 325
"Caderno de Leituras" (caderno do JT), 206, 247
Caetano Álvares, 235, 269
Caetano Veloso, 83, 84, 179
Caixa Econômica Federal (CEF), 130, 170
Câmara dos Deputados, 117, 123, 125, 232, 246
Campeonato Brasileiro, 129, 343
Carlão Lima, 327, 328
Carlos Brickmann ("Carlinhos"), 43, 44, 47, 53, 78, 81, 87, 88, 123, 134-136, 145, 147, 155, 156, 161, 162, 250
Carlos Lacerda, 111, 113
Carlos Lemos, 126

Carlos Maranhão, 285
Carlos Marighella, 120, 129-131
Carlos Nascimento, 264, 265
Carlos Paraná, 82
Carlos Roberto Botelho, 327
Carlos Rydle, 286
Carlos Sorya, 297
Carlota (filha de Murilo Felisberto), 358
Carmen Miranda, 83
Carmo Chagas, 50, 51, 69, 83, 87, 88, 95,
    98-100
Caruso, 90
Cases & Associates, 341, 352
Castilho de Andrade, 204, 222, 283
Cecília Vieira de Carvalho Mesquita, 22, 25
Celia Almudena, 324, 337
Celso Kinjô, 17, 18, 59, 262-269, 271, 273-
    275, 278, 287-290, 294, 299, 302, 303,
    308, 313, 315, 318, 322-324, 326, 327,
    335-338, 341, 343-348, 350
Celso Ming, 191, 220
Central Intelligence Agency (CIA), 120
Centro de Informações da Marinha
    (Cenimar), 129
César Camarinha, 202, 269
Cesar Costa, 153
Charles Chandler, 119, 120
Charles Chaplin, 225
Charles de Gaulle, 111
Charles Peirce, 217
Che Guevara, 92, 120
Chico Buarque de Holanda, 83, 132
Christiaan Barnard, 161
Cícero Dias, 84
Cirne Lima, 145
Ciro Monteiro, 83
Claudette Soares, 82
Claudia Belfort, 350, 351
Cláudio Abramo, 29
Claudio Duarte, 209

Cláudio Galeazzi, 18, 334, 336, 338, 344
Claudio Gentile, 216
Cláudio Marques, 337
Cleuza de Souza, 325
Clóvis Graciliano, 84
Colégio Anchieta, 108
Colégio Júlio de Castilhos, 100
Colégio Santo Inácio, 178
Comando de Caça aos Comunistas (CCC), 140
Companhia Agropastoril Litorânea do Paraná
    (Capela), 206, 207
Companhia de Abastecimento e Saneamento
    Básico de São Paulo (Sabesp), 278
Companhia de Engenharia de Tráfego, 241
Companhia Municipal de Transportes Cole-
    tivos de São Paulo (CMTC), 60
Conan Doyle, 105
Conferência Nacional dos Bispos do Brasil
    (CNBB), 116, 262
Congresso Nacional, 122, 229, 231, 234,
    239, 295, 296
Conselho de Defesa do Patrimônio Histórico,
    Arqueológico, Artístico e Turístico
    (Condephaat), 207
Convento de São Domingos, 130
Copa do Mundo, 190, 204, 214, 216, 224,
    268, 309, 324
Copa Libertadores da América, 102
Corinthians, 129, 130, 343
*Correio da Manhã*, 126, 177, 178
*Correio de Minas*, 49, 126, 188
*Corriere della Sera*, 73
Cosme Rímoli, 284
Counter Intelligence Corps, 165
Cristina Ramalho, 284
Cruzeiro do Sul (companhia aérea), 168


**D**

Dahier Cutait, 265
Daniel Biasini, 180

Daniel Filho, 84
Daniel Gonzales, 337
Daniela Tófoli, 337
Dantas Motta, 84
Dante de Oliveira, 230, 231, 234
Darryl (filho de Charles Chandler), 120
David de Morais, 194
Décio Trujilo, 280-282, 285, 351, 352, 354
Delfim Netto, 140, 145, 170
Delmo Moreira, 342-348
Denise Mirás, 283
Departamento de Investigações (DI), 104, 106
Departamento de Ordem Política e Social (Dops), 16, 118, 129, 130, 137, 139, 151, 211
Di Cavalcanti, 84
*Diário da Noite*, 60
*Diário de Minas*, 45, 49, 51, 126, 188
*Diário do Comércio*, 60, 337, 357
*Diário Popular*, 215, 311, 320, 321
Diários Associados (D.A.), 28, 160
Diego Maradona, 214
Dilson Funaro, 243, 246
*Diners* (revista), 178
Diógenes José Carvalho de Oliveira, 119, 120
Dirceu Soares, 50, 52
Diretas Já, 13, 228-230, 237
"Divirta-se" (caderno do *JT*), 15, 247, 339
Dom Hélder Câmara, 120
Domício Pinheiro, 68, 69, 72, 172
DPZ, 319, 324

**E**

*E o analista disse não* (livro), 140
Ebrahim Ramadan, 308
Edén Atanacio Pastora Gómez ("Comandante Zero"), 200
*Edição da Tarde*, 40
*Edição de Esportes* (semanário do *Estadão*),

14, 32, 33, 35, 37, 38, 42, 43, 52, 53, 66, 97, 223, 247
Edifício Joelma, 172
Edison Paes de Melo, 180, 283
Editora Abril, 14, 29, 30, 43, 45, 47, 97, 99, 127, 261, 263, 287, 293, 325
Editora Bloch, 263
Editora Globo, 322, 342
Edmar Pereira, 283
Edmundo Oliveira ("Pezão"), 302
Edson Arantes do Nascimento, ver Pelé
Edson Luís de Lima Souto, 112
Eduardo Firmo, 309
Elba Ramalho, 179
Elis Regina, 83, 86, 179
Elói Gertel, 157, 215, 216, 232, 237, 253, 262, 263, 273, 334-336, 346, 348
Elza Soares, 75
Emerson Fittipaldi, 222
Emílio Matsumoto, 53
Emílio Médici, 139, 140, 170
Emir Macedo Nogueira, 193, 194
*Época* (revista), 322, 342, 348
Erasmo Carlos, 85
Ernesto Geisel, 140, 191
Escola de Comunicações e Artes da Universidade de São Paulo, 191
Escola Paulista de Medicina (EPM/Unifesp), 141
Esquadrão da Morte, 139, 145, 212
*Esquire*, 56
*Estadinho*, 37, 39-41, 52
Estádio Centenário, 102
Estádio do Pacaembu, 14, 35, 86, 102, 129, 130, 228, 230
Estádio Municipal Paulo Machado de Carvalho, ver Estádio do Pacaembu
Estádio Sarriá, 215
Estela Borges Morato, 130
Estudiantes de La Plata, 102, 103

Ewaldo Dantas Ferreira, 15, 16, 61, 123, 160-167, 172, 178, 193, 358
Ezequiel Neves, 50, 52

**F**

Fábio Doyle, 101
Fabíola de Oliveira, 242,
Faculdade de Direito do Largo de São Francisco, 25, 136
Faculdade de Jornalismo da Universidade Columbia, 56
Faculdade Nacional de Filosofia, 160, 178
*Fame and Obscurity* (livro), 56
Fausto Macedo, 232, 258, 285, 328
Federação Paulista de Futebol, 36
Ferdinando Casagrande, 13-18, 282
Fernando Collor de Mello, 293-296
Fernando Crissiuma Mesquita, 22
Fernando de Brito, 130
Fernando Fernandes ("Nandes") 337, 340, 344-346, 348
Fernando Gabeira, 50, 188
Fernando Granato, 285
Fernando Haddad, 355
Fernando Henrique Cardoso (FHC), 240, 302, 303, 330
Fernando Mitre, 13, 15, 17, 50, 52, 83, 95, 98, 107, 114, 115, 173, 187-195, 213, 216-218, 220, 222-228, 230-233, 235-238, 242, 252-254, 256, 257, 289-291, 296, 304, 305, 309, 310, 317-319
Fernando Morais, 159, 161
Fernando Portela ("Satanás"), 16, 60, 61, 69, 78, 98, 115-118, 123, 137-139, 147, 148, 151, 152, 173, 190, 227, 268
Fernando Semedo, 33
Fernão Lara Mesquita, 218, 233, 251, 254-257, 260-262, 266, 267, 271, 272, 288, 290, 298, 304, 316, 319, 320, 325, 348, 359

Fernão Mesquita (Fernão Lara Mesquita)
Fidel Castro, 26
*Financial Times*, 251, 297
First National Bank of Boston, 170
Flávia Cardoso Soares, 259
Flávio Barros Pinto, 262
Flávio Império, 84
Flávio Márcio, 50, 52, 82, 98, 144, 177, 180, 197, 198
Flávio Tavares, 100
Folha da Manhã S.A., 28, 262
*Folha da Noite*, 28
*Folha da Tarde*, 321
*Folha de S.Paulo*, 43, 45, 53, 61, 89, 158, 193, 223, 230, 234, 244, 253, 256, 271, 284, 287, 305, 348
Força Aérea, 94, 150, 200, 201, 208, 209
Forças Armadas, 112, 117, 207, 210-212
*France Soir*, 166
Francisco Alves, 83
Francisco Luiz de Almeida Salles, 83
Francisco Matarazzo Júnior ("conde Chiquinho"), 28, 29
Francisco Mesquita ("doutor Chiquinho"), 17, 22-25, 40, 132, 134
Francisco Mesquita Neto, 18, 22, 220, 250, 291, 346
Francisco Oliveira, 236
Franco Montoro, 179, 207, 240
Frank Sinatra, 56
Franklin Martins, 117
Fraser Bond, 55
Frederico Branco, 47, 48
Frente Ampla, 111, 112
Frente Sandinista de Libertação Nacional (FSLN), 200-203
Frias de Oliveira, 230, 234
Friedrich Adolf Rohmann, 130
Fundação Cásper Libero, 108

## G

Galeazzi & Associados, 18, 334, 336, 338, 344
Galeria Metrópole, 76, 82
Garrincha, 69, 74, 75
Gay Talese, 56
*Gazeta de Alagoas*, 295
*Gazeta Mercantil*, 272, 325, 330, 342
Gepp & Maia (Haroldo George Gepp e José
  Roberto Maia), 226, 246
Geraldo Nogueira da Silva, 95
Geraldo Vandré, 83
Gessy Lever, 83
Getúlio Vargas, 25, 28, 49
Giannino Carta, 27-29
Gilberto Amendola, 338
Gilberto Gil, 83, 85
Giustino de Jacobis, 126
Goethe, 55
Grêmio (time), 100
Grêmio Dramático Brasileiro, 197
Grupo Estado, 98, 172, 182, 249, 250, 252,
  262, 269, 322, 329, 330-332, 349, 351, 360
Grupo Folha, 305,
Guerra Civil Americana, 54
Guerra das Malvinas, 205, 207, 208, 218, 237
Guerra do Canal de Suez, 61, 161
Guerra dos Seis Dias, 109, 148
*Guia Rural* (revista), 293
Guilherme Duncan de Miranda, 115, 123
Guy de Almeida, 126

## H

Hamilton de Almeida Filho (HAF), 32
Haroldo George Gepp, 226
*Harper's Bazaar*, 56
Haydée Sanches, 200, 201
Heliana Nogueira, 286
Hélio Cabral ("Delegado"), 327-329
Hitler, 25, 162
Honestino Guimarães, 117

Hospital da Cruz Vermelha, 108
Hospital das Clínicas de São Paulo (HC), 161
Hospital de Base de Brasília, 239
Hospital Osvaldo Cruz, 133
Hospital Samaritano, 357
Hospital Sírio-Libanês, 265
Humberto de Alencar Castelo Branco, 46,
  92, 112, 113
Humberto Kinjô, 262
Humberto Werneck, 157, 173,
Hunter Thompson, 56

## I

Igreja da Consolação, 194
Igreja Metodista, 154
*Il Secolo Decimonono*, 27
Ilan Kow, 324, 337, 339, 346
Inajar de Souza, 105, 123
Incor, 264, 265
Indústrias Reunidas Fábricas Matarazzo, 28
Inês Knaut, 173
InformEstado, 220, 250
Innovación Periodística, 297
Instituto Nacional de Pesquisas Espaciais
  (Inpe), 150
Instituto para o Progresso Editorial, 29
Instituto Peabirus, 359
Instituto Presbiteriano Gammon, 45
Instituto Verificador de Circulação (IVC), 219
Internacional (time), 343
*Introdução ao jornalismo* (livro), 55
Irene Ravache, 180
Isabel Tereza Mesquita Coutinho Nogueira, 22
*IstoÉ*, 236
Itamar Franco, 296
Ivan Ângelo, 17, 50, 52, 98, 124, 125, 187,
  188, 184, 195, 225, 226, 233, 237-239,
  243, 245, 257, 274, 290
Ivan Lessa, 178
Ivo Lebauspin, 130

## J

J. J. Abdalla, 70
Jacqueline Myrna, 69, 70
Jânio de Freitas, 49, 126
Jânio Quadros, 31, 240
Jards Macalé, 180
Jean Marc von der Weid, 117
Jean Moulin, 162, 164, 165
Jô Soares, 84
João Calleri, 175
João Carlos Kfouri Quartim de Moraes, 120
João Figueiredo, 210, 226, 229, 241
João Goulart, 46, 111, 130
João Lara Mesquita, 21
João Luiz de Andrade Guimarães, 141
João Mendonça Falcão, 36
João Paulo II, 218
João Prado Pacheco, 283
João Saad, 289
Jogos Olímpicos, 352
Jogos Pan-Americanos, 204
John Lennon, 225, 226
Jorge Aguiar, 69, 70, 72
Jorge Ben, 85
Jorge Toufic Bouchabki, 258, 259
*Jornal da Tarde (JT)*, 6, 11, 13, 14, 16, 18-20,
    40-42, 44, 47, 50, 51, 59, 62-65, 69-73,
    75-77, 79, 80, 86, 87, 90, 92, 96, 97,
    99-101, 103, 104, 106, 107, 114, 118,
    121, 122, 127, 134, 137, 142, 143, 150,
    153, 154, 158, 161, 167-172, 176, 181,
    185, 189, 191, 194, 195, 197, 200, 202,
    203, 205, 206, 208, 215, 219, 221, 223,
    225, 226, 228, 230-232, 234, 236, 240-
    243, 245-247, 250, 251, 253-258, 261,
    266, 267, 269, 271, 272, 274, 286, 289,
    291, 292, 294-296, 298, 299, 301, 302,
    304, 306-312, 316, 317, 319, 321, 323,
    324, 327, 333, 335, 338, 339, 341-343,
    350-354, 357, 360

*Jornal do Brasil (JB)*, 43, 55, 59, 126, 167,
    294, 306
"Jornal do Carro" (caderno do *JT*), 15, 218,
    219, 222, 223, 234, 247, 250, 338
*Jornal Nacional*, 39
*Jornalistas em ação* (livro), 56
José Augusto Veloso Sampaio, 258
José Carlos Marão, 32
José de Moura Cavalcanti, 145
José Dirceu, 117
José Eduardo Barella, 321
José Eduardo Carvalho ("Zedu"), 283
José Eduardo Faria, 172
José Eduardo Savóia, 283
José Maria Casassanta, 126
José Maria de Aquino, 74
José Maria Mayrink ("Zé Maria"), 11, 125-
    127, 129, 130, 157-159
José Roberto Maia, 226
José Sarney, 242, 243, 245, 246, 294
José Vieira de Carvalho Mesquita ("Juca"),
    22, 25, 134, 170, 220
José Wainer, 109
José Zaragoza, 320
*Jovem Guarda* (programa de TV), 85
Juan António Guinero, 297
Juan Domingo Perón, 61, 161
Juca de Oliveira, 84
Juca Kfouri, 195, 285, 359
Judith Patarra, 53, 148
Júlio César Ferreira de Mesquita, 21
Julio de Mesquita Filho ("doutor Julinho"),
    21, 23, 24, 26, 28-30, 32, 37-41, 47, 63,
    81, 113-115, 122, 124, 132, 133
Julio de Mesquita Neto ("Lili"), 21, 24-27,
    29, 30 133, 134, 331, 358
Julio Mesquita, 21, 23
Júlio Moreno, 157, 158, 232, 253
Juscelino Kubitschek, 50, 111, 184
Juventude Operária Católica (JOC), 130
Juventude Universitária Católica (JUC), 261

## K

Kátia Perin, 285, 302
Klabin, 249
Klaus Altmann (Klaus Barbie), 15, 16, 162, 163
Kléber de Almeida, 52, 58, 72, 102, 173, 191, 321

## L

*La Gazzetta del Popolo*, 30
*La Stampa*, 78
Ladislaw Dowbor, 120
Laerte Fernandes, 53, 59, 75, 77, 187, 190, 194, 195, 262
Lami Dozo, 208
*Lance!*, 340
*Larousse Cultural*, 284
Laudo Natel, 145
Laurentino Gomes, 275, 280, 282, 284, 285, 287
Lauro Lisboa, 283
Leão Lobo, 270
Leão Serva, 304-307, 310, 313, 316, 317
Lenita Outsuka, 11, 283, 359
Lídice Severiano ("Lídice Ba"), 286
Liga das Senhoras Católicas, 149
Lígia Kosin, 285
Lima Duarte, 84
Liz Monteiro, 131
Lúcia Carneiro, 243, 244, 259
Lúcia Helena Gazzola, 302
Luciano Coruja, 308, 321, 324, 337
Lucila de Cerqueira César, 24
Luís Antônio da Gama e Silva, 112, 125
Luís Gonzales, 263
Luís Lopes Coelho, 83
Luis Nassif, 191, 219, 223
Luís Travassos, 117
Luiz Antônio Prósperi, 283, 327
Luiz Carlos Bresser-Pereira, 246
Luiz Carlos Mesquita ("Carlão"), 14, 21, 24, 25, 29, 33, 36, 38, 327, 328

Luiz Carlos Secco, 221
Luiz Fernando Gomes, 324, 337, 339-342
Luiz Henrique Fruet, 346
Luiz Inácio Lula da Silva, 123, 193, 294, 302
Luiz Maklouf Carvalho, 285, 293, 299
Luiz Manuel (fotógrafo), 221, 222
Luiz Prado, 17, 280
Luiz Ruffato, 322, 324, 326, 327, 336
Luiz Vieira de Carvalho Mesquita, 22
Luiza Erundina, 278, 285

## M

Machado de Assis, 80, 114, 116
Magalhães Pinto, 50
Manchete, 31, 45, 263
Mappin, 134, 135
Mara Ziravello, 284, 288
Marcelino Ritter, 59
Marcha da Família com Deus e pela Liberdade, 92
Márcia Lobo, 186
Márcio Chaer, 286
Márcio Guedes, 172
Márcio Moreira Alves, 117, 122, 125
Márcio Pinheiro, 337
Márcio Resende de Freitas, 343
Marco Antônio Braz de Carvalho, 119, 120
Marco Antônio de Lacerda, 50
Marco Antônio de Menezes ("Meg"), 50, 81, 82
Marco Antônio Rezende, 102, 127
Marcos Faermann ("Marcão"), 17, 99, 100, 104, 172, 174, 190, 276, 285, 299
Marcus Vinícius Gasques, 233
Margareth Thatcher, 208
Maria Bethânia, 83
Maria Cecília Delmanto Bouchabki, 258, 259
Maria de Nazareth Mesquita Perez, 22
Maria Lígia Pagenotto, 286
Maria Luiza de Mesquita Brito, 22

Marici Capiteli, 337

Mariluza Costa, 285

Marina Vieira de Carvalho Mesquita, 21, 25

Marinês Campos, 285, 299, 312, 337

Mario Chamie, 180

Mário Covas, 240

Mário Kozel Filho, 116

Mário Lúcio Marinho, 11, 99, 101, 103, 190, 215, 218, 243, 268, 283, 309

Mário Palmério, 84

Mário Reis, 83

Mário Rodrigues, 115

Marisa Letícia, 294

Marly Gonçalves, 232

Martin Luther King, 111

Maurício Cintrão, 276

Maurício Kubrusly, 270

MediaLab do Massachusetts Institute of Technology (MIT), 333,

Miguel Jorge, 107, 108, 123, 158

Mike Tyson, 309, 310

Milton José de Oliveira, 103

Milton Nascimento, 83

Mino Carta, 14, 27, 29-34, 36, 37, 40-44, 47, 48, 52, 53, 55-58, 60, 62, 63, 65-67, 69, 70, 72-74, 77-79, 81, 86-92, 94, 96-100, 121, 127, 148, 149, 158, 185, 188, 221, 236

Moacir Bueno, 105

Moacir Japiassu, 186, 188

"Modo de Vida" (caderno do *JT*), 247, 270

Moisés Rabinovici ("Rabino" ou "Rabininho"), 50, 52, 55, 108-110, 173, 269, 270, 309, 320-322, 324, 336, 357, 358

Monteiro Lobato, 80

Mossad, 163

Movimento Democrático Brasileiro (MDB), 117

Movimento Revolucionário 8 de Outubro (MR-8), 168

Mozart, 185, 186

Murilo Felisberto ("Murilinho" ou "Rainha"), 15, 17, 18, 44-48, 50-53, 55-57, 60-63, 70, 77-79, 89-92, 96, 98, 99, 102, 104-110, 125, 127, 137, 138, 143, 144, 160, 161, 163, 171-173, 177, 178, 182-188, 190, 191, 194, 203, 215, 224, 225, 257, 258, 270, 318-327, 329, 335-337, 357, 358

Museu de Arte de São Paulo (Masp), 248

**N**

Narciso Kalili, 158

Nelson Coelho, 53

Nelson Xavier, 198

Nestlé, 144

Nestor Pestana, 80, 84

NetNexus, 359

*Newsweek*, 98

Nicodemus Pessoa, 107, 114

Nirlando Beirão, 157

Norman Mailer, 56

Norton, 60

*Notícias Populares* (*NP*), 32, 59, 105, 106, 305, 307, 308

*Nova Escola* (revista), 325

Nova Monteiro, 74

**O**

*O Binômio, 126*

*O Comércio de Franca*, 241

*O Dia*, 324

*O Estado de Minas*, 49

*O Estado de S. Paulo* (*Estadão* ou *Estado*), 13, 14, 16, 17, 23-29, 32, 33, 37-40, 42, 43, 48, 49, 51, 59, 62-64, 80-82, 92, 102, 103, 113-116, 121, 122, 124, 131, 133-135, 140-143, 167-172, 199, 202, 210, 215, 219, 221, 230, 236, 241, 244, 245, 250-255, 260, 263, 268, 269, 271, 272, 286, 287, 291, 299, 301, 306, 311,

374 FERDINANDO CASAGRANDE

323, 329, 331, 334, 335, 340, 342-344, 348, 350, 351, 360
*O Estado do Pará*, 293
*O fino da bossa* (programa de TV), 83, 85
O Jogral (bar), 82
*O Liberal*, 293
Oded Grajew, 276
Odir Cunha, 204
OESP Gráfica, 332
Oikos, 242
Oldemário Touguinhó, 66, 67
Oliveiros S. Ferreira, 331
Olney Krüse, 180
Onofre Pinto, 120
Opéra National de Paris, 181
Orlando Villas-Bôas, 263
*Os sofrimentos do jovem Werther* (livro), 55, 56
Osório Duque Estrada, 109
Oswaldo Palermo, 103
Otávio Frias Filho, 308
Othon Bastos, 179

**P**

Paco Gomes Antón, 297
Palácio do Planalto, 49, 112, 239
Palácio dos Bandeirantes, 124
Palmeiras (time), 14, 35, 74, 86, 102, 103
Pantanal Alerta Brasil, 242
Paolo Rossi, 214
Paribar (bar), 83, 84
Partido Comunista Brasileiro (Partidão), 100
Partido da Reconstrução Nacional (PRN), 294
Partido da Social Democracia Brasileira (PSDB), 302, 359
Partido Democrático Social (PDS), 240
Partido do Movimento Democrático Brasileiro (PMDB), 229, 239, 240, 243, 246
Partido dos Trabalhadores (PT), 294, 302, 305
Partido Operário Comunista (POC), 277

Partido Trabalhista Brasileiro (PTB), 240
*Pastor e vítima* (livro), 126
Patrícia Mesquita Alencar, 21, 352
Patrício Bisso, 179
Paulipetro, 227
Paulo Autran, 84
Paulo César Farias ("PC Farias"), 295
Paulo Francis, 178
Paulo Guilherme ("Guri"), 283
Paulo Isidoro, 214
Paulo José, 197
Paulo Maluf, 14, 227, 239, 310
Paulo Moreira Leite, 157
Paulo Patarra, 47
Paulo Pimentel, 149
Paulo Roberto Falcão, 349
Paulo Vanzolini, 82
Pedro Autran, 304, 309, 312, 320-323
Pedro Collor, 295, 296
Pedro Lobo de Oliveira, 119, 120
Pelé, 67-70, 72-74, 86, 104, 158, 172, 224, 225, 286
Pepe Gordo, 68
Percival de Souza, 16, 59, 105, 118, 119, 123, 147, 154-156, 168, 169, 190, 203, 241, 285, 299, 327
Philips Records, 83
Picardia (bar), 75, 76, 141
Pio Pinheiro, 283
*Placar* (revista), 285, 286
Plano Bresser, 246
Plano Cruzado II, 260
Plano Cruzado, 243, 245, 246
Plano Real, 303
Plínio Barreto, 80
Pontifícia Universidade Católica de São Paulo (PUC-SP), 19, 117
Pontifícia Universidade Católica do Rio de Janeiro (PUC-Rio), 178
Prêmio Esso, 161, 203, 247, 285, 293, 310

Primavera de Praga, 111
Primeira Guerra Mundial, 39
Publifolha, 348

**Q**

*Quatro Rodas* (revista), 27, 31, 48, 60, 97, 223, 263
*Quattroruote*, 31

**R**

Rádio Eldorado, 17, 24, 142, 232, 233, 280, 335
Raimundo Pereira, 284
Ramon Garcia, 50, 52, 81
Randau Marques, 154, 232-234, 240-242, 281, 282, 285, 299
Raul Cortez, 84
*Realidade* (revista), 47, 60, 127, 158, 263
Rede Globo, 256, 273
Regina Bernardi, 284
Regina Duarte, 197
Regina Helena Teixeira, 232, 285, 299
Regina Pitoscia, 309
Regina Ricca, 284
Reginaldo Manente, 103, 215, 236
Renato Delmanto, 284
Renato Pompeu ("Renatão"), 53, 81, 82, 89, 90, 95, 98, 99, 284, 286, 305, 314, 359
René Hardy ("Didot"), 164
*Resistência* (jornal), 293, 294
Resistência Francesa, 162, 164, 165
*Retrato do Brasil*, 284
*Réveillon* (peça de teatro), 180, 197
Rex Stout, 105
Ricardo Gandour, 348, 350
Ricardo Gontijo, 159
Ricardo Mello, 308, 309, 313-315
Rino Levi Arquitetos, 169
Rio Gráfica Editora, 127
Rita de Biaggio, 233

Rita Magalhães, 337, 346
Rivelino, 74
Roberto Avallone, 215
Roberto Carlos (cantor), 14, 69, 85, 90
Roberto Crissiuma Mesquita, 22, 352
Roberto de Abreu Sodré, 95, 96, 116, 124, 136
Roberto Fonseca, 337, 354
Roberto Pereira de Souza, 283
Rodrigo Lara Mesquita, 17, 21, 186, 188, 194, 195, 205-213, 218, 227, 233, 237-240, 242, 245-247, 251-253, 255-257, 262, 271, 273, 286, 296, 297, 330, 333, 334, 347, 359
Rolando Boldrin, 179
Rolando de Freitas, 221
Rolf Kuntz, 53, 59, 123
*Rolling Stone*, 56
Romy Schneider, 180
Ronaldo Brandão, 198
Rosa Bastos, 232, 234, 285
Rosemeri dos Reis Cholbi ("Rose"), 68, 69, 72
Ruy Barbosa, 24
Ruy Mesquita ("doutor Ruy"), 13, 16, 21, 24, 39, 40, 42, 47, 48, 62, 70, 71, 73, 77, 79, 82, 92, 98, 125, 132-136, 138, 139, 141, 143, 159, 160, 166, 168, 182, 186-188, 190, 191, 194, 196, 199, 205, 209, 219, 226, 227, 231, 233, 237, 238, 240, 250, 255, 269, 273, 286, 331, 333, 346, 347, 358
Ruy Mesquita Filho ("Ruyzito"), 17, 21, 71, 77, 186, 188, 194, 195, 206, 210, 233, 244, 245, 251, 271, 274, 308, 333, 341, 346, 347
Ruy Portilho, 236
Ruy Xavier, 302

**S**

Sábato Magaldi, 52, 86
Salete Lemos

Samuel Morse, 54
Sand-Churra (botequim), 82
Sandra Gomide, 334
Sandro Vaia, 60, 108, 114, 123, 147, 151, 158, 173, 191, 215-217, 232, 236, 253, 273, 334-336, 341-348, 359
Santos Futebol Clube, 68, 72, 74, 86, 93, 104, 129, 130, 224
Saul Galvão, 233, 283
SBT, 288
Scala, 181
Sebastião Gomes Pinto ("Tão Gomes Pinto"), 32
Segunda Guerra Mundial, 25, 108, 148, 162, 163, 170
Serge Klarsfeld, 162, 163
Serginho Chulapa, 215
Sérgio Baklanos, 283
Sérgio de Souza, 60, 158
Sérgio Milliet, 84
Sérgio Oyama, 53
Sérgio Paranhos Fleury, 129, 137-139, 145, 211
Sérgio Pompeu, 32, 36, 53, 98, 286
Sérgio Poroger, 232, 234
Sérgio Rondino, 16, 117-119
Sérgio Roveri, 284
Sérgio Vaz, 157, 232, 237, 253
Sidney Mazzoni, 283, 284, 323, 327, 328, 337, 345, 348
Silvia Lenzi, 256, 285
Silvio Bressan, 286, 302
Silvio Correia de Andrade, 122, 123
Silvio Genesini, 350-352
Silvio Queiróz, 337
Sílvio Vieira, 236
Sindicato dos Jornalistas do Estado de São Paulo, 193, 287, 353
Sociedade Brasileira de Defesa da Tradição, Família e Propriedade (TFP), 149

Sociedade Paraense de Direitos Humanos, 293
*Somos* (revista), 211
SOS Mata Atlântica, 207, 242
*SPTV*, 262
SS (Schutzstaffel), 162-164
*Status* (revista), 203
Stella Galvão, 286
Stipp Júnior, 151, 152
Studio 53, 178
Superintendência Nacional de Abastecimento (Sunab), 244

**T**
Tales Alvarenga, 157, 261
Talvani Guedes, 46
Tancredo Neves, 239, 263-265
Teatro da Universidade Católica de São Paulo (Tuca), 194
Teatro de Bolso, 178
Telê Santana, 214
Telesp, 250, 330
Telmo Martino, 177-182, 358
Teotônio Vilela, 229, 230
Teresa Montero, 109
*The New York Times*, 54, 242
*The New Yorker*, 56
Thomaz Camaniz Filho, 93
*Time*, 97
Tom Jobim, 309
Tom Wolfe, 56
Toninho Cerezo, 214
Torneio Roberto Gomes Pedrosa, 129
Tracker, 211
Transamazônica, 159
*Transporte Moderno* (revista), 45
*Tribuna de Alagoas*, 295
Tropicália, 111
Truman Capote, 56

TV Globo, 39, 94, 237, 253, 262, 264, 265, 324

TV Record, 83, 84

*Twen*, 78

**U**

Ubiratan Brasil, 283

*Última Hora*, 60, 100, 102, 108, 109, 178, 263

Ulysses Alves de Souza ("Uru"), 32 -34, 53, 57-61, 93, 94, 98

União Nacional dos Estudantes (UNE), 16, 116-118

Universidade Católica de Pernambuco, 60

Universidade Columbia, 56, 220

Universidade de Brasília, 117

Universidade de Navarra, 297

Universidade de São Paulo (USP), 158, 191

Universidade Federal de São Paulo (Unifesp), 141

Universidade Federal do Rio Grande do Sul, 100

UPI (United Press International), 103, 284

*USA Today*, 230, 322

**V**

Valdemar Padovani, 288

Valdir Perez, 214

Valdir Sanches ("Fada Loira"), 99, 105, 106, 168, 169, 174-176, 182, 199-203, 232, 233, 237, 285, 299, 337

Valéria Corbucci, 283

*Valor Econômico*, 322

Valter Pereira de Souza ("Valtinho"), 269-271, 327, 328, 346, 347

Vanguarda Popular Revolucionária (VPR), 116, 119, 120

*Veja São Paulo* (*Vejinha*), 18, 325

*Veja*, 31, 121, 127, 191, 236, 260, 284, 287, 288, 295

Vera Freire, 278, 282, 285

Vera Magyar, 232

Vera Rosa, 302

Vicente Vilardaga, 285

Victor Civita, 30, 31, 97

Vinicius de Moraes, 83

Vinicius Mesquita, 283

Vital Battaglia, 59, 74, 94-96, 156, 157, 172, 179, 180, 190, 191, 203, 227, 236, 268, 348

Vivaldi, 185, 186

Vladimir Palmeira, 117

Voz da América, 178

**W**

Wadih Helu, 74

Wanderléa, 86

Wehrmacht, 25

Wiliam Waack, 256, 269

Woyle Guimarães, 158,

**Y**

Yole di Capri, 149, 150, 154

**Z**

*Zero Hora*, *100*, *342*

Zico, 172, 216

Ziembinski, 84

Zulu Cerqueira César de Mesquita, 331

Este livro foi composto na tipografia ITC
Officina Sans Std, em corpo 11/16, e impresso
em papel off-white no Sistema Cameron da
Divisão Gráfica da Distribuidora Record.